AF325377

DU
DROIT NATUREL,
CIVIL
ET
POLITIQUE,

EN FORME D'ENTRETIENS,

PAR

Mr. ELIE LUZAC,

DOCTEUR EN DROIT, ET ANCIEN AVOCAT
A LA COUR DE HOLLANDE ET DE
WEST - FRISE.

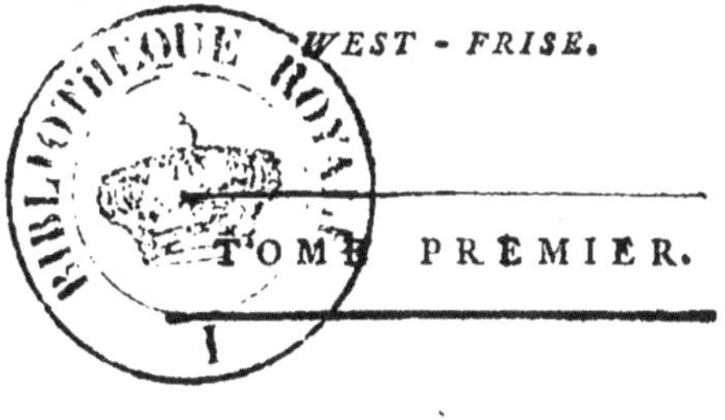

TOME PREMIER.

à AMSTERDAM,
CHEZ J. J. GEYLER ET COMP.
1802.

PREFACE

DE.

L'ÉDITEUR.

Si l'ouvrage, que nous avons l'honneur de publier, n'a point paru au tems où feu l'Auteur l'avoit espéré et annoncé dans le Programme, qui en a été publié, il faut l'attribuer à son décès survenu au moment qu'il alloit être mis sous presse, et ensuite aux circonstances où s'est trouvée toute l'Europe; circonstances peu convenables pour la Publication d'un Ouvrage composé pour la méditation et des tems calmes.

Nous nous flattons en conséquence que le moment présent sera propre à faire accueillir un Ouvrage dont l'Auteur est assez connu dans la République des Lettres, pour qu'il ne soit pas nécessaire d'y ajouter quelque chose afin de le faire recevoir favorablement par le public.

Puisse-t-il contribuer à cimenter l'harmonie générale qui doit régner dans l'Univers et surtout à ramener les esprits aux véritables principes sur lesquels sont fondées toutes les Sociétés Civiles!

EPI-

EPITRE DEDICATOIRE.

M.

*L'*Ouvrage que j'ai l'honneur de vous offrir
est le fruit de mes réflexions sur la science
connue communément sous le nom du Droit
Naturel, Civil et Politique; science qu'on ne
sauroit assez répandre et mettre à la portée
de tout le monde, sur tout à celle des jeunes
gens destinés à l'Etude et à la pratique de la
saine politique ou à celle du Barreau.

Connoissant le prix d'une bonne éducation
et d'une Instruction solide vous avez desiré que
je rassemblasse mes réflexions dans un corps
d'ouvrage, afin que vos enfants pûssent en tirer de l'utilité; j'espère qu'il remplira vos
intentions et que vous voudrez bien l'accueillir
avec la bonté et l'indulgence qui vous sont
propres.

J'ai l'honneur d'être avec une parfaite con-
sidération.

Votre très humble et très
dévoué Serviteur

ELIE LUZAC.

TABLE

DES

ENTRETIENS,

CONTENUS DANS LE

TOME PREMIER.

ce

qui

En-

TABLE.

PREMIER ENTRETIEN.

Réflexions générales sur l'incertitude des con-
noissances humaines, en particulier de
celles de la Morale; & sur les moyens
d'en acquérir de certaines.

L'OISEAU. Vous desirez, mon ami, que je
vous donne des idées claires & distinctes de ce
que l'on nomme *bien et mal; bonheur* et *mal-*
heur, Morale, Droit Naturel, Droit de l'hom-
me et ses *devoirs;* ou, pour parler plus correctement, vous voulez que je rende plus claires et plus lumineuses celles que vous en avez
déjà: car il n'est pas possible, que vous n'en
ayez d'assez justes, pour discerner le *bien* du
mal, la *vertu* du *vice,* les *bonnes actions* des
mauvaises. Votre éducation a été trop soi-
gnée, & la manière dont vous vous conduisez
est trop réglée, pour me persuader que vous
ayez manqué d'instruction sur ce que vous desirez savoir.

MAURICE. Il est vrai, Monsieur, que les instructions ne m'ont point manqué, et qu'on n'a
pas oublié de me donner des leçons pour ma
conduite. Naturellement porté à l'étude de ce
que l'on nomme la Morale, je m'y suis appli-

Tom. I.   A   qué;

qué ; cependant, je dois l'avouer, je n'ai jamais pu parvenir à cette certitude, à cette conviction que je croyois devoir y trouver. Je conçois très-bien que, pour se bien conduire, il ne faut pas faire du mal ou nuire à autrui. En réfléchissant à l'action D'ÉNÉE, sauvant son Père des flammes de TROYE, & à celle de NÉRON, qui fait mourir sa Mère d'une manière cruelle, je les trouve bien différentes l'une de l'autre: je loue la première & blâme la seconde. Il en est une infinité d'autres que l'histoire rapporte, ou qui se passent journellement sous mes yeux, sur lesquelles je n'hésite pas de porter mon jugement. Je les approuve ou désapprouve sans balancer; mais il en est aussi, & même en plus grand nombre, sur lesquelles je reste indécis. J'entends si souvent louer par les uns ce que les autres appellent mal, qu'en vérité je ne sçais à quoi m'en tenir.

L. Vous êtes cependant persuadé, que le vrai ne dépend point du jugement des hommes, et que leurs actions sont bonnes ou mauvaises par elles-mêmes, quel que soit le caractère qu'ils leur attribuent.

M. Je voudrois pouvoir l'être ; mais jusqu'à-présent je n'ai pu trouver des indices sûrs, propres à me faire connoître ce vrai réel, ce caractère de bonté ou de malice, inhérent aux actions humaines indépendamment du mérite ou démérite que l'opinion y attache. Après avoir supposé, qu'il doit exister en tout un vrai réel, qui ne dépend point de notre manière de voir, et qu'il y a de même dans nos actions quelque chose qui les rend intrinséquement bonnes ou mauvaises;

vaifes; je fuis défolé par l'impoffibilité ou je
me trouve encore d'en diftinguer les marques,
et de me convaincre, que mes idées s'accordent exactement avec ce vrai que je cherche à
connoitre. Ainfi agité par un flux et réflux de
différentes opinions, par lesquels je vois les
hommes entrainés, fuivant leurs différente manière de penfer, fruit ordinaire, à ce que je
crois, de la différente éducation qu'ils ont eue,
de leurs liaifons particulières ou des circonftances dans lesquelles ils fe trouvent engagés: Je
flotte au milieu de doutes continuels, fans ofer
me fier à mon propre jugement: tout me devient pour ainfi dire douteux. Car s'il est vrai,
comme vous le dites Monfieur, que le *bien* est
bien par lui même: et le *mal* tout de même
mal; il faut qu'il y eft des caractères, des marques diftinctives, auxquelles on puisfe réconnoitre, non pas ce que l'on nomme *bien*, *vertu*, *vice*, et tous ces autres attributs des actions
humaines, que l'on défigne par ces expreffions,
mais ce que fes expreffions doivent réëllement
défigner. Tous les jours je les entends employer, et tous les jours je m'apperçois que les
hommes ne s'accordent point fur la fignification, dans laquelle ils en font ufage. En lifant
des hiftoires et des voyages, j'y remarque fi
grande diverfité d'opinions fur ce qui est *juste*,
injuste, *vicieux*, *bon* ou *mauvais*, que je ferois tenté de croire, que ces attributs n'ont aucune réalité intrinféque, et qu'ils dépendent
uniquement de la manière, dont les uns ou les
autres les envifagent, ausfi me fuis je trouvé
quelque fois en compagnie de gens, qui foutiennent qu'il n'y a point réëllement de *vertus*,

ni de *vices*, et que le *bien* et le *mal*, fe bornent aux fentimens, que chaque individu en a
en fon particulier. Permettez-moi, Monfieur,
de vous citer pour exemple, ce que je viens
de voir à table.

Nous vous avons entendu parler des circonftances, dans lesquelles *la France* fe trouve
actuellement, des horreurs qui s'y font commi-
fes, des malheurs qui l'accablent: des excès
que cette Nation s'est permife pour réformer fa
Conftitution Politique, anéantir la Monarchie et
faire adopter aux autres Peuples le même fyfthème de Gouvernement. Nous vous avons entendu blâmer toutes fes démarches et fes procè-
dés, comme contraire aux principes de la Morale, de la Iuftice, du Droit Naturel et de toutes les obligations qui font le fondement de l'ordre public et de la vie fociale. Je vous avoue,
que ce n'est pas fans effroi, que j'ai entendu
parler des masfacres qui fe font commis à *Pa-
ris* et en d'autres endroits de ce beau Royau-
me: que j'ai été fenfible à la manière dont les
François fe font comportez envers leur Roy,
la Maifon Royale, le Clergé, la Noblesfe, enfin envers tous leurs compatriottes, qui n'ont
pas voulu fe joindre à la ligue formée pour ré-
ferrer le pouvoir Monarchique en de certaines
bornes et faire revivre la Majefté du Peuple.
Tout cela m'a paru fort extraordinaire, et peu
compatible avec les idées que je m'étois faites
des droits et des devoirs des hommes réunis
dans une Société Politique, foumis à un Gouvernement Civil; mais, malgré les fentimens
que tous ces excès ont excités dans mon coeur,
malgré l'horreur qu'ils m'ont infpirés, je vous

avoue

avoue que je n'ai point encore une pleine conviction, que la partie de la Nation qui s'y est
portée, n'y a point été authorisée par les circonstances oppressives, dans lesquelles elle
croyoit se trouver, par le droit que chacun a
de se soustraire à l'esclavage et de se remettre
dans son état primitif de liberté, Droit, suivant
que le prétendent ceux qui s'en prévalent, *im-
prescriptible*, et dont la violence peut bien
ôter l'usage au Peuple, mais qu'elle ne sauroit
jamais lui faire perdre. Si les moyens, dont
les François se sont servi pour régagner leur
liberté et leurs Droits Primitifs, ont été irrégu-
liers, injustes, atroces, barbares; ne faut-il pas
en attribuer uniquement la cause à la nécessité
absolue d'employer cette voye, pour parvenir à
la fin à laquelle ils devoient tendre. A la vérité
les démarches, qu'ils se sont permises vis-à-vis
les autres Nations, l'idée d'exterminer tous les
Rois de la terre et de rétablir dans l'Univers la
liberté naturelle de tous les individus qui le
composent: cette idée et ses démarches sem-
blent asfez extravagantes et peu compatibles avec
les Droits et les obligations que l'on reconnoit
à chaque Nation, rélativement aux autres, cependant le motif n'en paroit point blamable,
puisqu'il part d'une source pure, d'une bienveillance envers le monde entier, et dont l'unique
but est le bien général de tous les Peuples.
Plus je roule ces différentes idées dans ma tête,
plus je me vois entrainé dans une obscurité
d'autant plus facheuse, que je ne trouve point
en moi-même aucune lumière à lui oppofer.

Bien des choses me répugnent dans les motifs que les Réformateurs de la Monarchie Fran-

çoife allèguent pour juſtifier leur infurrection,
et leur conduite me paroit ſi violente, ſi féroce, ſi oppreſſive, que je ne puis acquièſcer aux
raiſons ſoit plauſibles, ſoit éblouïſſantes, dont
il ſe ſervent pour en écarter la noirçeur; avec
tout cela néamoins je ne puis me convaincre
de leur tort.

Vous me rendriez, Monſieur, un très-grand
ſervice, ſi vous vouliez bien m'aider à débrouiller ce cahos. Je ſens que mes idées ſont confuſes, tant ſur cet objet, que ſur tous ceux
qui tiennent à ce qu'on nomme *Morale*, *Droit*
Naturel, *Juſtice*, *Equité*, *Charité* et bien d'autres qualités rélatives à ces principes, dont
nous parlons fréquemment et dont je cherche
ſouvent en vain à ſaiſir le véritable ſens.

Je ne ſais ſi je fais bien, mais j'attribue cette
incertitude de mes réflections au malheur que
nous avons de ne poſſeder que des connoiſſances obſcures dont ont négligé le développement, et qu'on devroit ramener à leurs principes pour en ſaiſir le vrai et le faux: je l'attribue encore par rapport à moi, à un défaut de
règle et de méthode dans les inſtructions que
j'ai réçues; méthode, qui, je crois étoit néceſſaire pour diriger mes méditations dans un
ordre ſuivi. Je m'apperçois que c'est cet ordre qui me manque, et j'attribue à ſon défaut
le doute par lequel je termine ordinairement
mes récherches philoſophiques.

L. Vous n'avez pas tort, mon ami, d'attribuer l'incertitude de nos connoiſſances et le
manque de conviction qui en réſulte, au peu
d'ordre qui regne dans nos études et au défaut
de clarté et de préciſion qui leur ôte tout le

fruit

fruit que nous pourrions et que nous devrions
en rétirer. Nous ne prennons pas la peine
d'approfondir nos spéculations: on se contente
d'une perception vague et confuse. C'est là la
source des erreurs qui rendent *la science des
Moeurs*, ou en d'autres mots, *la Morale*, *le
Droit Naturel* et toutes les parties de nos connoisfances, relatives aux devoirs et aux droits
de l'homme, fi peu certaines et fi fort conten-
tieufes. Quand je dis: *fi peu certaines*, ce
n'est pas par rapport aux objets de nos connoisfances: car (vous l'avez très-bien observé)
ceux-ci font toujours certains et invariables,
de quelque manière qu'un être doué de raison
les envifage, la vérité est immuable, quelle que
foit l'idée qu'on s'en forme: & malgré la diverfité des opinions, il fera toujours vrai ou
faux, que ceux qui en *France* ce font foulevez
contre la Royauté et qui ont fait mourir leur
Roi fur un échafaut, en ont ou n'en ont pas
eu le droit: ont bien ou mal agi. Cependant
il n'est point étonnant qu'on ne foit pas d'accord fur ce point: et que les uns trouvent un
droit là ou d'autres ne voyent qu'une injuftice
cruelle.

C'est en effet, à le bien confidérer, le défaut d'ordre et de liaifon de nos idées, qui donne lieu à cette diverfité de fentimens; parceque
chacun tire fon opinion de la manière dont il
contemple ce qui en fait le fujet. Si on pouvoit proceder dans les fciences rélatives à nos
droits et à nos devoirs, comme on le fait dans
les Mathématiques, il y auroit auffi peu de
différence d'opinions dans celles-là, qu'il y en
a dans celles-ci; mais faute de pouvoir adap-
A 4 ter

ter à nos récherches fur la moralité des actions humaines une marche ausſi réglée et ausſi ſure, il est impossible de porter nos connoisſances à cet égard à cette évidence et à cette conviction que les Mathématiques produiſent.

M. Faut-il donc ſe contenter de nos idées confuſes ſur ce qu'on nomme *bien* ou *mal*, *vertueux* ou *vicieux*, *honnête* ou *deshonnête*, en un mot ſur tout ce que l'on comprend ſous la dénomination de *Morale* ou *Droit Naturel*? Resterons nous toujours flottans au gré des opinions des hommes ſans pouvoir déterminer la meilleure, ſans ſavoir même avec une pleine conviction ce que nous pouvons faire et ce que nous devons omèttre. Il me ſemble, Monſieur, que lorsque je vous ai entendu diſcourir ſur les procedés des François, vous avez fondé vos raiſonnemens ſur des principes qui m'ont paru ausſi évidens que l'axiome, qui porte que le *tout est plus grand que ſa partie*, il est donc en Morale des vérités premières, au moyen des qu'elles on peut parvenir à la connoisſance des vérités plus compliquées.

L. Cela est vrai, mon ami, mais les premières vérités de Morale ne ſont ni ausſi aiſées à ſaiſir, ni ausſi généralement reçues, que le ſont celles que l'on admet dans les Mathématiques; on les nie ſouvent lorsqu'il est question d'en faire l'application. Elles ont à combattre les passions humaines qui ſe cabrent contre elles: et de là il arrive que, malgré la vérité du principe de Morale *qu'il ne ſaut pas faire à autrui ce que nous ne voulons pas que l'on nous fasſe*, vous le voyez continuellement enfreindre.

M. En

M. En vérité, Monsieur, à vous entendre discourir ainsi, l'étude de la Morale seroit une occupation bien vaine et bien inutile ; cela m'afflige. J'avois résolu de m'en occuper ; vous me d'égoûtez de ce projet au lieu de m'y encourager. J'ai entendu faire l'éloge de SOCRATE parcequ'il fît de cette étude la partie la plus sublime de la Philofophie ; mais si elle ne mene pas à des connoisfances certaines, si elle nous laisfe dans le doute : si enfin les vérités qu'elle nous découvre font si peu acceuillies qu'on ne les obferve point : quel fruit pouvons nous en espérer ?

L. Je ferois faché, mon ami, que les réflexions que je viens de faire, vous détournasfent du desfein que vous avez d'étudier la Morale, vous auriez même tort de ne pas le fuivre, et puisque vous voulez bien me permettre de vous parler franchement, je dois ajouter, que mes réfleétions ne peuvent pas vous porter à y rénoncer. La Morale n'est point incertaine par elle-même : fa fcience ne l'est pas non plus : elle ne l'est que rélativement à ceux qui n'en font point une étude, ou qui négligent de s'en occuper ; il en est de même dans l'application que les hommes en font dans le cours de leur vie. La ftruéture d'une montre est certaine : les répréfentations d'un tableau font certaines : la forme d'un arbre est certaine : il n'importe donc pas à leur réalité, que ceux qui les contemplent les voient telles qu'elles font, ou s'en fasfent de fausfes idées. Il importe ausfi peu à un connoisfeur d'inftrumens, de peintures & de bois, que d'autres s'y trompent : il lui fuffit de profiter des lumières qui lui en donnent de

A 5

justes

justes idées. Que fait encore à un Négociant que plusieurs de ses confrères ignorent les véritables principes du Commerce général ou de quelqu'une de ses branches, qu'ils en disputent ou qu'ils s'en écartent dans les occasions ou ils devroient se faire un devoir de les suivre; tout cela peut lui être très-indifférent; mais puisque son état le porte à faire le commerce, il lui importe d'en connoître les principes et de s'y conformer dans ses opérations, un jeune homme qui se destine à cette profession ne peut se dispenser de s'appliquer à l'étude du commerce, s'il veut éviter de se ruiner, et en travaillant au contraire, à augmenter sa fortune. De même un jeune homme, quel qu'il soit, doit s'appliquer à l'étude de la Morale, s'il ne veut courir les désagrémens, auxquels la vie qu'il mènera ne manquera pas de l'exposer.

Vous seroit-il indifférent de connoitre les mets qui vous nourrisfent le mieux et vous incommodent le moins? Vous seroit-il indifférent de savoir ce que vous devez observer pour conferver votre santé et éviter de tomber malade? Vous seroit-il indifférent de connoitre ce qui peut vous procurer des plaisirs ou vous occasionner des douleurs? Il en est de la partie de nous-même que l'on appelle ame comme de celle que l'on nomme corps: elle a, comme celui-ci une santé, des maladies, des biens à rechercher, des maux à éviter: il faut les connoitre et les bien connoitre, pour se procurer les uns et se garantir des autres. Ne doutez donc pas, mon ami, qu'il vous intéresfe par rapport à vous-même et indépendemment de l'opinion du reste des hommes, de savoir ce qui

est

est *bien* ou *mal, juste* ou *injuste, vrai* ou *faux.* N'y êtes vous pas intéresté par la né-cesfité ou vous-êtes de vivre & de vivre d'une manière déterminée, peut-il vous être indifférent de vivre bien ou mal; et pourroit-il vous l'être moins de favoir comment il vous feroit posfible d'éloigner le vice de vos actions pour les rendre en tout conforme à la vertu?

D'ailleurs, mon cher Maurice, la connoisfance de nos devoirs augmente le plaifir que l'on trouve à les remplir. Nous fentons en nous même une fatisfaction bien précieufe lorsque dans certains cas nous nous trouvons en état de décider par nous-même entre ce que la Morale authorife et ce quelle profcrit: lorsque nous pouvons nous dire, la confcience m'oblige à ce-la! la conviction qui détermine alors la volonté et nous fait agir, rend cette action méritoire et fait naître un plaifir dans notre ame. Ainfi chacun est intéresté, pour fa propre fatisfaction, pour fa propre utilité, à ne pas négliger la fcience des Moeurs; il est même obligé de fe livrer à fon étude; parcequ'il ne peut fe dispenfer d'en obferver les précèptes, quand même tous les autres les négligeroient. Le nombre des brigands ne dispenfe pas les autres hommes d'être vertueux. La terre fut-elle remplie de fcélérats et n'y eût-il qu'un feul homme de bien, cet homme unique fentiroit le devoir de fe conduire avec fagesfe, & en goûteroit tout le plaifir.

M. Ce.que vous me dite là, Monfieur, adoucit un peu l'amertume que vos précèdentes réflections avoient fait naître dans mon ame: Je conçois que l'étude de la Morale est une étude

de précieuse pour tous ceux qui s'y appliquent dans le desfein d'augmenter leur bien-être Je conçois auffi que la connoiffance en doit être extrêmement utile à ceux, qui peuvent parvenir á la poffeder; mais elle me paroit fi difficile à acquérir que malgré toute l'envie qu'on auroit de s'y livrer, l'on devroit en vérité craindre d'en tenter l'acquifition.

L. Il y a, mon ami, dans le raifonnement que vous venez de faire, une erreur que je dois vous faire fentir. Nous avons eu à table Monfieur B. . . . . réputé pour un des plus habiles négociant de *Londres*. Croyez-vous qu'il entende le commerce dans toutes fes parties et dans la dernière perfection?

M. Non.

L. Penfez vous que tous les jeunes gens, que l'on met dans le commerce et qui s'y appliquent, parviennent à en acquerir une connoiffance eutière et parfaite?

M. Non.

L. Seroit-ce bien raifonner que de dire: l'étude que ces jeunes gens font du commerce ne pourra jamais que leur en donner une connoiffance imparfaite: il est donc inutile qu'ils s'y appliquent. Aulieu de fe livrer à une occupation pénible dont le fuccès même leur laiffera toujours quelques récherches à faire, il feroit mieux pour eux d'attendre, fans gêne & fans travail, le tems où ils feront engagez dans cette profeffion, ils s'en acquiteront alors comme ils l'entendront.

M. Ce raifonnement feroit asfurément très défectueux.

L. Vous voyez donc bien, mon ami, que l'impos

l'impossibilité de connoître ou de distinguer parfaitement tout ce qui est *bien* ou *mal*, *juste*
ou *injuste*, ne peut et ne doit pas non plus
être un motif, pour nous détourner d'en chercher la connoissance. Plus elle approchera de
la perfection, plus nous pourrons en rétirer du
fruit; ainsi que font les négocians de leurs lumières sur le commerce, et les autres hommes
du plus ou moins de capacité qu'ils ont acquise,
se, chacun dans la profession qu'il exerce.

M. J'apperçois très-bien l'erreur dans laquelle j'étois tombé, je vois maintenant que
toute la difficulté réside dans la manière de parvenir à l'acquisition de cette science, qui doit
servir à nous faire discerner avec certitude le
bien d'avec le *mal*, le *juste* de *l'injuste*, la
vertu d'avec le *vice*: qui doit, pour ainsi dire, placer une ligne de démarcation entre les
caractères différens qui constituent la Moralité
des actions humaines. Mais comment vaincre
cette difficulté? Elle me paroit insurmontable.

L. Elle ne l'est pourtant pas; pourvu que
nous nous bornions à ce qui est possible, et
que nous soyons persuadés que nos facultés
étant limitées, nous ne pouvons porter que jusqu'à un certain dégré, la certitude de nos connoissances. Nous sommes assurés, par exemple
que nous existons: que vous me parlez, et que
je vous parle, mais nous ne le sommes pas des
ressorts, qui font que la langue exprime ce
que l'esprit pense. Comment se fait-il encore,
que les doigts de Mademoiselle votre soeur, en
se jouant sur le clavecin, expriment si exactement les notes qui composent la pièce de mu-
sique qu'elle a sous ses yeux? Nous ne saurions

le dire avec certitude; cependant nous fommes convaincu de l'agrément et du plaifir qu'elle nous donne parceque nous le resfentons.

M. Je conçois très-bien qu'il y a des vérirités, dont nous pouvons acquerir une connoisfance certaine, et qu'il en est d'autres que les bornes de nos facultés nous empêchent d'approfondir. Les unes fe font aifément connoître, les autres font difficiles à faifir. Je ne formerai aucun doute fur l'exiftence des prairies, des arbres, des maifons, des hommes, des femmes, des enfans, lorsque ces objets fe préfentent à mes yeux. Je n'apperçois aucune difficulté dans une pareille connoisfance, mais je voudrois posféder un moyen de connoitre avec certitude le vrai réël d'un objet lorsqu'il fe préfente à moi à travers quelque doute: et voila ce qui me paroit difficile.

L. Ce moyen est en vous même, mon ami: il confiste dans l'art d'employer les facultés que l'on posfède.

M. Comment cela?

L. N'est-il pas vrai que vous n'avez de connoisfances que par les idées, que les objets excitent dans votre esprit? J'entends ici par esprit, ce que l'on nomme Intelligence par laquelle on défigne la faculté que nous avons de percevoir, d'avoir des idées, en un mot de penfer.

M. Cela est vrai.

L N'est-il pas vrai, que vous ne pouvez en avoir de connoisfance certaine, qu'autant que vos idées exprimeront exactement cet objet?

M. Cela est encore vrai.

L. N'en

L. N'en réfulte-t-il pas, que pour être asfuré d'avoir une connoisfance certaine d'un objet il faut être convaincu, que les idées qu'on en a y répondent parfaitement.

M. Cela me paroit évident.

L. Eh bien, mon ami, la première chofe que nous aurons donc à faire, pour parvenir à des connoisfances certaines, fera de nous convaincre que nos idées font conformes aux objets auxquels nous les rapportons.

M. Fort bien, Monfieur, mais comment nous en convaincre? voilà de quoi il s'agit.

L. Pour arriver à cette conviction, il faut examiner ces objets, obferver leur nature, leurs qualitez et tout ce qui peut en faciliter la connoisfance: il faut les confronter avec les idées que nous en faifons pour nous asfurer de la conformité ou de la difformité qu'il y a entre eux et ces idées.

M. Je comprens cela: mais je comprens ausfi, que cela doit être très-difficile.

L. Cela n'est pas aifé je l'avoue; mais vous a-t-il été aifé de faire la démonftration de la cinquième propofition du premier livre d'Euclide, lorsque vous commenciez à vous appliquer à la Géométrie?

M. Non.

L. Vous a-t-il été aifé d'apprendre la numération, l'addition, la fouftraction, la multiplication, et la divifion lorsque vons avez commencé à apprendre l'Arithmétique.

M. Nullement, j'y ai trouvé plus de difficulté, que dans les opérations qui en requeroient l'ufage et l'habitude.

L. Maintenant vous pouvez la faire avec facilité, n'est-il pas vrai?

M. Oui.

M. Oui.

L. C'est l'étude qui vous a mis en état de la faire: Eh bien, mon ami, appliqué vous à celle de la Morale, vous en aurez le même effet, dès que vous conçevez qu'il faut confronter les idées que vous vous formez des objets avec ces objets mêmes, pour vous assurer qu'elles leurs conviennent, vous ne pouvez manquer d'être convaincu que pour faire cette confrontation, il faut favoir la manière dont elle peut fe faire.

M. Je faifis bien cela.

L. Et que pour le favoir il faut s'en inftruire.

M. Cela parle de foi-même.

L. Vous conçevez donc, que pour parvenir à des connoiffances certaines, il faut s'inftruire de la manière, dont on peut confronter les idées que nous nous formons des objets auxquels nous les rapportons, avec ces objets mêmes.

M. Oui.

L. Mais ne faut-il pas également être inftruit de la manière, par laquelle les idées nous viennent, pour pouvoir les confronter avec les objets auxquels nous les rapportons?

M. Je crois qu'oui, mais je n'y vois pas asfez clair pour dire que j'en fuis convaincu: car qu'importe à la confrontation des idées avec les objets, de quelle manière elles nous viennent.

L. Remarquez, mon ami, que cette confrontation est une opération de l'Entendement, et que toute opération de l'Entendement confiste dans une production d'idées; la confrontation

tion elle même est une production d'idées: si vous ignorez comment elles fe produif nt, vous ne pouvez favoir, fi elles font naître, de vrayes ou de fausfes répréfentations Pour favoir fi une voiture vous menera à un certain endroit, il faut favoir la manière dont elle agit, ou peut agir: Il en est de même d'un navire: pour être fûr qu'il vous transportera à l'autre bord de la rivière, vous devez connoitre la manière, dont vous devez vous en fervir et l ufage que vous devez en faire pour réusfir à la pasfer

M. J'entends, Monfieur; et je conçois à cet heure que, pour parvenir à des connoisfances certaines, le premier pas à faire est de s'inftruire de la manière dont nous acquérons des idées et qu'enfuite nous devons nous inftruire de ce que ces idées opérent en nous

L. Précifement; mais comprenez vous ausfi que, pour vous asfurer de la conformité ou de la difformité de vos idées avec les objets auxquels ils fe rapportent, vous devez connoitre la manière, dont elles vous les font connoitre?

M. Cela me paroit naturel, par la raifon que vous venez de me donner de la nécesfité de s'inftruire de la manière dont les idées nous viennent.

L. Concevez vous encore, que ces idées ne font que des répréfentations de ces objets: et que pour pouvoir s'asfurer d'avoir une vraie connoisfance de ces objets, il faut être bien fûr que ces répréfentations fe forment de manière à la procurer?

M. Je le conçois; et je fens déjà que, pour avoir des connoisfances certaines, il faut favoir comment les répréfentations s'en excitent dans notre esprit?

Tom. I.　　　　　　B　　　　*L.* C'est

L. C'est-là, mon ami, le point esfentiel et par lequel il faut commencer. Je ne fçais fi l'on vous a fait remarquer que nos connoisfances tirent leur origine de deux fources différentes, dont l'une fe reduit à l'opération de nos fens; et l'autre à celle de notre esprit?

M. J'en ai lu quelque chofe; mais je n'en fuis pas asfez inftruit pour ne pas defirer que vous ayez la bonté de m'en inftruire d'avantage. Faite-moi donc le plaifir, Monfieur, de m'aider de vos lumières.

L. Je le veux bien; cependant ce fera pour une autre fois. Il ne faut pas trop accumuler les objets fur lesquels il y a des méditations à faire. Permettez que je vous recommande à cet égard la tempérance, comme je le ferois à l'égard de la table, fi je craignois que vous y fisfiez quelque excès. Vous favez, mon ami, que, fi l'on furcharge fon eftomac, la digeftion devient pénible et laborieufe: et qu'alors on ne retire pas des alimens cette nutrition, à laquelle ils font deftinés. Il en eft de même des alimens de notre ame ou de notre Entendement. Il faut que la même prudence, la même règle détermine la quantité qu'on leur en donne; fans cela il en réfulteroit les mêmes inconveniens.

Nous pourrons reprendre notre converfation demain ou après-demain, et nous en chofirons le moment qui nous fera le plus convenable. Allons maintenant prendre le thé et joindre la compagnie.

Je vis mon jeune homme entendre avec plaifir que je me propofois de continuer nos conférences, il me remercia de la bonté que j'avois eu de m'y prêter, et du fruit qu'il efpéroit retirer de nos entretiens.   SE-

SECOND ENTRETIEN.

Sur les illusions et les erreurs auxquelles l'u-
sage de nos sens, et celui de notre Enten-
dement nous exposent; sur les moyens
de les éviter et de la certitude à
laquelle on peut atteindre en
employant ses facultés
naturelles.

Le surlendemain matin, me promenant dans
le bois, je trouvai mon disciple assis sur un banc
et occupé à lire.

Quel livre avez vous-là? lui dis-je, après
nous être mutuellement souhaités le bon jour,
c'est, me dit-il, CICÉRON sur l'art Ora-
toire.

L. L'entendez vous?

M. Avec peine.

L. Je le crois. Je vous parlois dernièrement du soin que l'on doit avoir de ne pas sur-
charger son estomac; j'y ajouterai maintenant,
que les mets doivent lui convenir; c'est-à dire
être propres à la digestion qu'il doit en faire.
Vous savez, mon ami, qu'on ne donne pas du
bœuf roti à des enfans à cause de la foiblesse
de leur estomac: ainsi la lecture d'ouvrages au
dessus de la portée de ceux qui les lisent, leur

 est

est bien moins utile que désavantageuse. Il faut
que l'esprit soit préparé à en recevoir l'impression, or je doute, (soit dit sans vous offencer)
que le votre le soit asfez pour profiter des instructions que Cicéron donne sur l'art de parler, son ouvrage sur les *offices*, seroit peut-être
plus à votre portée.

M. Je l'ai lu.

L. Cette lecture vous a-t'-elle plû?

M. Pas trop.

L. Comment? un livre si eftimé, fait par
un des plus grand hommes de l'antiquité!

M. Je le fais, Monfieur; c'est aufli par cette
raifon que je me fuis livré à en faire la lecture: je fuis bien eloigné de la fin: mais ce livre
à vous parler à cœur ouvert, ne me fatisfait
point.

L. Pourquoi?

M. Parcequ'il me parle de façon à me laiffer ignorer ce dont il m'entretient. Vraifemblablement le fils de Cicéron a eu plus de lumières que moi; et initié dans la méthode de
traiter ces fortes de fujets il n'aura pas trouvé
les difficultés qui m'y arrètent.

L. Quelles font celles qui vous ont principalement arreté?

M. C'est un défaut de clarté. Cicéron
parle de la necefsité de définir préalablement
le fujet dont on veut traiter, avant que d'entrer en matière. Après avoir lu cela, je m'at-
tendois, de fa part, à une définition du mot
officium, qui, je crois, répond au fens que
que nous attribuons au mot *devoir*, au lieu de
cela, il pasfe à une divifion du devoir, et il
en entretient fon fils d'une façon qui ne laifse

pres-

presque rien comprendre, du moins rien de fixe
et de précis. Son expression de *finis bonorum* me
paroit bien obscure: Je ne puis découvrir ce qu'il
désigne par-là. Je ne conçois pas non plus exactement ce qu'il entend par *devoir parfait*, *devoir
moyen*; car l'explication qu'il en donne ne me
paroit pas plus lumineuse que l'expression même. Je suis porté à croire que ces difficultés
naissent plutôt de mon peu d'intélligence, que
de la manière dont l'Orateur Romain expose sa
doctrine; mais, quelle qu'en soit la cause, il
n'en sera pas moins vrai, que son traité est
pour moi peu satisfaisant.

Si je vous parle des digressions, des détails
dans lesquels il entre ensuite, ce ne sera que
pour me plaindre encore du même défaut de
clarté. Il traite des causes qui nous font déli-
berer: il les divise en trois sortes; il disserte
sur ce qui est *honnête* ou *scandaleux*, sur la
commodité et *l'agrément* de la vie, sur ce qui
a rapport aux *richesses*, aux *facultés humaines*, à la *puissance*, tout autant d'expressions
vagues et indéterminées, qui mettent mon esprit à la torture; parce que je voudrois savoir
précisément ce qu'il entend par *honnête*, *scandaleux*, *commode*, *agréable*, *plus* ou *moins
utile* etc. afin de pouvoir mettre les instructions
en pratique. Dire à quelqu'un qu'il doit vivre
honnêtement, ce n'est rien lui dire, s'il ignore
le sens dans lequel ce mot est employé Lorsque j'étois enfant on m'a souvent répèté que
je devois *être sage*, que je devois me *conduire sagement*: Je comprenois bien par-là, que
je ne devois pas donner des coups de poing,
des coups de pied, ni causer du déplaisir aux

autres enfans: que je devois obéir aux chofes qu'on m'ordonnoit, ainſi du reste. J'avois certainement une idée de ce que fignifioit *être ſage*; mais cette idée étoit confuſe: ſouvent je me ſuis demandé, que dois-je faire pour me *conduire ſagement?* On ne peut pas, il est vrai, en exiger d'avantage des enfans; mais il me ſemble, qu'en traitant une ſcience, il faut plus d'exactitude, plus de clarté, plus de préciſion.

L. Je ne déſapprouve point vos réflections, mon ami, elles ſont naturelles et ſimples. En liſant les auteurs anciens, vous verrez qu'ils ont traité des ſciences et ſurtout de la Philoſophie Morale, avec une intelligence et une élégance merveilleuſe; mais vous obſerverez auſſi qu'ils ne ſe ſont pas aſſez occupez de la manière, dont l'esprit parvient à des connoiſſances certaines, ni de la nature des obſtacles qui s'y oppoſent. Ce défaut ſe manifeſte particulièrement dans leurs ouvrages ſur le devoir de l'homme; et vous pourrez le remarquer à meſure que nous nous en entretiendrons.

Nous avons terminé notre précédent Entretien, en obſervant que nos connoiſſances tirent leur origine de deux ſources différentes dont l'une ſe réduit à l'opération de nos ſens; l'autre à celle de notre Intelligence ou Entendement, que l'on peut appeller esprit, et que l'on déſigne ordinairement par ces deux mots.

M. Cela est vrai, Monſieur, j'y ai réflechi; je crois même vous avoir dit, que j'ai trouvé quelque part un paſſage qui me paroit indiquer cette double ſource.

L. Remarquez, mon ami, à cet égard, que nous appercevons certains objets, nommés à cau-

fe de cela corporels: Une réflection fur vous-
même vous convaincra que c'est par une impreſſion que les objets hors de vous font fur
vous, qu'il vous en viennent des réprésentations
que l'on nomme *idées*. On diftingue cette impreſſion fuivant cinq différens effets qu'elle produit: celui que l'on nomme *voir*; celui qu'on
appelle *entendre*; celui qu'on indique par le
mot *fentir*; celui que l'on appelle *toucher*; et
celui qui eſt défigné par le mot *gouter*. En
conſequence de cette diftinction on attribue à
l'homme cinq différentes facultés, le *voir*, *l'entendre*, le *fentir*, le *toucher*, le *gouter:* l'on
défigne ces cinq facultés par le mot *fens*, lorfqu'on dit que les *fens nous font appercevoir,
les fens nous apprennent:* on les indique par
les mots, *vuë, ouïe, tact, odorat, goût*. On
fe fert auſſi du mot *fens* pour defigner les parties de nos corps, fur lesquelles les objets hors
de nous font une impreſſion fur nous. Nous
nous appercevons de ces objets, foit par la *vuë*;
par *l'ouïe*, par le *tact*, par *l'odorat*, ou par le
gout. Mais *appercevoir* n'eſt pas *connoitre*.

M. Je le conçois bien, Monfieur. Quand
j'apperçois une tour ou lorsque je vois une montre, je me perfuade aifément que je ne connois
point par là comment l'une ou l'autre font faites intérieurement.

L. Croyez vous, mon ami, qu'elles font
extérieurement telles que vous les voyez?

M. Oui fans-doute. Elles font impreſſion
fur ma vue; cette impreſſion en fait naitre la
répréfentation dans mon esprit: ainfi cette répréfentation me la fait connoitre telle qu'elle
eſt.

L. Mais êtes-vous bien fûr que cette répréfentation est réëllement conforme à l'objet répréfenté?

M. Je le crois, parce que fans cela je ne
pourrois jamais compter fur mes fens: parce que
je ne faurois par leur moyen diltinguer avec certitude les objets les uns des autres.

L. 'A quoi diftinguez vous les objets?

M. 'A des disfemblances.

L. Ne pourriez vous pas appercevoir des
disfemblances d'un objet à l'autre, fans avoir
pour cela une répréfentation de ces objets conforme à ce qu'ils font exterieurement?

M. Je le pourrois fans-doute.

L. Ne s'enfuit-il pas, que la perception
des disfemblances peut bien fervir à diltinguer
les objets les uns des autres, mais quelle ne
peut nous asfurer que les répréfentations de ces
objets font entièrement conformes à ce qu'ils
font réëllement.

M. Oui, mais le moyen de s'asfurer que les
répréfentations excitées dans notre esprit par la
vue d'un objet, font exaétes et le répréfentent
véritablement tel qu'il est, fi nous ne pofons
pour règle générale, que ce que nous voyons
existe en effet tel que nous le voyons? Pourquoi cette règle ne feroit-elle point admife:
nos fens nous tromperoient ils?

L. Ce n'est point par nos fens que nous
fommes trompés, mais par les jugemens que
nous portons fur leurs effets. Voyons nous
une tour de loin, la répréfentation nous porte à
croire qu'elle est ronde; parce que l'impreffion
de fa figure fur notre vue la dépeint ainfi; mais
plus nous nous en approchons, plus fa forme
quar-

quarrée fe développe à nos yeux; vous voyez par
là, mon ami, que nous ne pouvons pas nous
fier entièrement à nos fens; car s'ils nous in-
diquoient une réalité, ils devroient le faire fans
variation. La tour qu'ils nous répréfentent ronde ne devroit point changer de figure à méfure
que nous en approchons.

M. Cela est vrai.

L. Cela vous prouve encore la nécessité de
vous inftruire de la manière dont les idées du
corps auxquels vous les rapportez, vous viennent, afin que vous puisfiez vous asfurer que
vous le faites fans vous y tromper. Remarquez
fur cela, que les fens ne font pas des guides
furs, pour nous faire connoitre les objets, quoiqu'ils fervent à nous les faire appercevoir. L'e-
xemple que je vous en ai donné rélativement
à la vue, est frappant. Je vais vous en donner
par rapport à nos autres fens. Nous entendons
chanter le rosfignol & nous en éprouvons un
doux plaifir: croyez-vous que ce chant existe
réëllement hors de nous? un certain petit bruit
que vous entendez dans un bois, dont les arbres
font agités par le vent: croyez-vous qu'il existe réëllement hors de vous, ainfi que vous l'entendez?

M. Il me femble que cela doit-être.

L. Le vulgaire fe l'imagine, dans la prévention que tout fon que l'on entend, exifte réëllement tel que nous l'entendons; cependant rien
n'est moins vrai. Quel est le bruit que vous
entendez lorsque vous arrivez en bourfe, ou
que vous mettez la tête à une des fenêtres qui
font au desfus des galeries de cet édifice.

M. J'entends un bourdonnement.

B 5   L. D'ou

L. D'ou vient ce bourdonnement.

M. Du parler de ceux, qui font en bourfe, et qui y traitent quelque affaire.

L. Ce font donc des discours multipliés et variés de différentes manières, qui, par leur combinaifon, produifent fur votre ouïe cette impreffion, et par - là cette fenfation, que l'on nomme bourdonnement. Ce bourdonnement n'exifte donc pas réëllement, mais c'est le nom que nous donnons à une certaine manière, dont nous fommes affectés par le concours de toutes les paroles, prononcées en bourfe. Ceci vous prouve que, les fons que nous entendons, n'ont point d'exiftence hors de nous; et que le chant des oifeaux, non plus que le henniffement du cheval, le bèlement de la brébis, les pleurs d'un enfant, n'ont aucune réalité.

M. Cela me paroit extraordinaire, Monfieur.

L. Je n'en fuis point étonné, mon ami. — Accoutumés à réalifer nos idées; c'est-à-dire à les prendre pour des répréfentations véritables et exactes des objets qui les font naitre, nous ne forgeons pas même à faire la moindre ré-flection fur ce qu'elles indiquent. Cependant, fi vous voulez faire quelque attention aux facultés humaines, et en particulier à ce que nous nommons fens, vous vous convaincrés qu'ils font loin d'étre parfait; et que nous pouvons auffi peu nous glorifier à cet égard de la perfection, qu'a l'égard de nos facultés. Les hommes en ont de différentes et différemment: tel a la vuë, l'ouïe et les autres fens meilleurs que fon voi-fin Nous avons déjà dit un mot des deux dif-férentes facultés, ou propriétés que nous re-marquons en nous et qui font deux attributs de
l'homme

l'homme en général; celui qui nous met en état d'agir, et celui de connoître. En y réfléchis- fant vous aurez pû remarquer, que ces facultés font tres diſtinctes : les unes ſe rapportent à ce que nous appellons les *fens* et les autres à quel- que choſe de plus. On nomme facultés *ſenſi- tives*, celles qui dépendent des *fens*, ou qui ſe deployent par leur moyen, ſavoir : la *vuë*, l'*ouïe*, l'*odorat*, le *taċt* et le *goût*. Les autres font appellées *Intellectuelles* comme par exem- ple celles de *penſer*, de *réfléchir*, d'*examiner*, de *vouloir*, de *juger* et d'autres encore, que vous ne pouvez manquer de trouver en vous, pour peu que vous faſſiez attention à votre pro- pre exiſtence.

Vous avez même pû remarquer ces deux dif- férents attributs dans les enfans. Vous les voyez peu après leur naiſſance donner des ſignes, par lesquels ils manifeſtent deux différentes *quali- tés*, *facultés*, *propriétés*, ou *attributs*, car ces mots font ſouvent employés dans le même ſens, quoiqu'ils expriment chacun une ſignification particulière. Ainſi l'on dit que le don de rai- ſonner eſt une faculté, une propriété, une qua- lité, un attribut de l'ame Les enfans dis-je, manifeſtent, des l'âge le plus tendre, deux dif- férentes facultés : l'une qui leur ſert à remuer leurs membres et leur corps, l'autre qui leur donne le moyen d'exprimer des deſirs, des vo- lontés, marques d'une intelligence. De là nous inférons que leurs actions ont deux principes différens : l'un *corporel* et l'autre *intellectuel*.

M. Souvent, Monſieur, j'ai fait attention à ces deux différentes facultés, que l'on m'a appris auſſi à diſtinguer. L'on ma enſeigné que la première doit être attribuée à notre corps, et l'autre à notre ame ou à notre Efprit. Cette distinction est fondée fur ce que l'homme est compofé de deux Etres très différens, dont l'un est matériel et fe nomme corps ; l'autre fpirituel appellé ame ; mais, à parler vrai, je n'ai jamais pû me faire quelque idée de ces deux différens Etres, quoique la diverfité de mes facultés femble prouver leur exiftence.

L. Il n'est pas non plus nécesfaire de s'en tourmenter l'esprit : il fuffit, que ces différentes facultés vous indiquent deux différens principes, qui agisfent différemment et produifent des effets différens. L'un de fes principes fert à regler les mouvemens du corps, et nous donne la faculté de marcher, d'ouvrir les yeux, de battre des mains, de manger, de boire etc. L'autre nous donne l'intelligence, l'entendement, la raifon, la faculté de méditer, de réflêchir, de juger, d'avoir le fentiment de nous meme et de ce qui fe pasfe en nous.

Plufieurs actions corporelles dépendent des facultés intellectuelles. On n'execute point une pièce de mufique, l'on ne va pas voir ur ami, fans y être porté par un acte de l'Entendement. Vous devez avoir admiré plus d'une fois l'agilité des doigts de celui qui vous donne des leçons de mufique et des fons qu'il tire du violon par fon coup d'archet. Sa volonté précède et détermine les mouvemens de fes doigts et de fes bras, et ces mouvemens produifent à leur tour un fon tel que l'ame du violiste à voulu tirer de fon inftrument, en y règlant le pincement de fes doigts, et le plus ou moins de vitesfe de fon archet. Cela va fi loin, que le

fon

fon, qu'un joueur fait fortir de fon inftrument,
fe réfiént du caractère de celui qui le manie.
Vous trouverez quelque chofe de guai dans l'expreffion qu'un muficien donne à fon exécution
lorsqu'il est lui-même d'un caractère guai. Est-
ce un homme froid, vous lui remarquerez une
expression languisfante. S'il est d'un caractère
doux, elle fera moëlleufe; est-il violent, elle
fera forte, et ainfi de fuite.

M. J'ai obfervé ce que vous me dite là,
dans plufieurs jeunes dames, qui nous font l'honneur de chanter à notre concert.

L. Vous aurez du remarquer, mon ami, que
dans vos différentes occupations, il en est auxquelles le corps ne participe point: ou du moins
s'il le fait, c'est d'une manière fi peu fenfible
que vous ne pouvez le remarquer: par exemple en calculant, méditant, réfléchisfant etc. Il
en est de même des actions qui s'exécutent en
nous, fans le concours de l'Entendement. Il
s'en trouve parmi elles, dont nous n'avons aucune
fenfation ni perception: comme la circulation du
fang, le battement du pouls, la digestion de
l'estomac, il en est d'autres dont nous avons
une perception: comme l'appetit, la foif, les
maux de tête. Ces opérations ne produifent
aucune répréfentation de quelque objet placé hors
de nous.

D'ailleurs nous remarquons en nous des propriétés que l'on nomme corporelles, parcequ'on
les trouve dans tous les corps: telle font l'*é-
tendue*, la *péfanteur*, une *force active*, une
autre appellée *force d'inertie, la folidité*, et plufieurs autres facultés que la Phyfique nous découvre.

Il convient encore d'obſerver que l'on nomme *matière*, tout ce qui, dans les Etres conſtitue les propriétés ou qualités corporelles que je viens de nommer, qui frappent nos ſens, ou agiſſent ſur eux; et que l'on appelle *esprit*, tout ce qui conſtitue les Etres qui n'ont point d'influence ſur nos ſens. On nomme les propriétés, les attributs et les actions des ſens, *phyſiques:* et l'on nomme *morales* les mêmes qualités particulières à l'esprit.

La faim et la ſoif ſont des irritations qui portent les enfans à chercher de la nourriture, mais c'est par un effet de leur Intelligence qu'ils cherchent la mamelle, ou qu'ils éloignent avec leurs mains ce qu'on leur préſente à manger ou à boire.

Nous éprouvons en nous même ce que nous rémarquons dans les enfans : deux principes diſtincts dont l'un nous donne une irritation qui nous porte à manger ou à boire, et dont l'autre nous engage à faire choix des alimens ou des boiſſons que nous voulons employer à cet uſage.

Allons maintenant, mon ami, un peu plus loin, examinons de quelle manière les idées des objets ſenſibles nous viennent, ou ſe produiſent en nous. Faiſons des expériences ſur nous même. Lorsque la vuë nous fait appercevoir quelque objet, comment cela ſe fait-il? Par une impreſſion de l'objet ſur le ſens que nous venons de nommer. Nous ignorons la manière dont cette impreſſion est produite, mais nous reconnoiſſons, ou nous appercevons, qu'elle excite en nous quelque choſe que nous nommons *ſenſation*, en même temps une autre choſe
que

que nous nommons *perception*, une troisième
que nous nommons *répréfentation*, et une qua-
trième enfin que nous appelions *fentiment*

M. Je crois, Monfieur, vous entendre; mais
pour en être fûr, permettez que je vous l'expofe. Il furvient à notre esprit ou à notre
ame, quatre fortes d'affections; ou en d'autres
termes l'esprit est affecté de quatre manières
différentes qui font les fuites ou les effets d'une
agitation que l'objet vu produit dans le *fens* de
la vue. La première est la *fenfation*, la feconde la *perception*, la troifième la *répréfentation*, et la derniére le *fentiment.*

L. Très-bien, mon ami; lorsque nous voyons quelqu'objet, il est nécesfaire de bien diftinguer entre eux ces différens effets d'une feule et même impreffion.

La *fenfation*, est l'agitation caufée à la vue
par l'objet: la *répréfentation* est l'effet de cette
agitation: la *perception* est une agitation intérieure, qui nous fait appercevoir la répréfentation: celle-ci est à celle-là ce qu'un tableau
est à la vue; le *fentiment* est ce qui en nous,
nous perfuade de l'exiftence de cette répréfentation. Ainfi, dans ces opérations, vous trouvez des marques de ce qui en elle est *fenfitif*
ou *intellectuel:* c'est par les fens que la fenfation est produite, c'est par eux que nous en
avons la répréfentation; mais c'est l'Entendement qui nous en donne et la *perception*,
et le *fentiment* de cette perception Monfr.
WOLFF nomme ce fentiment *apperception*; mot
dont je me fervirai de tems en tems dans le
même fens: Obfervez que nous fommes paffifs
dans la production de la fenfation et de la ré-
pré-

préfentation, et actif dans celle de la perception et du fentiment. Lorsque vous aurez la
répréfentation ou l'image d'une tour préfente à
votre esprit, cette répréfentation vous rend
elle fûr que c'est par l'impreffion réëlle d'une
tour fur vos fens, que fon image vous est fu-
fcitée?

M Non: car il arrive fouvent que ces fortes de répréfentations nous viennent, quoique
nos fens ne foyent point frappés par les objets
mêmes, dont elles font l'image. La vue des
tableaux nous en fournit un exemple; le portrait de mon père lui resfemble parfaitement;
en voyant ce portrait, il s'élève dans mon esprit une répréfentation qui me dépeint mon père, comme fi je le voyois; cependant ce n'est
pas lui qui fait naitre fon image dans mon esprit: c'est fon portrait.

L Vous voyez par là, qu'il faut quelque
chofe de plus qu'une répréfentation dans l'esprit, pour s'asfurer qu'elle y est excitée par
l'objet, qu'elle répréfente. Vous avez fans-
doute eû des rèves, et dans ces rèves quelque fois des répréfentations d'objets, fans que
ces objets, ou même des peintures, dans lesquelles ils fusfent répréfentés, affectasfent vos
fens.

M. Oh! très fouvent.

L. Eh bien! cela ne vous prouve-t-il pas
que, pour être asfurez qu'une répréfentation
dans notre esprit répond à l'objet externe par
qui elle est excitée, il ne suffit pas de nous en
rapporter à cette répréfentation même; mais qu'il
faut y ajouter d'autres moyens capables de nous
acquérir cette certitude?

M. Sans-

M. Sans-doute.

L. Vous approchez un enfant d'un miroir, ou bien vous le faite se regarder dans l'eau: sa propre image se répréfente à son esprit, par une fimple réverbération de la lumière, il croit voir un autre enfant: il fuppofe un objet hors de lui qui lui fufcite cette image; ce n'est que, lorsqu'il veut la faifir, qu'il s'apperçoit de fon erreur.

Vous pouvez remarquer dans cet exemple la liaifon des quatres différentes propriétés annoncées ci-desfus: d'abord *l'impresfion* qui fe fait fur nos fens par une influence quelconque d'un objet exterieur, impresfion que nous nommons *fenfation* rélativement au fentiment qui s'en élève en nous; et que nous défignons par le nom d'idée ou de notion par rapport à la *répréfentation* qui s'en forme dans notre esprit, l'acte qui nous fait réçevoir cette répréfentation fe nomme *perception* et l'on appelle *fentiment*, la conviction intime qui accompagne cette perception. Ces obfervations, mon ami, étoient nécesfaires pour vous amèner à reconnoitre l'imperfection des facultés humaines. Elles varient chez tous les hommes, comme nous l'avons remarqué ci-devant, chez les uns les fens ont plus de finesfe que chez les autres. Il en est de même de l'intelligence, de la mémoire et du jugement; mais de quelque dégré que les uns furpasfent les autres, il n'en est aucun qui foit parfait; nous éprouvons au contraire tous les jours combien il s'en font éloignés. Cela est fi vrai, que plus nous acquérons des lumières, plus nous voyons combien nos fciences font bornées, combien il nous en reste à posféder, et à quelle immenſe diſtance nous ſommes à cet égard de la perfection, nous en ſaiſons journellement l'expérience par rapport aux ſens: car plus nous travaillons à les perfectionner plus nous en découvrons les foibleſſes. Vous avez bien fait quelques obſervations par les microſcopes, eh bien! n'avez-vous pas vu de petites anguilles dans des goutes de vinaigre? n'avez-vous pas apperçu des petits vers, dans une petite pouſſière priſe d'un fromage, preuve bien inconteſtable, que vos yeux ne vous avoient pas transmis des répréſentations conformes à la réalité des objets répréſentés.

Un homme attaqué de la jauniſſe, trouve tout jaune: nouvelle preuve manifeste, que la répréſentation est un réſultat de l'impreſſion, de l'action des objets exterieurs ſur nos ſens, et de l'opération des organes qui les conſtituent.

Prenons cette fleur: la variété de ſes couleurs nous charme, l'agrément de ſon odeur nous flatte; mais ces belles couleurs, cette odeur agréable ne font que de ſimples impreſſions ſur les organes de la vue et de l'odorat: cette fleur n'a pas réëllement la couleur que nous lui voyons, ni l'odeur que nous lui attribuons.

M. Comment, Monſieur, n'y a-t'-il pas du rouge, du bleu, du blanc, du noir; toutes ces couleurs diverſes que nous voyons tous les jours jointes et melées de tant de manières, n'exiſtent elles pas réëllement? en ce cas l'on auroit tort de ſe moquer de ce Philoſophe, qui diſoit que la neige n'est pas blanche.

L. On ſe moque de ce Philoſophe, parce qu'on ne ſaiſit pas le ſens de ce qu'il a voulu deſigner par là et que je vous expliquerai tantôt.

tôt. Je veux préalablement vous faire obferver qu'il en est du tact et du goût, comme de l'ouïe, de la vuë et de l'odorat.

J'arrache une rofe: une épine me pique, je fens de la douleur; croyez-vous que cette douleur gît dans l'épine?

M. Non, mais je penfe que cette douleur est occafionnée par quelque chofe qui fort de l'épine; comme quand on fe pique avec un épingle, que l'on dit être envenimée; quand une abeille nous pique de fon aiguillon, dont il réfulte fouvent des accidens dangereux; quand un ferpent ou quelqu'autre animal vénéneux jette fon venin fur quelqu'un.

L. Fort bien: vous diftinguez donc la douleur de ce qui l'occafionne: vous comprenez qu'elle n'est point excitée par cette fenfation, et qu'en fentant le mal, vous ne vous formez aucune répréfentation de ce qui le produit. Vous ne voyez pas le venin; et quand même vous le verriez, vous n'y trouveriez point cette fenfation: la vue du venin ne vous le feroit pas connoitre parfaitement. De là vous pouvez juger, que la douleur n'est pas une chofe exiftante dans les objets hors de nous et qui pasfe à l'endroit de notre corps ou nous la resfentons: vous pouvez en obferver que c'est l'impreffion de l'epine, de l'épingle, du venin fur une partie de notre corps, qui excite les fenfations douloureufes dont nous fommes affectés; mais vous trouverez en même tems que ces fenfations ne nous donnent aucune répréfentation de ce qui les excite: car remarquez que ce ne font pas les objets qui les excitent; mais leur action, leur impreffion fur le corps humain.

C 2

M. Tout

M. Tout cela me paroit fufceptible de méditations. Je vous avoue, Monfieur, que ces
éclaircisfemens, fur les opérations de nos fens,
me donnent beaucoup de clarté; cependant il
me femble qu'il faut que j'y penfe encore pour
m'en mettre pleinement au fait.

L. Vos méditations fur ce fujet ne peuvent
que vous être utiles: car il est toujours bon de
s'inftruire parfaitement des élémens d'une fcience, fi l'on veut en acquérir une connoisfance
exacte et parfaite. En attendant appliquez au tact
et au goût, ce que je viens de vous dire par
rapport à la vuë et à l'ouïe; et vous verrez
que les fenfations que nous nommons la *faveur*,
l'amer, le *doux*, *l'aigre*, font également des
affections de l'ame qui n'expriment aucun objet
hors de nous; mais qui nous font feulement
connoitre par quels objets elles font excitées,
fans nous donner aucune connoisfance de ces
objets, ni de la manière dont ils agisfent fur
nous. Vous pouvez maintenant vous former une
idée de la fignification, dans laquelle il faut
prendre ce que vous me difiez tantôt que la
neige n'est pas blanche.

Lorsque ANAXAGORE s'énonçoit de cette
manière (car c'est à ce Philofophe Grec que l'on
attribue cette asfertion) il ne nioit point par-
là, qu'il y eut des objets exiftans hors de nous,
qui par leur impresfion fur nos fens faifoient
naitre une fenfation qui produit en nous une
répréfentation à laqu'elle on donne le nom de
blanc; et de laquelle provient l'idée de *blancheur;* mais il affirmoit uniquement, que la blan
cheur n'exiftoit pas dans la neige: qu'elle n'étoit
autre chofe que l'exprition produite par un fimple

pie effet de l'action de la neige fur la vuë, par laquelle action l'idée de blancheur létoit excitée. ANAXAGORE avoit raifon; & je crois que vous en ferez convaincu, l'orsque vous fairez attention à la variation des couleurs fuivant la · lumière, ou l'obfcurité, dans laquelle on les place; et furtout fi vous vous rappellé les expériences faites fur les rayons du foleil, auxqn'elles nous nous fommes amufez il y a quelques jours. Les boutons gris de votre habit prendront à la chandelle une couleur jaunâtre. A mefure qu'il commence à faire nuit, la couleur rouge fe change en noire: les rayons du foleil, non divifés, paroisfent blancs: faite les tomber fur un prisme, ou qu'ils fe brifeut par des nuages, vous y remarquez fept couleurs. Or vous fentez bien, que fi ces couleurs étoient véritablement des chofes exiftantes, elles devroient toujours nous paroitre de la même manière; puisque leur impresfion feroit toujours la même et que fi nos idées ne dépendoient pas des différentes impresfions, que les objets font fur nos fens et de la différente manière dont elles font excitées, elles devroient toujours nous donner les mêmes répréfentations, d'où vous conclurez que, puisqu'il y a de la différence, de la variation dans celles qu'elles excitent, il est bien certain que les fenfations qui réfultent de ces impresfions, ne répréfentent point les objets externes tel qu'ils font, foit quand à leur forme ou figure exterieure, foit quand à leur conftitution interieure, conféquemment qu'elles ne font pas des répréfentations de ce qui exifte réëllement hors de nous.

Encore faut · il faire attention, que quand

même les objets fenfibles devroient nous paroî-
tre toujours de la même manière s'il ne varioient
pas dans l'impreffion qu'ils font fur nous, les
répréfentations qu'ils s'en forment en nous devroient cependant en varier, pour peu qu'il y
eut du changement dans nos organes ou dans
notre manière d'être. Vous pouvez vous convaincre de cette verité en faifant attention que les
mêmes mets que vous aviez mangez vous portant bien, n'ont pas le même gout lorsque vous
vous trouvez indispofé. Tout vous paroit jaune
lorsque vous avez la jaunisfe: et cela vous
prouve que les répréfentations des objets ne dépendent pas uniquement de l'impreffion fur nos
fens, mais encore de la conftitution des Etres
fur lesquels elles agisfent; ainfi que nous ne
pouvons pas nous tenir asfurés, que d'autres ont
les mêmes répréfentations des objets qui agisfent
également fur eux et fur nous. Au contraire,
comme les hommes différent de conftitution, il
faut que les images des mêmes objets foyent
ausfi différentes en eux; de façon que la répréfentation de la barque que nous voyons pasfer ne foit pas la même en vous et en moi.

M. Mais fi céla est ainfi, comme je commence à me le perfuader, nous ne pouvons donc
jamais parvenir à connoitre les objets qui nous
environnent, qui nous frappent, que nous voyons, que nous entendons, que nous touchons,
que nous goutons, que nous appercevons par
quelqu'un de nos fens; toutes nos connoisfances
aboutiront uniquement aux répréfentations qu'ils
nous en donnent, à de pures apparences. N'en
refulteroit il pas qu'il n'y a rien de réël dans
le monde, que les fens nous trompent?

L.

L. Voilà ce qu'on a allegué contre les verités qne je viens de vous expoſer: on à prétendu que les ſens nous tromperoient, s'il ne nous faiſoient pas connoitre les objets qui les affectent, tels·qu'ils ſont réëllement, et que le monde ne feroit alors qu'un monde idéäl.

Pour ne point adopter cette opinion, qui paroisſoit très abſurde, on s'est fait un ſyſthcme du principe par lequel on poſe, que ce que nous appercevons par les ſens exiſtc réëllcment hors de nous tel que nous nous le répréſentons, et on a donné pour des notions ou idées ſimples ces répréſentations de notre eſprit qui ne portent' aucun caractère, aucune marque de variété ou de diverſité, comme ſont les couleurs. Sur tout cela, mon ami, il importe de faire attention que la manière imparfaite dont les choſes ſe manifeſtent en nous, ne porte aucune altération à leur exiſtencë réëlle. Cet objet que nous nommons jonquille, ne change ni de nature, ni de conſtruction, ni d'attributs, par la manière dont nous le regardons ou le touchons, ni par les ſenſations qu'il nous imprime, qu'il nons paroisſe bleu ou blanc, dur ou mol, qu'il nous affecte agréablement ou dèsagréablement, il n'en fera ni plus ni moins que ce qu'il est; il n'en fera pas moins vrai qu'il exiſte hors de nous quelque choſe qui ſe fait appercevoir de la façon dont notre eſprit nous la répréſente.

Les vins ne changent point de nature ni de qualité par les différentes ſenſations qu'ils produiſent ſur ceux qui le boivent. Tel préfère l'odeur d'une roſe à celle d'un oeillet; un autre aime mieux l'odeur d'un oeillet que celle d'une roſe: cela dépend de la manière d'etre de

C 4   de

de ceux qui flairent. Il en est de la diverfité des fenfations comme de celle des répréfentations dont je parle. Nous voyons, que les animaux font affectés auffi par les objets qui nous affectent; mais nous en ignorons les impreffions et les effèts fur eux. Nous les voyons difcerner les objets, faire choix des alimens, agir différemment; et il est bien apparent que les impreffions, que réçoivent leurs fens, font naitre en eux des répréfentations bien différentes de celles qui en naiffent en nous. Mais fi la maniere differente, dont les animaux en font affectés, ne décide rien par rapport à ce que ces objets font réëllement; s'il est vrai que ces objets feront toujours les mêmes, qu'elle que foit la répréfentation que les êtres animés s'en forment, vous fentez que ce feroit faire un faux raifonnement que de dire: les idées que nous nous formons des objets qui font hors de nous, ne nous les répréfentent pas tels qu'ils font réëllement, ainfi ces objets n'exiftent point: ainfi nos idées ne font que des illufions, des chimères, des figures qu'on fait appercevoir par la lanterne magique: ainfi il n'y a rien de fûr dans le monde, toutes nos connoiffances font vaines: il vaut mieux ne pas s'y attacher que de courir après des phantomes, en courant après elles.

C'est ainfi que raifonnent certains perfonnages qui prétendent, que nos fens nous donnent, ou du moins peuvent fervir à nous donner une connoiffance exacte des objets qui les frappent, vous voyez, mon ami, que ce raifonnement est de la nature de ceux par lesquels on attaque indirectement une opinion en voulant y faire réconnoitre une abfurdité On pour

roit

roit trouver ce raifonnement moins défectueux s'il étoit vrai que nos fens, manquant de nous donner une connoifance complette des objets placés hors de nous, n'eusfent d'ailleurs aucune proprieté propre à nous les faire connoitre *jus-qu'à un certain dégré* et à nous en donner une connoifance quelconque; mais il y a bien loin delà. Nos fens nous font connoitre jusques à un certain degré les objets qui les frappent. Employant les facultés qui leur font propres, on peut augmenter cette connoifance et la por-ter même à un très haut dègré, fans atteindre pourtant à la perfection, à laquelle il n'es pas donné à l'homme d'arriver. Cela n'empeche pas qu'ils ne foyent toujours fuffifants pour l'u-fage que les hommes peuvent et doivent en faire. l'Homme est doué d'organes, au moyen desquels, les fens font affectés de manière à lui faire diftinguer fes fenfations et les objets qui les excitent. Il s'apperçoit qu'il y a des objets qui l'affectent, qui fe font connoitre à lui com-me exiftans. Il voit le foleil: il en conclut qu'il existe quelque chofe hors de lui qui agit fur fes fens, de façon qu'il nait en lui la ré-préfentatiou qu'il nomme foleil. Sans favoir ce que font proprement le foleil, la lune, les etoiles, il apperçoit cependant un certain or-dre, un cours réglé et une continuelle répro-duction d'objets qui fe fuccedent.

Il voit annuellement renaitre les fleurs du prin-tems et les fruits de l'automne. Il fent fe ré-nouveller le froid et le chaud. Il entend le tonnere et voit les eclairs; et fans vouloir pré-tendre que ce qu'il voit, et ce qu'il entend est réëllement tel qu'il le voit et qu'il l'entend:

C 5

fans

fans vouloir prétendre, que les répréfentations qui s'en forment dans fon esprit, font parfaitement conformes à ces objets, il fe contente d'en inférer : que tout ce que le monde nous fait appercevoir par les fens, est règlé par dés loix conftantes, en vertu desquelles les mêmes objets font toujours fur nous (les circonftances étant d'ailleurs égales) les mêmes impreffions, et avec des circonftances différentes, des impreffions qui y répondent.

Telles font, mon ami, les loix conftantes qui dirigent ce que nous nommons le monde, et que les Philofophes nomment *le monde vifible*. Nous nommons phénomènes toutes les répréfentations qui nous en viennent dans *l'esprit* ou dans *l'ame*, ces deux mots étant employez indiftinctement pour défigner ce qui dans nous a la faculté de fe faire ces répréfentations. Le cours du foleil, celui de la lune, le mouvement des planètes, font dans nosre efprit des Phénomènes, par rapport aux idées que nous nous en faifons; mais ces changemens qui furviennent dans l'Univers, et qui excitent les idées qui nous en viennent ne font ni des chimères ni des phantomes, mais des réalités, quoique très différentes de la manière dont ces changemens font depeints dans notre efprit. Il y a dans l'univers des réalités qui, par leurs différentes combinaifons, forment ce que nous appellons arbres, fruits, legumes, terre, prez, animaux, tous les objets enfin qui tombent fous nos fens et bien d'autres qui ne les touchent point. Delà vous voyez, qu'il nous est poffible d'acquérir des connoiffances asfez etendues et asfez compliquées, d'après les qu'elles nous
pou-

pouvons porter des jugemens asfez fûrs touchant les objets qui nous environnent, fans nous laisfer féduire par des apparences trompeufes; et bien qu'il foit vrai, qu'en effet nos connoisfances ne font que l'expreffion d'un monde idéal, rélativement au monde réëllement exiftant, celles que nous acquérons par les fens, quelqu'imparfaites qu'elles foyent, fuffifent néamoins pour l'ufage de notre vie. Il nous fuffit d'éprouver que ce qui nous apparoit fous une répréfentation que nous nommons *bled* fe produit et fe réproduit toujours de la même façon: il nous fuffit de connoitre la manière dont nous devons agir, pour en tirer ce qui nous fert de nourriture; et il nous fuffit pour nous en fervir, de favoir par expérience, que c'est un aliment falutaire. Il en est de même de tout ce qui fert à nous fubftanter, foit légumes, foit viandes, foit poisfons, ainfi que des différens breuvages dont nous nous fervons pour nous dèsalterer ayant appris à les préparer, et les voyant reproduire fans cesfe de la même manière, nous avons une pleine certitude de l'effet qu'ils produiront fur nous: foit rélativement aux agrémens qu'ils nous donneront, foit par rapport à la confervation de notre vie et de notre fanté. Nous apprenons de la même façon avec certitude ce qui nous est ou peut nous être nuifible. Les mêmes répréfentations nous indiquent les mêmes objets; l'ufage de ces objets nous faifant connoitre ce qu'ils ont ou peuvent avoir de nuifible, nous apprenons à ne pas nous en fervir, foit en tout, foit en partie. Celui qui, prénant d'une forte de vin, ou d'une efpèce d'alimens s'en trouve incommodé plus d'une fois est averti parlà de

s'en

s'en abftenir. Cela doit vous montrer mon ami,
que l'on ne peut pas fe plaindre de ne pouvoir
acquérir des connoisfances ; puisque la réproduction conftante et uniforme des mêmes fenfations par l'impresfion des objets fur nos fens
nous prouve que tout ce que nous appercevons
par les fens agit fuivant des loix conftantes et
immuables dont la connoisfance peut nous garantir de l'erreur, fi nous faifons de nos facultés l'ufage qu'elles exigent.

Jugez par là, mon cher Maurice combien
peu est raifonnable l'opinion de ceux qui nient
généralement toute certitude, et que l'on nomme Pyrrhoniens. Vous voyez que le principe
fur lequel il la fondent, revient au raifonnement
fuivant: nous ne pouvons rien connoitre parfaitement: par confequent nous ne pouvons acquérir aucune certitude. Je n'ai pas befoin de vous
indiquer l'inconfequence, d'un pareil raifonnement.

M Je la concois Monfieur; mais voyez fi
je vous ai bien compris dans tout ce que vous
venez de me dire. Je tacherai de le répéter.
Les idées que nous acquérons par les fens, ne
nous répréfentent pas les objets, qui les excitent, tels qu'ils font réëllement en eux mêmes:
ces idées, ou ces notions n'y font pas conformes. Ainfi nous nous trompons, lorsque nous
prénons ces notions pour des répréfentations
exactes de ce que les objets font réëllement,
et en eux mêmes. Cependant ils ont une exiftence réëlle: ils exiftent d'une manière conftante,
quoique nous ne la connoisfons pas; ils agisfent fur nos fens, y caufent des fenfacions et
y produifent par elle mêmes des repréfentations

ou

ou des images , toujours fuivant des loix conſtantes qui déterminent leur action. Quoique ces répréſentations n'expriment pas ce que font ces objets en eux mêmes, elles font pourtant fuffiſantes pour nous les faire connoitre jusques à un certain dègré : et asſez pour notre uſage ; parceque ces objets agisſant par des loix conſtantes et immuables, leur action ſur nos fens, qui font auſſi foumis à de pareilles loix, est toujours la même et doit toujours produire les mêmes fenſations et les mêmes répréſentations en nous et tout les individus ſur lesquels elle agit. Par conſequens nous avons, ou du moins nous pouvons avoir à cet égard une certitude. Deforte que je puis connoitre quels mets ou quelles boisſons me font falutaires : Je puis m'asſurer que je ne me trompe point en regardant un mets comme tel après avoir éprouvé pluſieurs fois qu'il me faiſoit du bien : Je puis, après avoir vu une perſonne, ou l'avoir entendu parler, conclure en la revoyant, que c'est la même dont ma vue ou mon ame ont déjà été affectés.

L. Votre raiſonnement est juſte, mon ami ; cependant il faut obſerver premierement, que la connoisſance, que vous acquérez, est individuelle ; c'est à dire que vous ne devez pas en conclure, que l'action par laquelle les fenſations font produites en vous et les répréſentations qui en réſultent, fait n'aitre en d'autres individus les mêmes fenſations et les mêmes répréſentations. Vous concevrez aifément que cela est impoſſible, des que vous fairez attention, que les hommes font tous différemment conſtitués, ce que l'on nomme de différens tempeperamens, et que par là l'effet produit fur eux par une caufe quelconque ne peut-être le mê-me : cet effet devant nécesfairement varier felon la difpofition de l'objet fur lequel une caufe agit. Le fon d'un inftrument n'eft pas le même pour deux perfonnes dont l'une a l'oreille mauvaife et l'autre excellente. L'effet produit fur les fens d'un enfant eft différent de celui que la même caufe produit fur ceux d'une perfonne faite.

M. Mais en analyfant ainfi nos fenfations, nous revenons aux incertitudes, car comme nous changeons tous les jours et comme les hommes font differens, il en réfulteroit que nous ne pourrions jamais nous asfurer, qu'une répréfentation que nous avons eu hier, nous indiqueroit le même objet fi elle étoit renouvellée aujourd'hui ; par exemple, qu'une feuille de figuier n'exciteroit point aujourd'hui la même répréfentation excitée hier par une feuille de mûrier.

L. Cette obfervation, mon ami, peut fervir à voùs convaincre, que, tant que nos organes ne feront point alterés, et que nous nous trouverons dans une fituation naturelle, les fenfations repondront toujours aux mêmes objets qu'elles répréfentent. Vous réconnoitrez les hommes à leurs phyfionomie, à leur démarche, à leur voix: les alimens à leur goût et à la forme extérieure qu'ils vous préfentent : vous diftinguerez toujours une pèche d'un abricot, les raifins bleus, des raifins blancs, un chapon d'un poulet, un boeuf d'un veau, ainfi du reste: et vous réconnoitrez un dérangement dans vos organes, des que vous vous meprendrez dans

le

le rapport que vous fairez de vos fenfations aux objets qui les excitent. Vous réconnoitrez que, puisque les chofes agisfent en vertu de loix conftantes et immuables, ce n'est qu'a un manque de connoisfance de ces loix et à une précipitation dans le jugement, qu'il faut attribuer les erreurs dans lesquelles nous tombons. Car quoiqu'il foit vrai que tout change continuellement, l'immutabilité des loix fuivant lesquelles ces changemens s'opèrent, rend néamoins les effèts toujours analogues à leurs caufes, de façon que ces changemens n'altèrent point les indices de nos connoisfances, mais ils peuvent vous tromper, ou pour mieux dire, vous pouvez vous induire en erreur, fi vous manquez d'y faire attention. Vous pouvez ne pas réconnoitte, dans une chambre éclairée par des bougies quelqu'un que vous eusfiez reconnu, fi vous l'aviez rencontré dans un chemin.

Il est même très naturel que ces meprifes ayent lieu dès que l'impresfion d'un objet fur vos fens change par quelques circonftances; mais cela même prouve qu'on ne fe trompera point lorsque ces circonftances n'altereront pas les indices par lesquels une perfonne vous est connue, ou fi vous avez foin de faire attention à ces circonftances. La différence d'un habillement, d'une fimple coeffure rend quelque fois une perfonne meconnoisfable. Ce ne font pas les objets, ni une inconftance dans le cours de la nature; mais c'est notre jugement qui nous fait tomber dans l'erreur, par un défaut d'exactitude dans les opérations de notre entendement, dont nous pourrons nous entretenir quelque jour. Pour le préfent nous devons nous borner

aux

aux premiers élémens d'une certitude générale.
Sur ce point je crois en avoir préalablement
asfez dit pour rélever les doutes que vous m'a-
vez propofé: J'y ajouterai un mot par maniere
d'éclaircisfement.

Il arrive quelque fois qu'un homme à patins
s'enfonce dans la glace et périt: ce n'est pas
l'eau coagulée qui caufe fon malheur c'est fon
jugement. Parti à patins d'Amfterdam dans la
matinée; arrivé à Ouwerkerk, il y passe le matin. Un degel furvient, il s'imagine que la
glace fera toujours asfez forte pour lui en permettre l'ufage: il le tente, tombe à un endroit
foible et fe noye. Sa perte doit être attribuée à la confiance trop précipitée qu'il a donné
à fon jugement: Faute d'y aller avec prudence,
l'image de l'eau glacée ne lui en a pas fait connoitre la veritable condenfité; mais un peu plus
d'examen l'eut prefervé d'une erreur ausfi funeste pour lui.

Les impresfions de ces fortes d'objets fur nos
fens par lesquelles nous nous laisfons fi fouvent
feduire femblent faire un effet plus particulier
et plus diftinct fur les animaux; puisqu'il est
très rare de voir un animal fe hafarder fur la
glace l'orsqu'elle ne peut le porter, ou fe jetter à l'eau fans favoir nager. Les chats nous
donnent des exemples frappans de la justesfe
avec laquelle les impresfions des chofes exte-
rieures agisfent fur leurs fens. Il n'y a peut
être rien qu'il importe le plus de favoir et dont
on neglige d'inftruire la jeunesfe, ce font les
illufions aux quelles les fens nous expofent.
Vous y a-t-on jamais fait faire attention? Vous
l'a t'on jamais fait obferver?

M. On

M. On ne m'en a jamais parlé.

L. C'est cependant, mon chèr Maurice, l'é-
tude à laquelle on devroit attacher et accoûtumer la jeunesse plus qu'à tout autre, parcequ'il
n'en est point qui ait plus d'influence sur ce qui
peut contribuer à notre bonheur. En méditant
sur ce que vous voyez dans le monde, vous ne
manquerez pas de reconnoitre par tout, malgré
la diverfité des objets qui agisfent sur vos fens
et les variétés de leurs opérations, des loix con-
stantes et immuables qui les tiennent en action
et en determinent la manière.

En voilà asfez, je penfe, mon ami, sur ce
qui concerne les premiers principes de nos connoisfances par rapport au *monde vifible.* Je
vous ai dit que l'on nomme *monde vifible,* l'asfemblage de toutes les chofes qui agisfent fur
les fens de l'homme, et les répréfentations qui
en naisfent dans notre entendement. Je vous
ai dit encore que l'on distingue ces connoisfances de celles qui nous viennent uniquement
par les opérations de notre entendement. On
comprend celle-ci fous la dénomination de *monde intellectuel;* et on défigne en particulier fous
le nom de *monde moral* toutes les opérations
de notre entendement, qui ont pour objet la
manière dont nous devons nous conduire pendant notre vie. Nous commencerons un autre
jour à en discourir.

M. J'espère, Monf^r., que ce fera pour
demain. Quoique je vous ai entendu avec
beaucoup de plaifir fur les principes de
nos connoisfances rélatives aux monde vifible,
je ne vous cacherai point que je m'interesfe
encore plus à ceux qui fervent de fondement

Tom. I.   D   à nos

à nos connoisſances rélatives au monde intellectuel.

L. Etant engagé pour demain, vous voudrez
bien, mon ami, que je renvoye notre converſation à la matinée du jour ſuivant, d'ailleurs je
crois, que ce que je viens de vous expoſer exige quelques méditations de votre part, pour vous
en bien resſouvenir et vous le rappeller, lorsque
vous vous trouverez dans le cas d'en devoir faire l'application. Ce n'eſt pas tout d'être convaincu d'une vérité dans le tems qu'on en ſait
la recherche; cette conviction doit nous reſter:
il faut avoir ſoin de ne pas la perdre; et pour
ne pas la perdre, il faut ſe l'imprimer dans l'esprit: et on ne ſe l'imprime qu'en ayant ſoin d'y
méditer d'abord, et de reprendre enſuite les mêmes objets, pour y penſer de nouveau. En étu-
diant la géométrie d'Euclide, vous ne vous êtes
pas contenté d'avoir ſaiſi les démonſtrations des
premières propoſitions, lorsque vous les appre-
niez; vous vous les êtes rappellées continuellement, en avançant d'une propoſition à une autre. Faites en de même dans l'étude de toute
autre Science: c'est la l'unique moyen de parvenir à des connoisſances certaines. Je n'ai pas
beſoin de vous dire qu'on ne poſſede pas des
connoiſſances qu'on a oubliées.

M. Je conçois très bien, Monſieur, tout ce
que vous venez de me dire. Je prendrai la jour-
née de demain pour méditer ſur ce que vous
venez de m'apprendre: et d'ailleurs il ſeroit bien
indiſcret de ma part d'inſiſter que vous ſatisfis-
ſiez à une impatience, que je ſens maintenant
être de placée; tandis que vous avez des engagemens qui vous en empêchent. Ayez la bonté
de

de m'avertir de l'heure que vous pouvez me donner : je ne manquerai pas d'être à vous.

TROISIEME ENTRETIEN.

Du penchant de l'homme à se conserver et à vivre agréablement et de ce qu'il requiert pour y pouvoir satisfaire.

J'avois invité mon élève (car je commençois à le regarder ainsi) à venir prendre le dejeuné avec moi dans un salon très-agréablement situé à un endroit de la campagne sur le bord d'un ruisseau, d'où la vue se porte sur des champs cultivés et des prairies remplies de bestiaux : quelques villages peu éloignés et des dunes qui le font d'avantage, y offrent une perspective charmante. Quoique une position pareille soit capable d'inviter à frequenter cette retraite ; j'avois remarqué qu'on n'y vient que rarement parcequ'assez éloigné de la maison elle formoit une espèce de solitude, cette raison me l'avoit fait choisir ce jour-là pour notre entretien.

En y arrivant j'y trouvai mon disciple. Vous êtes matinal, lui dis-je, après les salutations ordinaires.

Oui, Monsieur, me repondit-il, je suis matinal, graces aux soins de mon Père qui m'y a accoutumé, tous les jours j'en apperçoit l'utilité.

La matinée écoulée, on n'est plus si libre, ni maitre de son tems pour s'appliquer, on est detorné de plusieurs manières: enfin j'éprouve que je retire plus de profit de mes heures d'occuptions dans la matinée que de celles du reste du jour. J'ai donc mal fait, mon ami, lui dis-je, de vous arracher à vos occupations matinales.

Nullement, Monsieur, me repliqu'a-t-il, puisque les entretiens que vous voulez bien m'accorder, surpassent de beaucoup le fruit que j'aurois trouvé dans d'autres occupations. Depuis que j'ai eu l'honneur (ajouta-t'-il) de jouir de votre conversation, je ne fais que méditer sur les lumières, que vous avez, pour ainsi dire, répandu dans mon entendement, je me vois si soudainement éclairé sur des choses auxquelles je n'avois presque pas fait attention jusqu'alors, que le desir d'apprendre d'autres vérités devient en quelque sorte en moi une inquiétude. Vous avez eu la bonté de m'expliquer comment on parvient à des connoissances rélatives aux monde visible et de qu'elle nature font ces connoissances.

Vous m'avez corrigé de bien des erreurs, et fait revenir de beaucoup de fausses idées: car je ne me fis aucun scrupule de vous avouer que je croyois bonnement, que les couleurs se trouvoient dans les objets qui nous les font appercevoir: que le vinaigre étoit réëllement aigre et le sucre doux.

Jamais peut-être me serois-je imaginé, que ces faveurs ne font que des sensations occasionnées par une impression de ces choses sur les parties sensitives de notre corps. Delà la réflection m'a porté à cenclure, qu'ainsi que je me

suis

fuis trompé par rapport au *monde vifible*, je pourrois bien me trouver dans le même cas par rapport au *monde moral:* et que je dois attribuer à la même caufe le manque de certitude fur ce que l'on nomme *vertu* et *vice, bien* et *mal, bonheur* et *malheur;* enfin furtout ce que je fuppofe appartenir à ce que vous m'avez dit compofer le *monde intellectuel et moral.* Permettez donc, Monfieur, que je vous follicite de m'éclairer fur ces objets.

Je le veut bien, lui dis-je, mais il faudra qu'avant d'entrer en matière fur ce fujet, je vous arrête quelques inftans fur une contemplation, qui vous paroitra y être étrangère, et que je crois cependant devoir le préceder. Cela m'engagera à faire revenir à des réflections déjà faites dans notre précedent entretien par rapport aux impreffions que les objets exterieurs font fur nos fens.

Sur cela nous reprimes notre entretien de la manière fuivante.

L. Je vous ai fait obferver, mon ami, que les objets externes agiffent fur nous au moyen des fens dont nous fommes doués, et produifent des perceptions différentes: qu'il en nait dans notre entendement des répréfentations, que nous rapportons à ces objets. Je vous ai fait obferver de plus que les répréfentations, ou les images qui naisfent dans notre entendement par l'impreffion, que les objets extérieurs font fur nos fens, ne nous font pas connoitre les objets tels qu'ils font effectivement, et que nous nous trompons, lorsque nous nous l'imaginons: faites encore attention que ce n'est, que dans ce cas que nous tombons en erreur: car tant que nous fus-

 pen-

pendons notre jugement, nous ne pouvons broncher.

La répréfentation d'une tour ronde, excitée par la vue d'une tour quarrée, est telle, en elle même, comme elle eſt excitée. Nous l'avons effectivement : et tant que nous nous bornons à nous asfurer, que nous avons cette image, et que cette image est préfente à notre eſprit, nous ne nous trompons pas. Vous concevez par-là, qu'il y a alors une double action dans l'entendement, l'une par laquelle cet image ſe forme ; et une feconde par laquelle il eſt convaincu d'avoir cette image : l'action de l'objet extérieur produit ce double effet. Mais lorsque nous nous imaginons que l'objet qu'excite cette répréfentation, est tel qu'il s'y montre, alors notre entendement y ajoute une troifième action, que nous nommons *jugement*, parce que nous jugeons alors, que l'objet est réëllement tel, qu'est la répréfentcntation que nous en avons: vous voyez par-là, que nous ne courrons aucun risque d'errer, tant que nous nous abſtenons d'en porter ce jugement. Et que c'est uniquement ce jugement qui peut nous faire errer.

M. Cela me paroit un peu ſubtil ; cependant je le conçois, ſi je regarde la pleine lune, elle me répréfente une face : tant que je me contente de dire en moi-même : la lune excite en moi la répréfentation d'une face je ne me trompe pas ; ſi allant plus loin, je dis en moi-même : cette répréfentation de la lune me fait paroitre ce corps ſous cet image, je ne me trompe pas encore : parce qu'effectivement, j'ai l'image que ſa vue m'a fait prendre ; mais lorsque j'attribue cette

ima-

image à la lune, comme fi elle avoit réëllement cette face, je me trompe.

L. Précifement, il en est de même de l'ouie. La fenfation qui naît d'un fon agréable eft réëlle: tant que nous nous en tenons à dire, nous fommes affectés de ce fon, et ce fon nous fait plaifir, nous ne nous trompons pas, parce que nous n'exprimons alors qu'une affection, et que nous fommes réëllement ainfi affectés: mais fi nous y ajoutons, que ce fon, que nous entendons, part réëllement des inftrumens au moyen desquels il nous vient, nous nous trompons, comme nous nous trompons au bruit des feuillages dans un bois, au *fon* qui nous vient du murmure des eaux: lorsque nous les prenons pour des emanations qui viennent de ces objets et fe communiquent à nous par les fens: c'eft ainfi que nous nous trompons lorsque nous prenons la lumière pour une emanation du foleil ou du feu, qui fe répand en nous et par-là nous éclaire. La voix plaintive d'un Crocodile qui imite les gemisfemens d'un enfant occafionne une double erreur lorsque nous la prenons pour un gemisfement effectif d'un enfant. La première en prénant ce gemisfement pour une emanation qui produit la fenfation à nous; la feconde en l'attribuant à un enfant tandis que le fon part d'un Crocodile; il en eft ainfi de toutes les fenfations foit agréables foit desagréables.

La douleur que nous resfentons à la piqure d'une épingle, est un fentiment, une perception; qui naît de l'impreffion de fa pointe fur nos nerfs: cette perception est réëlle; nous ne nous trompons point lorsque nous nous perfuadons de l'avoir: mais nous nous trompons, lorsque nous

D 4 nous

nous imaginons que cette perception est immédiatement occasionnée par quelque chose, par quelque emanation qui passe de l'épingle au membre
de notre corps qu'il a touché.

Il arrive encore que lorsqu'on sent quelque
mal ou quelque douleur on se trompe par rapport au membre, auquel on l'assigne. Un homme sent des douleurs qu'il a ressenti à une de
ses mains avant de l'avoir perdue, sentant la même douleur, il la rapporte encore à cette main,
comme si elle ne lui manquoit pas.

La sensation est la même: il ne se trompe
pas sur sa réelle existence: mais il se trompe
en jugeant qu'elle vient de sa main, ne faisant
pas attention que la même perception peut lui
venir après la main coupée, comme si elle ne
l'étoit pas.

Mettez une petite boule entre vos deux doigts
et roulez — là de façon que vos deux doigts la
touchent: vous aurez la sensation de deux boules.

Vous voyez donc, mon ami, de combien de
différentes manières nous pouvons errer par rapport aux connoissances des objets sensibles, soit
sur leur exterieur, soit sur leur interieur, soit à
l'égard de l'effet qu'ils produisent sur nos organes, ou des images qu'ils suscitent en nous; ou
des sentimens qu'ils font naitre en nous: et que
nous courons toujours risque de nous tromper,
lorsque nous leur attribuons une forme, une
construction, une vertu, une propriété sans être
convaincus, qu'ils sont effectivement constitués
ainsi que nous nous l'imaginons, et lorsque nous
réalisons les images, les perceptions qu'ils excitent.

Voilà pour ce qui concerne les objets sensibles.
Mai

Mais n'appercevez vous pas au dedans de vous
des images ou des répréfentations de chofes, ou
bien d'affections, qui n'exiftent pas hors de vous:
qui ne font pas des répréfentations de quelqu'-
objet externe?

M. Affurément, Monfieur, vous m'en avez
déjà entretenu: les idées qui me viennent en
réfléchiffant, en calculant, en raifonnant, ne
font pas des répréfentations de chofes phyfiques, qui fe trouvent hors de nous.

L. Vous pouvez encore varier, combiner et
diverfifier les répréfentations qui vous ont été
fufcitées par des objets hors de vous: par exemple, vous répréfenter la partie fupérieure d'un
homme comme faifant partie d'un cheval, la tête
d'un loup fur le corps d'un lion, & vous former
ainfi des idées ou des répréfentations qui ont été
excitées par d'autres objets exiftans.

Vous voyez donc, mon ami, que vous avez
deux proprietés: l'une d'être affecté par des objets externes, qui, faifant impreffion fur vos organes, font naitre des répréfentations dans votre entendement; l'autre d'agir par votre entendement fans que les fens participent à cette
action.

M. J'en fuis convaincu.

L. Croiez-vous que vous ayez eu ces deux
propriétés dès votre naisfance?

M. Je ne puis en douter. Je m'en fuis apperçu, j'en ai fait ufage depuis le tems que
je puis m'en fouvenir, et je ne puis concevoir
fur quoi fondé je pourrois douter d'en avoir également fait ufage avant ce tems-là.

L. Remarquez donc, mon ami, que les enfans manifeftent dès leur naisfance un penchant,-

un defir de fe conferver. Ils cherchent la mamelle et jettent des cris, lorsque la nourriture
leur manque. Ce ne font pas les hommes qui
leur donnent ce penchant: il leur vient de la
nature, ou plutôt de la providence qui a mis
ces défirs dans la nature humaine et dans tous
les Etres vivans. Tous les animaux cherchent
la nourriture et ce qui tend à leur confervation:
ils manifeftent comme nous une *volition* que
l'on nomme en eux *inftinct*, expreffion qui indique plutôt le principe qui les fait vouloir.
Les moyens que nous leur voyons employer
pour cet effet font admirables, ils furpasfent quelque fois ce que le génie humain a produit de
plus induftrieux. l'Homme nait dans un befoin
urgent de fecours: fes facultés ne fe develop-
pent que lentement: on le voit chercher à connoitre les objets qui l'environnent fans pouvoir
faire choix de ceux que fa confervation exige,
et ce n'est qu'à mefure que fon entendement
commence à lui faire diftinguer ce qui peut
contribuer à fa confervation et à fes agrémens,
qu'il commence lui-même à déterminer fon choix.

Aurions-nous tort d'inférer de là, qu'étant
mis au monde, non pour en fortir en naisfant,
mais pour y féjourner pendant quelque tems,
ce penchant à notre confervation tient esfentiellement à notre nature: qu'il lui a été affecté pour
nous inciter aux actions qui peuvent répondre à
cette deftination et à remplir le but de la création de l'efpece humaine. Ce penchant eft une impulfion générale, qui, fans être déterminée particulièrement vers quelqu'objet fixe quelconque,
et fans être portée aux moyens particulièrs par
lesquels on peut fatisfaire à ce but, nous tient
en

en action et nous fait conftamment agir. Elle
eft le mobile primitif de toutes nos actions: elle nous pousfe irrefiftiblement; comme les flots
du ruisfeau, que nous voyons, font pousfés
par la presfion de la fource dont ils proviennent.

Remarquez, que les impulfions qui portent
l'homme à agir, font fufcitées et executées ou
par fes facultés corporelles ou fenfitives, ou
par fes facultés intellectuelles, ou par le concours des unes et des autres. Quand nous fommes incités à quelqu'action fans qu'il paroisfe
que notre intelligence y ait part, on dit que
nous agisfons par inftinct: ce mot défigne alors
une caufe differente d'une impulfion, foit phyfique foit morale, de la même nature que celle
que nous attribuons aux animaux.

C'est ainfi qu'on attribue à un inftinct, les
foins que fe donne une femme d'alaiter fon enfant: C'est par inftinct que l'on fe porte à la
propagation, c'est par inftinct que les hommes
mangent et boivent lorsque la faim ou la foif
les presfe. Il en est de même des animaux, je
vous l'ai déjà fait obferver. Cet inftinct les porte à rechercher et à diftinguer ce qui convient
le mieux à leur confervation, et les dirige encore dans la détermination de leur choix.

Cependant par rapport à l'homme, il ne lui
fuffit pas pour fe conferver, d'en avoir le défir;
et de fuivre ce défir inconfidérement: il n'a pas
l'inftinct de l'animal, qui lui indique la nourriture; il faut ausfi qu'il fache par quoi il peut
parvenir à cette fin. Tant qu'il est dans l'enfance il est difpenfé de ce foin, d'autres que lui
veillent à fa confervation et fe chargent même

de

de l'inftruire de ce qui peut y contribuer; **en
avançant** en age, il apprend à diftinguer par lui-
même ce qu'il doit chercher ou éviter, **ce qui**
peut lui être utile ou nuifible: l'ufage des alimens lui apprend comment il doit s'en fervir:
l'experience confirme et accroit fes connoiffances
à cet égard.

Voyez le foin que les mères prennent pour
leurs enfants dès leur naifance et les foucis qui
les agitent dès quelles croyent qu'il leur manque quelque chofe.

M. Tous les jours ces fpectacles attendrisfans
s'offrent à mes régards; ils fixent mon attention: j'admire les moyens dont la nature fe fert
pour les produire.

L. Admirez encore plus, mon ami, la caufe productrice de tout ce que vous voyez: les
loix conftantes et immuables fuivant lesquelles
elle agit, et par lesquelles nous voyons renaitre et revivre les mêmes objets.

Mais avez vous porté votre attention fur vous-
même: avez vous bien obfervé ce qui fe pasfe
au dedans de vous, et réflechi fur la manière
dont vous-êtes incité aux différentes actions que
vous faites?

M. A la vérité je m'en fuis occupé quelque
fois; mais je vous avoue que je me fuis toujours plus attachés aux objets exterieurs et que
j'en ai été plus vivement affecté.

L. C'est un défaut asfez commun à tous les
hommes: rarement ils entrent en eux-mêmes.
Cependant la connoifance de foi-même et de
ce qui fe pasfe au dedans de nous, doit toujours précéder et le plus fouvent diriger la connoifance des objets exterieurs et des opérations

qui

qui en réfultent hors de nous. Ne trouvez vous
pas en vous-même, ce que vous remarquez dans
les enfans? ne vous fentez vous pas un penchant, qui vous porte à défirer votre confervation: les befoins qui vous presfent, la faim, la
foif, ne font ce pas autant d'impulfions, qui vous
portent aux moyens d'y fatisfaire, à manger et à
boire: lorsque vous avez été asfis pendant longtems, n'éprouvez-vous point un mal aife qui
vous incite à vous lever et à marcher: et quand
vous êtes fatigué, cette fatigue ne vous oblige
t'elle pas à prendre du repos? ne vous fentez-
vous pas une continuelle irritation à agir foit
d'une manière, foit d'une autre, et ne remarquez
vous pas la même pente dans tous les hommes?

M. Sans-doute je la fens en moi et je la
remarque non feulement dans les hommes; mais
encore dans les animaux.

L. Vous voyez donc, qu'est une loi de la
nature que les êtres vivant tendent à leur confervation; mais nous obfervons encore, qu'à ce
défir que les hommes ont de prolonger leur vie,
fe joint ausfi celui de vivre *plutôt d'une manière
que d'une autre.* Ils veulent vivre agréablement:
et ce défir provient en eux de la même fource
que le penchant qui les porte à fe conferver.
Vous aurez fouvent remarqué, que vous ne vous
êtes par toujours trouvé dans des fituations également fatisfaifantes: les unes vous ont donné du
plaifir et les autres vous ont caufé de la peine;
et dans ce conflict de fituations agréables et pé-
nibles, une légère attention a dû vous convaincre que vous tendez continuellement à vous procurer les premières et à éviter les dernières. Soit à
table, foit ailleurs vous vous décidés pour ce que

vous

vous aimez le mieux; enfin dans tous les cas,
dans toutes les circonftances, le defir de vous
procurer de la fatisfaction eft le motif qui, dans
vos actions détermine votre choix.

M. Cela eft vrai.

L. Ce n'eft pourtant point tout ce à quoi
il importe de faire attention. Je vous ai parlé
dans nos entreticns précédens des fenfations, que
l'action des objets extérieurs produit fur nos fens
et des répréfentations qui en réfultent. En
voyant, dans les enfans les mouvemens qui nous
indiquent le défir de fe conferver, il s'en fait
des répréfentations dans notre efprit; mais ces
répréfentations ne nous font pas appercevoir ce
défir: nos fens ne nous le font point connoitre;
c'eft feulement par un acte de notre entendement que nous nous en perfuadons; c'eft à l'aide
de ce raifonnement-ci: Nous appercevons par
les fens, que les enfans cherchent la mammelle
nous favons que le lait, qu'ils en tirent, eft
leur nourriture: ainfi ils cherchent la mammelle
par une impulfion interne à leur confervation.
Ce que nous voyons dans l'enfant, nous le trouvons en nous-même. Je vois un dindon fur la
table: la répréfentation qui s'en forme en moi
n'indique aucune marque de l'impreffion qu'il
fera fur mes fens lorsque j'en mangerai; mais
ayant ci-devant mangé d'une femblable volaille,
je conclus que j'en recevrai aujourd'hui la même
faveur que j'en ai resfentie jadis. Il y a donc ici
deux opérations de notre efprit à distinguer; celle qui fe fait au moyen des fens, et celle que
produit l'entendement feul; à cet égard il faut
obferver que nous pouvons nous méprendre par
rapport à l'un et à l'autre, et qu'il nous im-
por-

porte de nous tenir en garde contre les illufions qui peuvent en réfulter et nous féduire.

Il est évident que nous pouvons en être trompés de deux manières: l'une lorsque l'image,
par laquelle il fe répréfente, ne repond pas à
ce qu'il est extérieurement, comme une tour quarrée qui paroit ronde : l'autre lorsque l'image
quelle excite nous la fait prendre pour ce qu'elle
n'est point: par exemple lorsqu'on prend une
tour pour un clocher qui ne l'est point.

Vous devez en avoir fait bien fouvent l'épreu-
ve, combien de fois ne vous êtes vous pas trouvé dans le cas de prendre un objet pour ce que
vous trouviez enfuite qu'il n'étoit pas, ne prend
on pas quelque fois une perfonne pour une autre? Les deguifemens ne prouvent-ils pas que
des objets très différens et esfentiellement différens, peuvent exciter les mêmes répréfentations,
dès qu'on fait leur donner la même forme extérieure: les mets déguifés ne l'attestent-ils pas?
Vous voyez par-là, mon ami, que nous courrons grand risque de nous tromper lorsque, fur
une fimple répréfentation dans notre esprit, nous
jugeons que c'est celle de tel ou tel autre objet, et vous concevrez qu'il faut quelque chofe
de plus que cette répréfentation pour nous asfurer que nous pouvons la regarder comme l'in-
dice de l'objet auquel nous la rapportons. Il
faut encore un acte de notre entendement qui
nous la fasfe prendre pour une marque certaine de l'objet que nous nous figurons être répréfenté.

Vous pouvez juger delà, mon ami, à combien d'erreurs nous fommes expofés, fi nous
nous laisfons entrainer par les répréfentations:

fi, fans un examen puifé dans d'autres fources, nous les prenons pour des véritables images de ce qu'elles nous d'épeignent. Vous pourrez avaler du poifon, en croyant prendre un breuvage falutaire.

M. Tout cela, Monfieur, me paroit très-évident; il me femble encore, qu'il peut y avoir dans l'acte de notre entendement un défaut qui nous induife en erreur dans l'application que nous faifons de la réprésentation d'un objet à l'objet même. Car, tandis qu'un objet me fuscitera une réprésentation conforme à celles que des objets de cette nature font naitre conftamment, il pourra fe faire que, par une fausfe application occafionnée par des circonftances ou des perceptions accesfoires, je le rapporte à un objet d'une nature différente. Je vois, par exemple, un manteau rouge: fur la reprefentation qu'il excite en moi, je juge que c'eft le mien, tandis que ce n'eft pas lui: La reprefentation eft conforme à l'objet, entant qu'elle exprime un manteau rouge; mais elle ne l'eft pas entant que je le rapporte à celui qui m'appartient.

Il en est de même à l'inverfe; quelqu'un peut regarder un manteau rouge à lui, comme appartenant à un autre. On voit fouvent de pareilles méprifes dans une compagnie qui fe fépare. L'on croit quelque fois reconnoitre une perfonne que l'on n'a jamais vue: l'on penfe avoir retrouvé une chofe perdue, qui examinée de près, n'est pas celle dont on manque.

Nous voilá maintenant Maurice, au fujet fur lequel vous défirés des lumières; les obfervations que vous venez de faire, m'y conduifent. Elles vous font voir, mon ami, combien il est
né-

néceſſaire de bien examiner les choſes, avant d'en porter un jugement: de s'asſurer par ſoi-même, ſi on a les facultés requiſes pour faire cet examen: ſi on les employe, comme elles doivent l'être, et ſi l'on ſe trouve dans une ſituation à pouvoir les employer. Ce que nous avons reconnu par rapport aux objets phyſiques, doit s'appliquer ausſi aux objets moraux. Nous avons remarqué, que les hommes ſont animés par le deſir de ſe conſerver, de rendre leur vie agréable, et d'en écarter toutes les peines et les ennuis, capables d'en troubler la douceur. Mais comment parvenir à cette fin, comment ſe procurer des plaiſirs et éviter les peines, ſi l'on n'eſt point en état d'établir une diſtinction exacte, de faire un choix aſſuré parmi les moyens, propres à nous conduire aux uns et à nous éloigner des autres! Vous ſentez, mon ami, que ſi l'on manque de connoiſſances, on eſt expoſé à ſe méprendre continuellement, et à ſe trouver arrêté préciſément au point, que l'on ſe propoſoit d'éviter.

Vous avez dû remarquer en vous une double ſource de plaiſirs & de peines: ceux, qui vous viennent par les impresſions des corps ſur vos ſens, et ceux, qui ſont produits par l'entendement. On nomme *plaiſirs ſenſuels* les affections, qui nous viennent par les ſens. Tels ſont les plaiſirs, que vous trouverez à manger du melon, à entendre un concert harmonieux. Mais, lorsqu'en calculant, vous avez trouvé une vérité, il naît en vous un plaiſir, auquel aucune impresſion d'un objet extérieur ne participe. Quand on vous annonce la reusſite d'une affaire que vous déſiriés, cette nouvelle excite un

Tom. I.　　　　　　　　E　　　　　　plaiſir

plaifir, produit par une affection de votre entendement; on nomme ceux-ci intellectuels.

En réfléchiffant fur ces deux différentes fources de plaifirs et de peines, il vous fera aifé de
vous convaincre, que nous pouvons auffi bien
être en erreur par rapport à ces derniers, que
par rapport aux prémiers; et de même, faute
de bien connoitre la liqueur que l'on boit, on
peut avaler du poifon en croyant prendre un
breuvage falutaire; ainfi l'on peut fe tromper
fur les objets propres à donner des plaifirs ou
des peines intellectuelles. Cette réflection vous
fera fans-doute fentir parfaitement, que le défaut de lumières à cet égard doit être toujours
la fource de nos maux et de nos peines.

M. Je croyois, Monfieur, que c'étoit à nos
paffions, qu'il falloit attribuer nos écarts dans
la conduite de notre vie.

L. Cette opinion, généralement réçue, est
vraye dans un certain fens; mais c'est proprement
aux égaremens, dans lesquels le défaut de lumières entraine notre raifon, qu'il faut en attribuer la caufe. Que font les paffions? des impulfions intérieures, qui nous incitent à des actions, dont nous nous flattons de rétirer des agrémens: des irritations intérieures, qui nous portent à défirer avec empreffement la jouiffance
d'une certaine fituation, ou d'un certain état;
fi ces paffions tendent à nous procurer de l'agrément, elles ne peuvent être la fource de nos
peines, mais doivent contribuer à notre bonheur.
Tout dépend donc uniquement de leur tendance
à telle ou telle fin; et c'est la raifon qui doit
nous faire connoitre, fi cette fin est propre à
nous donner de l'agrément: fi la raifon n'est
point

point asfez éclairée pour nous en inftruire, nous
nous précipitons dans le malheur, au lieu de courir à notre félicité.

Tout comme les fenfations agréables, qui nous
portent aux plaifirs fenfuels, nous caufent du de-
boire, lorsque nous ne nous fommes pas asfez
éclairés fur les effets, qui peuvent, ou qui doivent en réfulter. Une indigeftion vous fait éprouver l'incommodité d'un estomac furchargé; les
maux de têtes, après avoir pris trop de vin, ou
d'en avoir bu de trop fort, vous apprennent,
que le plaifir, que vous avez eu en mangeant et
en buvant, vous à caufé un déplaifir plus grand,
et que ces fenfations agréables vous ont feduit.
Les pasfions produifent les mêmes effets, lorsqu'-
elles font errer l'entendement, ou en d'autres
mots, lorsque la raifon ne les reprime et ne les
dirige pas.

M. Je fens, Monfieur, que les pasfions font
des moyens, qui, bien employées, peuvent être
utiles; qu'elles font mêmes nécesfaires pour donner de la vivacité aux hommes, qui fans-cela
feroient peut-être trop froids.

L. Ils le feroient effeetivement, mon ami.
Vous n'avez qu'à faire attention à ces ames froi-
des, qui verroient bruler une maifon, envahir
leur Patrie, commettre des masfacres, fans en
être touchés le moins du monde, et fans fentir
la moindre irritation pour porter du fecours.

Outre les pasfions, il est dans l'homme un
autre principe d'activité, qui le porte à des actions falutaires pour autrui: Vous voyez tomber un homme d'un toit: vous vous empresfez
à vous approcher de lui, et à lui donner du
fecours, fi vous le pouvez: Quelqu'un tombe

dans l'eau, d'abord on accourt pour l'en tirer; quelqu'un de la troupe fe jette même dans l'eau pour le fauver. Ces fortes d'actions d'une bienveillance envers fon prochain font l'effet d'une impulfion naturelle, qui porte les hommes à concourir à la confervation de leur prochain: on la défigne par l'expreffion de *fens moral*, asfez convenablement, parce que l'impulfion, qui anime l'homme dans ce cas, est occafionnée par l'impreffion, que la chute de celui, qui tombe du haut d'un toit, ou dans l'eau, fait fur les fens de celui, qui accourt pour l'aider. Cette impreffion produit dans l'entendement une impulfion à fecourir celui, que l'on voit en danger, ou qui vient d'avoir quelque malheur; mais cette impulfion est l'effet d'une impreffion confufe, à laquelle la raifon n'a point de part, et que l'on a asfez mal à propos vanté, comme un principe général pour déterminer les droits et les devoirs naturels de l'homme.

Au refte, mon ami, vous êtes convaincu, je penfe, que nous fommes toujours expofés à nous tromper, fi nous nous en rapportons à nos fens, fans examiner jusqu'à quel point ils nous inftruifent, de ce qu'il y a de réël ou d'apparent dans les répréfentations qu'ils excitent en nous; et par cela à regarder comme une fource d'agrément, ce qui doit nous caufer de la peine: rappellez vous l'exemple, que je viens de vous donner dans l'excès du vin et des alimens: les maux, qui fuccedent ou remplacent les plaifirs, qu'on y trouvoit: c'est-là, mon ami, le réfultat de l'emploi défordonné de nos facultés fenfitives: la raifon n'y prend pas asfez de part pour nous faire modérer notre appétit: elle ne nous

fait

fait pas asfez apperçevoir les effets funestes des déréglemens, auxquels nous nous abandonnons; l'attrait des agrémens préfens nous entraine, et nous donnons à corps perdu dans la jouïsfance d'une volupté trompeufe. Jusqu'à préfent nous ne nous fommes attachés qu'aux effets des objets phyfiques, rélativement à notre défir de vivre agréablement; portons maintenant nos recherches fur les objets intellectuels; c'est-à-dire fur ceux, qui fe manifestent en nous, comme produits uniquement par l'entendement, et qui y ont leur fource. Examinons, quels font les effets de nos erreurs à cet égard; d'où elles proviennent, comment on peut s'en guarantir, comment il est posfible de les corriger, et le bon ufage, qu'on peut faire de notre intelligence, pour atteindre le but, auquel le défir de vivre agréablement nous incite.

La jouisfance, de ce que les objets fenfitifs préfentent d'agréable, n'est pas la feule, pour laquelle vous vous fentez de l'inclination; vous découvrez en vous même un penchant, qui vous porte à vous procurer d'autres agrémens. Vous défirez, par exemple, d'être lié d'amitié avec quelqu'un, en qui vous croyez remarquer un caractère aimable; vous voyez une belle perfonne, fa figure vous charme: vous fentez du plaifir à la voir; mais l'impresfion, que fa beauté fait fur vos fens, vous pénétre fi fort, qu'elle vous porte à vous imaginer que fon ame est ausfi belle que les traits de fon vifage; après l'avoir fréquentée pendant quelque tems, vous vous apperçevez, qu'elle a l'efprit faux, l'ame traitresfe, et un coeur corrompu. Vous vous trouvez en compagnie; un homme s'y énonce avec facilité, il montre

de

de la candeur, des lumières, et vous accable per-
fonnellement d'amitié. Séduit par cet extérieur,
vous vous imaginez qu'il feroit heureux pour vous
de le frequenter: vous recherchez fa fociété, vous
vous livrez à lui, vous en faites un ami; mais à
peine lui ouvrez vous votrè cœur, que fa bonne
foi vous dévient fufpecte, fes belles qualités
disparoisfent à méfure, que vous développez fon
caractère. Vous n'y voyez qu'astuce, fausfeté,
perfidie: en un mot, dans ce même homme, qui
vous parut jadis fi aimable, vous ne trouvez qu'un
fourbe adroit, dont vous détestez l'impofture.
Ainfi, ce que vous aviez regardé, comme la
fource d'un plaifir pour vous, devient la caufe
de votre chagrin. Voilà, mon ami, comment
les apparences nous trompent, lorsque nous nous
y livrons fans examen, fans nous être asfurez
de la valeur réëlle des objets.

C'est-là le cas de tous ceux, qui fe laisfent
féduire: gagnés d'abord par des apparences, cé-
dant de plus en plus aux impresfions flatteufes,
qu'elles font fur l'entendement, prenant et adoptant infenfiblement les fausfes idées, les opinions, les préjugés, les erreurs de ceux que l'on
fréquente, on finit presque toujours par en embrasfer les fentimens dépravés et les mauvaifes inclinations. Combien de jeunes gens avec
un bon caractère et des dispofitions heureufes,
que des liaifons dangereufes ont perdûs fans res-
fource! combien d'autres, qui entrainéz par elles
dans des crimes capitaux, ont porté leur tête
fur l'échafaut! Vous n'ignorez pas cet adage:
les mauvaifes compagnies corrompent les bonnes
moeurs. Gardez vous donc, mon cher Maurice, (pasfez ici ce confeil à mon amitié) gardez

dez vous foigneufement de former des liaifons
avec qui que ce foit, avant d'avoir approfondi
fon caractère, fes fentimens et fes inclinations;
vous ne pouvez agir différemment fans vous expofer à tomber dans des travers. Ce ne font pas
les objets, ni les fenfations, qui nous jettent alors
dans l'erreur; c'est un acte défectueux de notre
entendement, un jugement précipité, dont vous
ne fauriez trop vous garantir dans le cours de
votre vie. Ne vous laisfez jamais éblouir par
des déhors, que les actes extérieurs ne vous en
impofent point.

Croyez m'en, mon ami, doutez de la véra-
cité de ceux, qui vous abordent en vous ferrant
la main, en vous montrant beaucoup d'affabilité,
qui fe courbent devant vous, qui vous font des
proteftations redoublées de leur attachement: mé-
fiez vous furtout de ceux, qui portent fur leur
vifage une expreffion de bienveillance: elle est
rarement d'accord avec leur coeur, rarement on
fe trompe en prenant le contre pied, de ce que
leur extérieur annonce.

Il est de ceux-là comme de ceux, qui font
parade de leur piété, qui fréquentent asfidûment
les églifes, qui parlent fans cesfe de réligion;
c'est un manteau, dont ils enveloppent leurs défauts, leurs dérèglemens et leurs vices; c'est un
voile, qu'ils placent fur les yeux des fimples et
des crédules.

Mais appliquons les exemples, que je viens de
vous préfenter, à toutes les opérations de notre
entendement. Si nous n'avons pas foin d'en fuivre la marche et de les examiner de près, nous
tombons dans l'erreur.

De tous les agrémens de la v e, la perception

de la vérité est celle, qui nous affecte le plus; elle furpasfe de beaucoup les plaifirs senfuels, qui font toujours momentanés. Les plus vifs font les moins durables; les plaifirs intellectuels durent toujours et ne s'affoiblissent pas. Vous savez, quel fut le transport d'Archimède, lorsqu'ayant reconnu, qu'un corps pèfe moins dans l'eau que dans l'air, il alloit courant dans les 1ûes en criant: *j'ai trouvé! j'ai trouvé!* tel est l'effet, que produit la perception de la vérité: ausfi les objets fenfitifs ne font pas les feuls, qui excitent les défirs des enfans: ils font enclins à connoitre ce qui les environne. Tous les hommes font incités par la curiofité; c'est à·dire par une envie de connoitre; mais cette curiofité ne pouvant être fatisfaite qu'au moyen de nos facultés intellectuelles, vous conçevez, que nous y parviendrons plus ou moins aifément, felon que ces facultés feront bien ou mal difpofées: ce n'est point asfez: la connoisfance de la vérité dépendra encore de l'ufage de ces facultés, quelque propres qu'elles foyent à nous y conduire, nous n'y atteindrons jamais, fi nous ne les employons de la manière convenable. N'appercevez vous pas déjà, mon ami, la conféquence que je veux en déduire? ne fentez vous pas le devoir, la nécesfité de perfectionner votre entendement, autant qu'il est en vous; puisque c'est de fa perfection que vous devez attendre celle de vos connoisfances, la connoisfance de la vérité. Nous nous en entrétiendrons dans une converfation fuivante. En attendant, mon ami, vous pouvez méditer fur ce que nous venons de traiter; vous favez que je dois être trois ou quatre jours abfent: pendant cet intervalle nous prendrons vacance.

M.

M. Je voudrois bien, Monfieur, pouvoir m'en pafler et continuer fans interruption à profiter de vos inftructions.

L. N'allez pas fi vite, mon cher Maurice, et réfléchifsez fur ce que je vous ai expofé: examinez en vous même, fi vous y trouvez de la clarté, fi vous appercevez quelque doute, fi vous fentez une pleine conviction: fi vous rémarquez de l'enchainement, de la fuite dans les idées, que nos contemplations vous ont fait naitre; peut-être ferez vous arrêté par quelques difficultés, qu'il fera bon d'éclaircir avant d'aller plus loin.

QUATRIEME ENTRETIEN.

De la manière de s'inftruire, et de celle de donner des inftructions.

Après quelques jours d'abfence je revins à la campagne; fi tôt que le père de mon jeune élève me vit, il vint au devant de moi, et me ferrant la main: mon cher ami, me dit-il, j'ai appris de mon fils ainé, que vous avez bien voulu condescendre à la prière, qu'il vous a fait, de lui donner des inftructions fur la Morale. Plus d'une fois j'ai voulu vous prier de lui rendre ce fervice et de me faire ce plaifir; mais j'ai craint d'abufer de notre amitié, fachant qu'une pareille occupation donne beaucoup de peine, fouvent peu de contentement, et toujours beaucoup de

dés-

désagremens. D'ailleurs le répos, que votre âge exige, et les plaifirs, que vous goutez dans vos méditations, me perfuadent, que j'aurais du fonger à vous en diftraire.

Mon cher ami, lui répondis-je, ce que vous venez de rémarquer par rapport aux désagrémens, que l'on rencontre en donnant des inftructions, n'a pas toujours lieu; il faut ordinairement l'attribuer plutôt au maitre qu'au disciple; on ne confulte pas affez les talens, le génie, le goût et les difpofitions naturelles des jeunes gens; on ne s'y prête, on ne s'y accommode pas. On veut leur enfeigner indifféremment tout ce qu'on croit leur devoir être utile ou nécesfaire, fans réfléchir qu'ils ont des difpofitions, des inclinations, des facultés et des goûts différens, auxquels il faut fe conformer, fi l'on veut réusfir dans les inftructions que l'on fe propofe de leurs donner. Les uns ont du génie pour les fciences abftraites, d'autres ont des talens propres aux arts; quelques uns s'attachent aux connoisfances phyfiques; d'autres aiment à réchercher les productions de la nature. Ainfi que dans les hommes faits, chacun a fon goût particulier, de même dans les jeunes gens, chacun fe fent porté vers un objet qui l'attache plus particulièrement. Il n'y a donc rien de plus mal adroit que de leur donner des leçons fur un même plan, au lieu de varier les inftructions fuivant les difpofitions particulières d'un disciple.

Votre fils, Monfieur, me paroit avoir un goût décidé pour les connoisfances abftraites et en particulier pour celle de la Morale. Les raifonnemens, qu'il m'a entendu faire le jour que Monfieur D. . . . . fe trouvoit ici, fur les

maux

maux qui défolent la France, femblent l'avoir
frappé.

Il est venu me demander des éclaircisfemens;
je n'ai pas été longtems à m'appercevoir de quel
côté fon penchant l'entrainoit, et à reconnoitre
que le génie et les facultés naturelles ne lui man-
quoient pas. J'ai commencé à m'entretenir avec
lui, et à méfure que j'ai continué ces entretiens,
j'y ai trouvé tant d'agrément, qu'en vérité,
Monfieur, je ferois tenté de vous prier de m'accorder la grâce de les pourfuivre. Rien ne peut
m'être plus agréable dans l'âge avancé où je fuis,
que de former l'efprit d'un jeune homme fur ce
qu'il y a de plus précieux dans les connoisfances humaines: furtout lorsque ce jeune homme
vous tient de fi près. Les marques d'eftime et
d'amitié que vous avez eu·la bonté de me donner, ont fait une fi forte impreffion fur mes fentimens, qu'il ne me manque que de connoitre,
en quoi je puis vous plaire ou vous être utile,
pour m'y porter de cœur et d'ame. La peine
fera doublement compenfée par le plaifir, que je
gouterai en m'occupant à quelque chofe, que je
faurai vous être agréable. Il est vrai que mon
âge exige du repos: je me plais infiniment à récueillir mes anciennes méditations et à réprendre de nouveau les contemplations, qui m'occupoient jadis fi agréablement; mais des converfations telles, que le défir de Monfieur votre fils
en fait naitre, bien loin d'alterer l'agrément, dont
je puis jouir, font une petite diverfion qui en
augmente les attraits.

Le Père me répondit par des expreffions fi
vives, par un épanchement de cœur fi touchant,
que j'en fus fenfiblement affecté. Le fervice,

me

me dit-il, que vous rendez à mon fils, et par cela même à moi, qui l'aime tendrement, non pas uniquement par cette affection innée que les parens ont naturellement pour leurs enfans, mais encore à caufe des heureufes difpofitions que je crois remarquer en lui; ce fervice me fera, je ne dirai pas feulement d'autant plus agréable, mais d'autant plus important, que j'ai toujours appréhendé les impreffions, que pourroient faire fur l'efprit de mes enfans les fentimens rélâchés, qui font actuellement en vogue rélativement à ce que nous nommons les moeurs. Je vous avoue que dans ma jeuneffe on ne s'appliquoit pas beaucoup, du moins parmi ceux que j'ai fréquenté, à l'étude de la Morale, non plus qu'aux autres fciences qui en font le fondement. On affectoit même de les méprifer et de tourner en ridicule les jeunes gens qui témoignoient vouloir s'en occuper: je me rappelle que mon Oncle N.... s'étant rendu à . . . . . . avec fon fils qui venoit de quitter les écoles, et qui paroiffoit avoir envie de dévenir Jurisconfulte, alla voir les Profeffeurs de cette ville pour s'inftruire de la marche que fon fils devoit tenir dans le cours de fes études; il avoit invité un de fes amis, Jurisconfulte célèbre, à l'accompagner et à donner à fon fils quelques avis de la manière la plus propre à s'inftruire. Mon Oncle avoit fouvent entretenu fon ami là-deffus. Ce Jurisconfulte lui avoit très fortement recommandé d'avoir foin que fon fils ne négliga point les fciences élémentaires, la Géométrie, la Littérature, l'Hiftoire, la Philofophie et furtout la Logique. Il fut extrèmement étonné d'entendre les Profeffeurs, dans les vifites qu'il leur fit, lui dire,

que

que le jeune homme ne devoit pas fréquenter
des colléges de Philofophie, n'y en prendre de
leçons particulières : que la Logique naturelle fuf-
fifoit pour bien raifonner; que quand aux connoisfances morales, chaque homme en posſēdoit
naturellement asfez pour n'avoir pas befoin d'y
confacrer une étude particulière ; que d'ailleurs
cette étude ne menoit à rien; puisque dans la
conduite de la vie on confidéroit uniquement ce
que dictent les loix civiles, et non pas ce que la
Morale préfcrit: qu'au furplus cette fcience étoit
fi incertaine et fi différemment entendue, qu'une
fois engagé à fa pourfuite, on étoit comme
dans un labyrinthe, ou l'on s'égare davantage à
méfure qu'on en cherche l'isfuë

L'ami de mon Oncle, très étonné d'entendre
ce language dans la bouche des Profesfeurs, prit
la liberté d'obferver à ces favans, que de fon
tems on en avoit porté un' jugement tout différent; qu'il fe rappelloit avoir entendu prononcer par un Profesfeur en droit un discours
fur les caufes de la décadence de la Jurisprudence, dans lequel il avoit indiqué, comme une
des plus déftructives, la négligence de la Philofophie ; que ce Profesfeur avoit été excellent
Philofophe: qu'il s'étoit acquis une grande réputation par fes commentaires fur le Droit Romain, que dans cet ouvrage l'efprit philofophi-
que fe manifeste partout, tant par la précifion,
le discernement et la juftesfe des raifonnemens,
que par les réflections employées pour faire connoitre les principes, qui ont dirigé les Jurisconfultes Romains dans leur Jurisprudence; à cela
l'on répondit, que le goût de l'étude de cette
fcience avoit changé depuis ce tems-là, qu'on
fui-

ſuivoit une autre méthode et qu'on s'en ténoit
à l'étude du Droit Romain, des Antiquités Romaines, et de la Littérature Latine, afin que par
ce moyen on put entendre et interprêter plus
aiſément les loix Romaines.

Mon Oncle voyant entre les Profeſſeurs et
ſon ami une ſi grande différence d'opinions par
rapport aux études de ſon fils, héſita longtems
ſur le parti qu'il avoit à prendre, enfin il réſo-
lut d'en laisſer le choix à ſon fils; il lui per-
mit de ſuivre ſon goût et de prendre les maitres
qu'il croiroit les plus propres à ſon inſtruction. Le
jeune homme avoit fait aux claſſes quelques progrès dans la littérature: il s'y livra totalement:
il fit ſes etudes dans le goût moderne, prit le
dégré de Docteur en Droit et ſe voua au barreau; il s'y acquit beaucoup de réputation; il
avoit de l'intelligence, des talens, le don de
s'énoncer aiſément, et il s'étòit beaucoup appliqué aux objets pour lesquels il avoit contracté un goût, qu'aucune conſidération ne pouvoit ſurmonter. Malheureuſement la lecture des
auteurs anciens et l'étude des belles lettres mal
dirigées, plus mal réflêchies et méditées, le défaut des connoisſances néceſſaires pour ſe garantir des erreurs, lui firent perdre tout ſentiment
d'honneur, de probité et de vertu. Vivant lui-
même ſans reproche, tout étoit indifférent à ſes
yeux, pourvu que le glaive de la juſtice civile
ne ménaçât point. Auſſi avoit-il coutume de
dire, quand quelqu'un alloit le conſulter, je ne
conſidère pas s'il eſt fripon, ou honnête homme, s'il a moralement le droit de ſon coté ou
non; je mets la moralité tout-à-fait à part, et
j'examine uniquement ſi, dans la façon de traiter

ter le procès, je puis lui procurer quelqu'avantage. Mon Coufin, d'ailleurs homme de probité, a des fentimens fi pernicieux, fur ce qui
tient à notre Etre moral, que je crains un pareil fort pour mon fils, s'il n'a pas l'esprit bien
formé, avant de paſſer à des occupations, qui
doivent faire la bafe de fa conduite durant fa
vie.

Vos fcrupules, dis-je, à mon ami, ne font
pas vains. La conduite de notre vie, notre
bonheur et notre malheur dépendent preſqu'entierement du pli, que réçoit notre esprit durant
notre jeuneſſe et de la manière dont on nous ac-
coutume à envifager les actions humaines, ainfi
que les motifs qui doivent diriger les nôtres.
S'il est vrai, que des mauvaiſes liaifons corrompent les bons esprits, il ne l'est pas moins, que
les mauvaifes inftitutions corrompent les meilleures têtes; et qu'une théorie erronée engendre
une pratique très-dangereufe. Je ne fuis nullement de l'avis de ROUSSEAU, qui veut qu'on
laiſſe végéter les enfans fans les inftruire et fans
former leurs talens. J'euſſe adhéré à fon opinion, s'il l'avoit bornée au foin de ne pas ac-
cabler la jeuneſſe d'inftructions, qui obfcurci-
ſſent l'entendement au lieu de l'éclairer; mais négliger les moyens qui peuvent concourir à perfectionner les facultés naturelles, avec lesquelles
nous naiſſons, c'est, autant que je puis en juger, un fyftème d'éducation très pernicieux.
Il y a, je l'avoue, dans l'éducation ordinaire
des défauts plus nuifibles que le manque abfolu
d'éducation; mais comme on peut les éviter,
ils ne fauroient authorifer à fe porter à une ex-
trémité oppofée. J'en trouve un prefque univer-
fel-

fellement adopté dans toutes les inftruction que
l'on donne aux jeunes gens, c'est de les accoûtumer à augmenter la masfe de leurs idées, au
lieu de leur apprendre à les éclaircir.

La marche, que l'on tient en leur enfeignant
quelque fcience, est pour l'ordinaire de leur en
faire connoître les premiers élémens; c'est-à dire
les premières vérités, ou, fi vous voulez, les vérités les plus fimples, les plus faciles à faifir,
pour les mener infenfiblement à des vérités plus
compliquées. Ainfi dans le desfein, on commence par former des rondeurs, enfuite des traits
qui indiquent la pofition de la bouche; des yeux,
des oreilles, dans la proportion, que ces parties
du vifage doivent avoir. Ainfi dans l'arithmétique on commence par l'énumération, on pasfe
à l'addition, à la fouftraction, à la multiplication et à la divifion. Après leur avoir appris
ainfi l'ufage des chiffres, on commence à leur
enfeigner le calcul. C'est ainfi que l'on pro-
cède dans la mufique et dans les autres arts.
Cette Méthode est très naturelle, la nature l'indique; mais l'applique-t-on à toutes les fciences? celles qui dépendent des opérations de notre entendement, et qui peuvent également nous
conduire à l'erreur et à la verité? prenons pour
exemple l'étude de la Morale, la plus générale,
le, comme la plus commune de toutes les fciences: fur laquelle on a fait bien des traités et
dont les Profesfeurs que vous avez cités, ne véu-
lent pas qu'on s'occupe. On commence par
donner quelques idées de ce que l'on nomme
actions humaines, de leurs qualités; mais on ne
fait point obferver au disciple, comment on parvient à fe former des idées de ces actions, à
con-

conroitre ces qualités, et il en réfulte, qu'àprès s'être appliqué à cette fcience, et y avoir fait des progrès confidérables, on fe trouve néamoins bien fouvent embarrassé pour en faire une juste application, lorsqu'il fe préfente quelque cas à décider. Ajoutez à cela, que jusqu'à préfent les Savans ne s'accordent pas encore fur le principe général, qui doit nous faire connoitre la Moralité des actions humaines. C'est là, Monfieur, felon moi la véritable fource du Pyrhonisme en Morale.

Je trouve encore un grand défaut dans les inftructions ordinaires: on n'y fait pas asfez remarquer aux éléves les écueils auxquels ils font expofés dans leurs études. On leur dit, et en cela l'on dit vrai, que pour parvenir à posféder une fcience, il faut commencer par s'inftruire de ce qui en fait l'objet; mais on néglige de leur dire, qu'avant de s'appliquer à connoitre un objet, ils doivent s'appliquer a fe connoitre euxmêmes, à s'appercevoir des facultés, dont ils font doués, et de la manière de les employer pour parvenir aux connoisfances, qu'ils défirent d'acqnérir, ou qu'on fe propofe de leur donner. Si l'on veut faire apprendre la mufique à un enfant, on commence par examiner, s'il a l'oreille fine; fi on veut le mettre au clavecin, ou au violon, on examine, s'il a de l'agilité dans les doigts, et pour le chant, fi fes organes y font difpofés. Il en est ainfi de tous les arts et de toutes les fciences; il importe donc de faire attention à ce que l'on nomme *difpofition*, c'està-dire aux facultés naturelles d'un enfant, pour réusfir dans une étude, et plutôt dans telle que dans telle autre. On ne doit pas oublier de lui faire remarquer celles dont il est doué, et le fruit qu'il peut en retirer; ne fut ce que pour l'inciter à en faire ufage. Mais, s'il est néceffaire de porter les enfans à réfléchir fur ce qu'ils font, et à apprendre à connoitre leurs facultés; il l'est fur tout de les accoutumer à faire attention à la manière, dont ils acquièrent les idées et les effets qui en réfultent, parce que toutes leurs connoisfances dépendent delà. J'ai été fouvent étonné, de ce que l'on neglige de prendre ce foin; car fi, pour être capable d'atteindre à une connoislance quelconque, il faut fe former des idées exactes de l'objet que l'on veut connoitre; il n'est pas moins esfentiel à celui, qui *veut connoitre*, d'être asfuré que fes facultés peuvent lui procurer la connoisfance, qu'il défire d'acquérir, et l'y conduifent en effet, lorsqu'il les employe de la manière convenable. Si les facultés, qui nous font données pour acquérir des connoisfances, peuvent également fervir à nous donner de fausfes idées, l'ufage n'en fera pas indifférent; ce ne fera que par l'ufage requis qu'on acquerrera des idées exactes. Cela nous conduit à la néceffité de faire connoitre aux jeunes gens, de quelle nature font leurs facultés et de quelle manière ils doivent les employer pour pouvoir s'asfurer d'avoir des connoisfances; or delà, que les hommes dès leur naisfance, et fuccesfivement en avancant en age, fe forment des idées des objets qui les entourent et y exercent leur entendement; il n'y a rien de plus naturel, ce me femble, que de les faire réfléchir fur leurs facultés, fur l'ufage qu'ils en ont fait; pour fe former des idées fur la manière, dont ces idées leurs font venues, fur les conclufions, qu'ils

en

en ont tirées, et de leur en faire obferver le vrai ou le faux, le bon ou le mauvais.

Je conçois, Monfieur, me dit mon ami, l'utilité, et même la nécesfité de ce que vous venez de m'expofer. Je fens que l'ordre de nos récherches exige incontestablement que nous fachions, fi nous marchons à pas fûrs, et fi nous nous trouvons dans la véritable route. Remarquez encore, lui dis-je, que, dès notre enfance, nous commençons à acquérir une multitude d'idées, qui s'impriment dans notre efprit et y forment, pour ainfi dire, un magazin de répréfentations, fans nous apprendre ce qu'elles font proprement. Tout ce qui nous entoure, tout ce que nous voyons, tout ce que nous entendons, augmente journellement les idées non feulement des objets phyfiques, mais encore de ceux qui fe rapportent à l'entendement. Les faux raifonnemens, les faux principes, les faufles explications font fur notre entendement les mêmes impreffions que les discours d'une autre nature. Ainfi fe forme dans l'efprit de l'homme un amas d'idées confufes, dont il fe contente, parceque la vie ordinaire ne femble pas en exiger davantage; et dans ce fens, l'on peut dire, que les lumières naturelles nous fuffifent et que l'on peut fort bien fe pasfer d'une Logique artificielle, ainfi que d'une Morale fcientifique; cependant en y regardant de plus près, on trouvera que cette perfuafion est la fource non-féulement de beaucoup d'erreurs, mais même de bien de dèsordres et de calamités, dont le genre humain est continuellement affligé; car fi les hommes avoient des connoisfances juftes, claires, nettes, et tells, qu'il les faut, pour être convaincus, tant de

ce

ce qui fait notre félicité réëlle, que de la manière de nous la procurer: verrions nous tant de
maux dans les sociétés civiles? aurions nous à
gémir de ces odieuses scènes qui se sont passées
dans le monde et qui s'y répétent tous les jours?
non-seulement la certitude du contraire se trouve
dans une théorie, qui m'apprend la connexion
des effets avec leurs causes; mais on la trouve,
ce me semble, vérifiée dans la pratique; c'est-à-
dire dans les événemens que l'histoire nous a trans-
mise. Nous remarquons par-tout, que la corruption de l'esprit a précédé la corruption des
moeurs, et que celle-ci a donné l'essor aux
passions les plus déréglées. Une satisfaction mo-
mentanée est le seul aiguillon qui fait agir. Les
crimes les plus affreux deviennent des actions méritoires, et il n'en est point qu'on ne justifie par
un droit de bienséance, de nécessité ou d'une
utilité universelle. VOLTAIRE et ROUSSEAU,
les deux flambeaux de la France littéraire, qui
ont été si fort exaltés, dont ceux, qui ont ren-
versé le Gouvernement Monarchique des Français, ont fait les deux héros de leur Littérature
et de leur Philosophie, combien n'ont ils pas
perverti l'esprit de la Nation Française? que l'on
compare les productions de ces soi-disans génies
supérieurs, qui se sont si fort distingués dans la
Convention Nationale, avec celles qui ont paru
cent cirquante ans plutôt, et l'on sera sûrement
frappé de voir, combien les connoissances sont
déchuës. Ce n'est plus ce stile mâle, cette diction nerveuse, ces pensées nourries, ces profondes lumières que l'on admire encore dans les anciens auteurs. tout est efféminé, plat, sans nerf
et accommodé au goût pétulant d'un esprit fou-

gueux

gueux et égaré, laissant partout des trâces sinis-
tres d'une effervescence également vicieufe et
mordante. Après m'être appliqué à l'étude, y
avoir facrifié beaucoup de tems et croyant y avoir
fait quelques progrès, je commençai à foupçonner, que je n'étois point dans la véritable voye;
et que je prenois, pour des vérités réëllement
exiftantes hors de moi, des idées ou des notions,
qui n'avoient de vrai, que ce que mon entendement pouvoit ou croyoit y découvrir. Je trouvai qu'en les appliquant aux objets externes,
fans connoitre ces objets, fans avoir quelque certitude de la juftesfe de ces applications, j'étois
continuellement expófé à faire de faux pas; je
m'apperçus que j'avois été mis en très mauvais
chemin et que je devois rétrograder. Je conclus
que je devois reprendre mes études, commencer par éclairer mon efprit fur les facultés, dont
j'étois doué, et fur l'ufage, que je pouvois en faire
pour parvenir à des connoisfances. Or, comme
ces facultés s'étoient un peu déployées dès mon
enfance, et m'avoient acquifes dans l'éducation, que
j'avois reçuë, une multitude d'idées et de notions
vagues, confufes et incertaines, je m'appliquai
à les éclaircir, à les analyfer, à les reduire à
leur première origine. En me livrant à ce travail, j'appris à me convaincre, que les premiers
pas dans l'inftruction doivent tendre à éclairer
l'entendement, à y débrouiller toutes ces idées
obfcures, confufes et indiftinctes, qui f'y entas-
fent infenfiblement et y forment, pour ainfi dire, un cahos de connoisfances primitives, qu'il
faut réduire à des notions claires, nettes, distinctes et préçifes, avant de fonger à les augmenter.

F 3   Mon

Mon expérience et les réflexions, qu'elle m'a donné lieu de faire, m'ont convaincu par rapport aux instructions à donner à la jeunesse. 1°. que ceux, qui se chargent de ce soin, doivent commencer par faire connoitre à leurs élèves les facultés dont il sont doués, la manière de s'en servir, et les effets qui en résultent: 2°. par rectifier, ce qu'il y a de vague, de confus et d'incertain dans les idées, que les facultés leur ont données pendant leur enfance: 3°. par exciter dans leur entendement des opérations, qui tendent à éclaircir, à débrouiller, à rendre distinctes leurs idées et leurs connoisances: ils doivent surtout leur faire appercevoir, comment les idées leur viennent ou peuvent leur venir; comment elles peuvent les conduire à une science proprement dite, ou les jetter dans des erreurs qui se multiplient à mésure, que l'on s'abandonne à une méthode moins exacte et moins judicieuse.

Je crois, Monsieur, me dit sur cela mon ami, avoir remarqué, que vous avez suivi cette méthode dans vos Entretiens avec mon fils. Je ne crois pas devoir vous cacher qu'il les a mis sur le papier et qu'il me les a communiqués Sans-doute il ne les a point écrits exactement tels qu'ils se sont passez: j'en conçois l'impossibilité; cependant j'ai été charmé de les lire; j'y ai trouvé une marche également naturelle et lumineuse; elle m'a prouvé que l'étude de la Morale est aisée, si l'on s'y prend d'une bonne manière; qu'elle est susceptible de certitude, qu'elle peut porter l'esprit à la conviction. Je pense avec vous, que de cette façon on peut y parvenir plus aisément et plus sûrement, que par les méthodes dont on a coûtume de se servir. Si vous voulez,

lez, Monſieur, revoir et retoucher, ce que mon fils en a écrit, vous m'obligeriez infiniment.

Je le fairai certainement de bon cœur, lui répondis je; mais je crois que pour le préſent il vaut mieux qu'il continue et qu'il ignore même, que je ſuis inſtruit qu'il a mis nos Entretiens par écrit; cela pourroit le gêner. Nous terminames là notre conſervation pour réjoindre la compagnie; mon élève s'y trouvoit; demain matin, lui dis-je, nous réprendrons, ſi vous voulez, nos conférences. De tout mon cœur, Monſieur, me dit-il, ſera-ce au ſalon, ou à votre chambre? Venez au ſalon à huit heures, nous y resterons, ou nous nous promenerons, ou nous nous asſéyerons quelque part, ſelon que l'envie nous en prendra.

CINQUIEME ENTRETIEN.

De la manière dont les idées intellectuelles ſe forment, et des moyens de corriger les défauts de l'entendement.

Mon élève fut exact au rendez-vous; après avoir discouru ſur des choſes indifférentes, nous réprimes ainſi la ſuite de nos premiers Entretiens. Nous avons reconnu, lui dis-je, que les enfans dès l'âge le plus tendre ont un penchant à ſe conſerver, un déſir de s'approprier ce qui peut

F 4

fer-

fervir à leur nourriture: nous avons obfervé en eux des marques d'intelligence : nous avons remarqué encore, que leurs facultés ne les guident pas toujours avec asfez de fûreté pour les empêcher de fe tromper fouvent.

En examinant la manière, dont nous acquérons des idées et des connoisfances rélativement aux objets qui font hors de nous, nous nous fommes convaincus, que nous donnons nous même dans l'erreur, fi nous ne prenons foin d'épurer nos idées, de les réduire à des notions exactes, claires et diftinctes, propres à nous faire connoitre, ce qu'elle nous font apperçevoir de vrai et de réël, ou de faux et d'apparent. Nous avons réconnu, mon ami, que nous fommes fujets à une infinité de méprifes, fi nous nous en rapportons à nos fens, et fi nous leur abandonnons la direction de notre entendement, lorsqu'ils font excités par l'impresfion d'un objet externe.

Vous avez dû remarquer que le plaifir et la douleur, la triftesfe et la gayeté font en vous des affections, qui ne vous répréfentent rien, qui foit hors de vous; mais qu'elles fe bornent à vous avertir de ce qui fe pasfe en vous même. Vous avez pû obferver encore, que vous pouvez vous former des idées fans le fecours de quelqu'objet extérieur: par exemple en vous occupant à calculer; en réfléchisfant fur la caufe qui a produit et qui conferve l'Univers. Vous concevez, je penfe bien évidemment, qu'en pareil cas les idées, que vous vous formez, ne font que des productions de votre entendement.

M. Je le conçois maintenant que vous m'y faite faire attention. Je vous avoue ingénûment, Monfieur, que je me fuis bien rarement appliqué

qué à réchercher la différence de mes idées et les différentes manières dont elles me viennent, sans m'embarrasser, si elles m'étoient suscitées par les sens, ou par de pures opérations de l'entendement. Je me suis contenté de la persuasion intime que je les avois.

L. C'est-là, mon ami, un défaut auquel tous les hommes généralement parlant sont sujets; et cependant on peut le regarder comme une des principales sources de nos erreurs. Vous avez une idée de la quantité et des opérations de l'arithmétique; mais avez vous jamais réfléchi à la manière dont elle vous est venuë?

M. Non, Monsieur.

L. Il n'y a pourtant rien de plus simple et de plus naturel, rien qui mérite plus l'attention.

Les enfans jettent les yeux sur les parties de leur corps : il remarquent deux pieds et deux mains; aux pieds plus d'un orteil, aux mains plus d'un doigt; cette perception doit nécesfairement leur faire naitre l'idée d'un et de plusieurs; ils se voyent entourés de plusieurs personnes qui ont toutes la figure humaine; la réprésentation de ces personnes enfemble doit nécesfairement leur donner l'idée d'une multitude. Un peu d'attention fuffira pour vous convaincre, que vous avez acquis de cette manière vos premières idées de quantité; mais sans y penser vous êtes sans-doute allé plus loin.

On voit souvent les enfans s'amufer à rompre de petits bâtons; le bâton en son entier leur a donné l'idée d'unité: en le rompant en deux il fe font fait l'idée de deux; mais en même tems l'idée leur est venue, que le bâton en son entier étoit plus grand qu'une de fes parties: tirant

F 5

ainfi

ainſi une concluſion de la comparaiſon des idées d'unité et de la ſéparation de cette unité en pluſieurs. En rompant le bâton en quatre parties, ils ont remarqué, que deux de ces parties jointes aux deux autres en forment quatre, et qu'ainſi le bâton pouvoit être rompu en quatre parties égales; quelqu'un destiné à les ſurveiller dans leurs amuſemens et à en tirer des ſujets d'inſtruction, prend un lambeau de papier, en fait deux parties égales, de ces deux parties, deux autres pareillement égales : il continuë cette opération jusqu'au nombre de vingt-quatre; il les met ſur la table, jointes enſemble, et fait obſerver aux enfans que les pièces font un tout; ils n'ont pas de peine à s'en aſſurer; mais leur idée répréſente un tout compoſé de vingt-quatre parties. Leur ſurveillant ſépare ce tout en deux portions de douze parties chaque, celle-ci en deux et ſucceſſivement jusques à mettre toutes les parties ſéparément; cette ſéparation doit faire naitre aux enfans non-ſeulement l'idée d'unité et de quantité; mais même celle de compoſition et de décompoſition; ſi le ſurveillant leur fait ajouter une de ſes pièces à une ſeconde, il doit leur en venir l'idée d'accroisſement et d'addition, mais qu'après avoir joint toutes les parties enſemble, il les leur faſſe reprendre l'une après l'autre, il faira naitre en eux l'idée de diminution, de décroisſement et de ſouſtraction. Qu'il pourſuive, qu'il faſſe douze portions chacune de deux morceaux : qu'il faſſe obſerver à ſes élèves, que deux de ces portions en font quatre, que trois en font ſix et ainſi de ſuite : l'idée de multiplication ne manquera pas de ſuivre dans leur eſprit, et comme le partage du

lam-

lambeau de papier leur aura déjà donné celle de divifion, ils auront acquis par cette petite opération amufante les idées élémentaires de l'arithmétique.

Suivons encore ces enfans dans leurs amufemens; voyons les faire des maifons de cartes: ne croyez vous pas que ces petites opérations d'architecture doivent leur donner des idées de conftruction, de raport, de combinaifon, d'enchainement, de disfolution, de déftruction, et une infinité d'autres, qui réfultent uniquement de l'activité de leur entendement?

Car vous concevez fans - doute, mon ami, que quoique les fens ayent été frappés par ce lambeau de papier; par fon partage et par le reste de l'operation; néamoins les idées d'un, de plufieurs, d'accroisfement, de diminution, etc. font purement intellectuelles, n'ayant hors de l'entendement aucun objet qu'elles répréfentent: vous concevez, que l'idée *de deux fois deux font quatre*, est encore une émanation de la même fource, occafionnée, fi vous voulez, par la répréfentation de quatre morceaux mis en deux parties, réunis enfemble. Si même on vouloit faire difficulté de réconnoitre, que ces idées font produites uniquement par une opération de l'entendement, et que l'on crut devoir y ajouter l'impresfion qu'à dû faire fur les fens l'opération énoncée, je n'infifterai point; mais je vous demanderai, mon ami, fi vous ne concevez pas, que, quoique l'image de deux morceaux de papier vous répréfente deux objets égaux, l'idée d'un et de deux est pourtant purement intellectuelle? lorsque les enfans comptent leurs pas, cette énumération n'appartient-elle pas uniquement

à

à l'entendement, quoiqu'elle accompagne la marche qu'ils font? la division du tems et son calcul, ne sont-ce pas des opérations purement intellectuelles, quoiqu'on se règle à cet égard sur les mouvemens des astres et en particulier du soleil?

Les chiffres, dont vous vous servez dans l'arithmétique, sont bien des caractères, au moyen desquels vous vous répréfentés vos idées; mais le caractère ne répréfente pas deux unités repondantes à deux objets placés hors de vous. Dans la Géométrie, vous prenez l'idée d'une étendue, abftraction faite de ce qui vous la donne, vous y concevez des lignes, des triangles, des cercles et d'autres figures; mais ces idées ne se rapportent pas à des objets hors de vous: ce sont des idées, qui vous viennent uniquement par les opérations de votre entendement.

Il en est de même de toutes celles, qui ne sont pas excitées par une impreffion immédiate sur nos sens: commes celles, qui, nous viennent du souvenir, de l'imagination, des rêves, ou de tout autre opération intellectuelle. Ajoutez y celles, qui n'ont pour objets que des rélations ou des rapports, par exemple, de grand, de petit; de large, de long; de bon, de mauvais; d'heureux, de malheureux; de Père, de Fils; de Souverains, de fujets: toutes ces idées sont produites par des opérations de l'entendement, et ne répréfentent aucun objet, quoiqu'elles s'y rapportent. L'idée d'un Père et d'une Mère, par exemple, fuppofe un mâle et une femelle, qui ont donné naiffance à un individu: l'idée d'un mari et d'une époufe annonce la rélation la plus intime entre l'homme et la femme; mais la qualité

lité de Père et de Mère, mais la qualité de Mari et d'Epoufe n'est pas quelque chofe de réëllement exiftant: c'est uniquement une notion, une perception formée par une comparaifon d'idées.

M. Je conçois très bien, Monfieur, que toutes ces répréfentations, ces idées ou ces notions, dont vous venez de me parler, ne font pas excitées immédiatement par des objets hors de nous, comme le font celles, qui nous viennent par l'impreffion des corps fur nos fens; mais qu'elles font de purs effèts de l'opération de notre entendement.

Je conçois encore, qu'il y a une très grande différence entre les idées que l'on nomme fenfitives, et celles que l'on nomme intellectuelles.

L. Nous avons reconnu dans nos précédens Entretiens, que les répréfentations excitées en nous par les objets matériels, pourroient nous induire fouvent en erreur, fi nous n'avions foin de nous prémunir contre leurs illufions; croyezvous, mon ami, que l'on ne court pas les mêmes risques, par rapport aux idées intellectuelles, fi l'on ne s'attache avec le même foin aux moyens capables de nous en préferver?

M. J'ai befoin d'éclaircisfemens à cet égard, Monfieur, je n'apperçois pas, comment je puis me tromper par rapport aux idées intellectuelles, fi je ne les rapporte pas à des objets placés hors de moi.

L. N'avez vous jamais éprouvé que vous vous étiez mépris en faifant quelque calcul: en additionnant par exemple, en multipliant, en divifant, er déduifant une fomme d'une autre?

M. Oh! fouvent j'ai donné dans de pareilles méprifes. Je fens maintenant, ce que vous avez
vou-

voulu me faire obferver. Les calculs font des opérations de l'entendement qui n'ont point de rapport avec des objets externes. Plufieurs fois je me fuis mépris dans des raifonnemens rélatifs à des objets de cette nature, par exemple, ce que nous nommons *penfer*, *vouloir*, *joye*, *tristesfe*, *liberté*, *proportion* et autres objets intellectuels.

L. Vous êtes donc convaincu, que vous n'êtes pas plus à l'abri de l'erreur du coté de l'entendement, que par rapport aux fenfations?

M. Sans-doute.

L. Avez vous jamais réfléchi aux moyens de vous en garantir?

M. Souvent; mais fans fuccès.

L. Quel en a été l'obftacle?

M. J'ai eu l'honneur, Monfieur, de vous le communiquer dans notre premier Entretien; maintenant je commence à foupçonner le même défaut dans mes idées intellectuelles que dans mes idées fenfitives; celles-là me répréfentent leurs objets avec ausfi peu d'exactitude que celles-ci; j'ai les idées *d'amour*, *d'amitié*, de *perfection*, de *bienveillance*; mais elles font extrémement vagues et indéterminées, il m'est fouvent arrivé d'en faire l'application à des actes, qui bien confiderez n'étoient rien moins que tels.

L. Vous voyez par-là, mon ami, que pour que notre entendement nous ferve bien, il faut porter nos foins à le corriger des defauts que nous pouvons y découvrir. Il faut en agir par rapport à fes opérations, comme à l'égard des fenfations: ramener leurs effets à leur fource, à leur origine, à leurs caufes; il faut accoûtumer l'entendement à fe replier fur lui-même, à examiner

miner

miner les idées qui lui viennent: il faut qu'il se
forme à les analyfer, à les confiderer attentivement dans tout ce qu'elles répréfentent, à en
faire des comparaifons exactes entr'elles; et particulièrement à confiderer la fource dont elles
émanent, la caufe qui les font naitre et la manière dont elles font excitées; en un mot, il faut
apprendre à connoitre l'entendement, cette précieufe faculté de l'homme, qui fert à diftinguer
fes idées, à les rapporter à des objets externes,
à fe former des notions qui n'ont rien de ré-
préfentatif hors de lui: par laquelle il peut
déduire d'autres idées des premières, les comparer, les combiner, et faire toutes les opérations
que l'on nomme intellectuelles, parce qu'elles dérivent de l'action de cette faculté.

M. Je comprens bien, Monfieur, la néceffité de ce que vous venez de me dire: mais je
ne vois pas, comment il faut s'y prendre pour
parvenir aux fins que vous m'avez indiqués.

L. Vous le faifirez aifément, mon ami, fi
vous voulez me fuivre dans les raifonnemens que
je vais vous propofer.

N'eft-il pas vrai que, pour favoir ce qu'un
fujet peut faire, ou ne pas faire, il faut le connoitre?

M. Il n'y a pas de doute.

L. N'eft-il pas également vrai, qu'il faut
connoitre l'entendement humain, pour favoir les
opérations dont il eft capable, et celles auxquelles il n'eft pas propre?

M. Cela eft clair.

L. Il faut par conféquent commencer à apprendre à connoitre l'entendement humain, pour parvenir aux connoifances qu'il peut nous donner.

M. La conféquence est très juste.

L. N'est-il pas vrai encore, que nous ne pouvons counoitre l'entendement que par les facultés qu'il manifefte: et qu'ainfi nous ne pouvons parvenir à cette connoifance fans réchercher et examiner ces facultés.

M. Cela va de fuite.

L. Mais pouvons nous rechercher et examiner ces facultés autrement que par les effets qui en réfultent?

M. Toutes ces propofitions, Monfieur, me paroifent de la dernière évidence.

L. Eh bien! mon ami, voyez votre petite coufine dans les bras de fa mère: elle fait tout fes efforts pour s'en échapper et fe jetter dans ceux de fa nourrice.

Ne rémarquez vous pas dans cette action les indices d'un fouvenir? la vuë de cette femme lui rappelle que c'eft la même dont elle a fuccé le lait; mais examinez encore, et vous trouverez, dans la préférence qu'elle lui donne fur fa mère, les marques certaines d'une volonté, d'un choix: elle fe détermine en faveur de fa nourrice, parce qu'elle trouve fa nourriture à fon fein. Lorfque vos deux jeunes coufins jouënt aux dames, n'obfervez vous pas en eux un fouvenir, une volonté, une combinaifon d'idées, une attention, un mouvement de réflection, des déterminaifons et d'autres opérations de l'entendement.

M. En vérité, Monfieur, vous avez raifon: je m'en apperçois; jamais, je vous l'avoue, je n'y aurois porté mon attention dans cette vuë, fi vous ne l'y aviez fixée.

L. Je ne fais, mon ami, fi vous ne vous énon-

cés pas là trop pofitivement; car vous ne favez
pas fur quels objets vos méditations peuvent tomber dans le cours de votre vie. Il faut vous
accoûtumer à éviter la précipitation dans les jugemens que vous portez

M. Je tacherai de fuivre cette leçon, dont je
fens l'utilité; mais n'est-il pas rare de voir les
hommes s'attacher à confidérer les actions des
enfans, de la manière et dans les vuës que vous
le faites ici?

L. Cela n'est que trop rare, mon cher Maurice, on cherche à acquérir toutes fortes de connoiffances, et l'on néglige celle de foi-même;
delà cette indifférence fur ces actions des enfans, qui bien confidérées, nous fourniroient les
premiers indices de ce que nous fommes nous
mêmes; vous aurez entendu plus d'une fois, et
vous entendrez encore fouvent attribuer à un *inftinct* tout ce que l'on voit faire aux petits enfans; mais cette expreffion ne défigne, ainfi que
nous l'avons obfervé l'autre jour, qu'une impulfion, qui doit avoir une caufe; et cette caufe ne
peut fe trouver que dans les fenfations et dans
l'entendement, dont les enfans font doués, et
qui fe dévelopent et fe perfectionnent à mefure
qu'ils grandisfent et qu'on a foin de cultiver
leurs talens et leurs facultés; car vous concevez,
qu'a proportion que le corps s'accroit, s'affer-
mit, augmente en vigueur et en force; l'intelligence et toutes les facultés fenfitives et intellectuelles doivent participer à ces accroisfemens:
Ce n'est pas une conféquence à laquelle nous
foyons authorifés par la liaifon, la combinaifon
et l'enfemble des différentes parties dont l'homme eft formé, mais c'est une vérité journelle

ment conftatée par l'expérience ; a chaque inftant nous rencontrons des enfans, des jeunes gens, des hommes faits, qui nous font connoitre une gradation progreffive et fimultanée de leurs différentes facultés ; quand les enfans font parvenu à ce que l'on nomme l'age de raifon, leurs talens et leurs facultés fe manifeftent d'avantage ; mais faites bien attention, mon ami, que ce n'est que le dévelopement des facultés, qu'ils avoient réçues en naiffant : celles-ci étoient les femences. Il vous fera aifé de conclure de toutes ces obfervations, combien il est utile et néceffaire pour apprendre à fe connoitre foi-même, d'obferver les mouvemens, les agitations et les actions des enfans ; comme ils s'y montrent naturellement fans déguifement et fans feinte, on peut y découvrir aifément leur caractère, leur humeur, leur goût, leur penchant, enfin, tout ce qui dans le cours de leur vie, dirigera, ou déterminera leur conduite. Voilà mon ami, un théatre, qui vous fournira des fcènes plus intérreffantes et plus inftructives, que celles, que nous offrent les fpectacles publics ; portés-y vos régards, appliquez-y vos réflexions, en attendant que le tems me permette de réprendre notre converfation. Pendant les deux ou trois jours que vous devez paffer chez Monfieur votre Grand-Père, j'irai voir un de mes anciens amis, arrivé depuis peu dans ce pays-ci, après avoir fait un affez long féjour en France, malgré les troubles qui y regnent encore.

SIXIE-

SIXIEME ENTRETIEN.

Des différentes facultés de l'entendement hu-
main, et de la manière de les employer,
pour acquérir des connoissances et
éviter les erreurs.

L. Après quelques jours d'absence, nous nous
revîmes, mon élève et moi. Ayant employé les
premiers momens de notre entrevue à nous té-
moigner les différens sentimens qu'inspirent un
intérêt sincère et une reconnoissance respectueu-
se: Eh bien, lui dis-je, mon ami, avez vous
eu occasion de jetter vos régards sur le théatre
dont je vous parlai dernièrement?

M. Je n'ai presque fait autre chose.

L. Comment cela?

M. J'ai eu l'honneur de vous faire savoir,
Monsieur, qu'ayant réçu une invitation pour me
rendre à une pension de jeunes gens où se trouve un de nos cousins, je l'avois acceptée, parce que je m'imaginois d'y trouver le spectacle sur
lequel vous m'aviez recommandé de porter mes
régards et mon attention; en effet, j'y ai trouvé la meilleure occasion de m'instruire, de faire
des observations, et des réflections sur tout ce
que vous avez eu la bonté de me dire.

Le salon dans lequel se rassembloit journellement la famille du maitre, et où j'avois la li-

berté

berté de rester autant que je le défirois, donnoit fur une très-grande cour joignant deux appartemens, dont l'un étoit deftiné à rasfembler les penfionnaires pour tenir école. et l'autre fervoit de falé à manger; entre les fix et fept heures, les jeunes gens defcendoient de leurs chambres à coucher, fe lavoient et fe renroient dans le premier de ces appartemens; ils y travailloient jusques vers les huit heures et demie: on leur y donnoient alors le déjeuné et la permisfion de fe divertir; environ les neuf heures et demie ils étoient rappellez à leurs occupations, qui duroient jusques à onze heures et demie, tems fixé pour leur diné: ils avoient une heure de récréation, pendant laquelle le maitre de la penfion et ceux de la maifon prénoient la leur; vers les deux heures, les penfionnaires étoient obligé de fe remettre à l'ouvrage; ils y étoient jusqu'à quatre ou cinq heures: venoit alors le thé et congé jusqu'à fept heures; c'étoit le tems où ils s'asfembloient pour faire des lectures dans la bible, ce que chacun à fon tour faifoit tout haut; le maitre, toujours préfent à leurs occupations, les entretenoit et leur faifoit des questions fur ce qu'on venoit de lire; entre fept heures et demie et huit heures ils foupoient, fuivoient encore trois quart d'heure de récréation, après quoi ils alloient fe coucher.

Vous imaginés bien, Monfieur, que la grande cour, dont je vous ai parlé, étoit le principal endroit de leurs divertisfemens, et que j'avois l'occafion de les y voir et de les y obferver; le maitre s'appercevant, que je m'y attachois et m'y plaifois beaucoup, me le fit connoitre; je prens, Monfieur, lui dis-je, un plaifir infini à fuivre les mou-

mouvemens de cette jeunesse, quoique différen-
ciés, pour ainsi dire de mille manières; on y dé-
mêle leur caractère, leur humeur, leurs inclinations, en un mot, tout ce qui les agite; je trouve non seulement beaucoup d'agrément dans ce
spectacle; mais encore beaucoup d'instruction:
Vous en jugez sainement, me dit le maitre, puisque cette vue vous attache tant, restez ici quelque tems, et vous pourrez satisfaire votre curiosité; j'acceptai, Monsieur, cette invitation, et
je crois en avoir retiré du fruit; j'ai non seulement observé, mais aussi étudié cette jeunesse,
composée d'une quarantaine de pensionnaires de
différens ages; j'ai encore eu l'avantage de joindre à mes réflections les observations, que me
faisoit faire le maitre de la pension sur la manière différente, dont ces jeunes gens s'occupoient,
jouoient, s'amusoient, les uns avec plus de chaleur que les autres; et comment, dans le choix
de leurs récréations, et dans la manière, dont ils
s'y livroient, l'on appercevoit les indices de la
différence de leur caractère, de leur genie, de
leurs talens, et de leur goût. Enfin, Monsieur,
je crois avoir pris une connoissance assez exacte
du théatre, que vous m'aviez recommandé de voir.

L. Vous n'en pouviez jamais trouver de meilleure occasion, et vous avez très-bien fait de
l'avoir saisie. Faisons maintenant un pas plus
en avant, quittons les enfans, revenons à nous
mêmes et voyons, quelles sont les facultés de notre Entendement.

Jusqu'à présent, mon ami, je me suis borné,
à vous faire observer les différentes idées ou notions, qui naissent en nous: la manière dont elles nous viennent: les effets qu'elles produisent,

les

les connoisfances, quelles nous donnent, ou peuvent nous donner, les illufions, auxquelles elles nous expofent, et les foins que nous devons apporter à éviter d'en être feduits.

Je vous ai fait rémarquer en particulier, qu'il nous vient des idées par les fens, fans qu'aucun acte de notre Entendement précède ou concoure à les produire; comme celles des couleurs, des faveurs et autres, que l'on nomme *fenfitives*: qu'il en est d'autres, à la production desqu'elles l'entendement concourt: comme la fatigue, le répos, etc. que plufieurs autres fe forment uniquement par les opérations de cette dernière faculté: comme le calcul. Je vous ai fait connoitre, et vous l'avez obfervé vous même, que l'entendement a différentes facultés par le moyen desquels il execute fes opérations; je crois devoir vous prier maintenant de porter une attention plus particuliére fur ces différentes facultés; il importe d'en avoir des idées exactes et précifes, afin de nous asfurer de l'ufage, que nous pouvons et devons en faire pour parvenir à la connoisfance de nous-même, et à la certitude, que nous défirons d'acquérir fur ce qui fait l'objet de nos récherches, pour éviter les erreurs auxquelles nous fommes expofés, fi nous manquons de nous en bien fervir.

En discourant fur ce que nous voyons dans les enfans, et par la connoisfance de ce que nous trouvons en réfléchisfant fur ce qui fe pasfe au dedans de nous, nous avons reconnu, que nous fommes fufceptibles d'avoir des idées, des notions, des connoisfances, comme nous fommes fufceptibles de fentir de la douleur et du plaifir. L'on nomme en général *intelligence*,

falà faculté d'avoir des idées, des notions et des connoiſſances; et l'on nomme *intelligent* tout Etre doué de cette faculté. Le mot *intelligence* exprime ainſi une faculté générale, ſource commune de toutes celles dont l'Entendement est doué. On nomme ausſi en général faculté de *penſer*, celle d'exercer les différentes opérations, qu'elle est en état de faire; par exemple, de ſe former des idées, de les comparer, de les combiner etc. cette faculté générale a différentes branches, que l'on diſtingue, comme autant de facultés particulières, qui réſident dans l'Entendement. Vous avez ſans-doute rémarqué en vous la faculté de pouvoir préférer une choſe à une autre; vous préférez, par exemple, de vous entretenir maintenant avec moi à toute autre occupation; l'on déſigne cette faculté par le mot *vouloir*, et l'exercice de cette faculté par *volonté*. Vous avez vraiſemblablement expérimenté, que cet exercice ſe deploye quelque fois de plein gré, tandis que dans d'autres cas, on y est porté par des cauſes, qui nous y contraignent. Un pauvre vous demande l'aumone: vous la lui donnez, le motif, qui vous y engage, eſt uniquement dans vous même, aucune impulſion extérieure ne vous y porte: vous le faite de plein gré, et cela ce nomme·*librement;* mais un brigand vous rencontre en chemin et vous mettant le piſtolet ſur la gorge, demande votre bourſe: vous la lui donnez. le motif, qui vous y excite, n'est point entierement à vous; c'est une force exercée ſur votre entendement, qui vous porte à donner votre bourſe plutôt que de recevoir la mort; vous n'avez point alors agi *librement,* vous avez agi par *contrainte.*

G 4

Ob-

Obfervez, mon ami, que dans tous ces actes, qui partent de notre entendement, il fe fait une comparaifon d'idées; dans le dernier des deux cas que je viens de propofer, vous ne pouvez manquer de reconnoitre un acte de cette nature, opéré par votre Entendement en lui-même; vous devez concevoir par-là, que la volonté ne peut jamais avoir lieu fans une comparaifon entre les objets de notre choix; c'est-à-dire, entre les idées qui nous les répréfentent: vous en conclurez, que notre Entendement a la faculté de comparer les idées; et en y faifant attention, vous réconnoitrez, que cette comparaifon est fuivie d'un acte de l'entendement par lequel vous paffez à une détermination; vous comparéz l'idée de donner votre bourfe avec celle de perdre la vie; cette comparaifon vous répréfente deux fituations, dont vous trouvez la première, préférable à la feconde, et vous lui donnez en effet la préférence; l'on nomme *jugement*, le réfultat de cette comparaifon, *détermination*, l'acte qui y fuccède, et *volonté* celui, par lequel vous donnez la préférence: ainfi, lorsqu'on dit, qu'un homme a un excellent jugement, on veut exprimer par-là, qu'il excelle dans la faculté de comparer des idées, et de reconnoitre celles, qui méritent le plus d'être fuivies: vous voyez par-là, combien il importe d'avoir un bon jugement et par conféquent de cultiver la faculté, qui le produit. On nomme *raifonner*, l'opération de l'Entendement, par laquelle il compare des idées et en tire une conclufion: et l'on appelle *raifon*, cette faculté de notre Entendement, par laquelle il diftingue le vrai du faux.

Nous avons déjà parlé du *fouvenir*, que l'on
nom-

nomme aussi *mémoire*: faculté de l'Entendement, par laquelle il se rappelle des idées qu'il a euës, avec la certitude de les avoir euës; ce sont proprement des actes de l'Entendement, qui font revivre en lui des idées, qu'il a euës, sans que des objets extérieurs fasfent une nouvelle impression sur les sens. On distingue aussi dans l'Entendement la faculté de former des idées par une simple opération: soit qu'on reveille des idées, que l'on a euës, soit qu'on en crée de nouvelles; on la nomme *imagination*, c'est par elle, qu'on se forme l'idée d'un cheval ailé, d'un homme à tête d'ane, de toutes fortes de monftres, d'une maison batie en or etc. c'est par l'imagination, que l'on fait des Romans, des pièces de Théatre, des Poëmes Epiques et autres productions de pur génie.

Par rapport à la *mémoire*, je dois vous obferver qu'elle est très différente, suivant les idées que l'entendement se renouvelle, ou qui lui reviennent: on vous montre un bijou: vous vous rappellez l'avoir vu; ce souvenir est un acte de votre Entendement excité par la vue de cet objet, mais si, sans voir le bijou, vous vous le rappellez comme le voyant actuellement, c'est également un acte de votre Entendement; mais différent du premier: c'est ainsi qu'il vous souvient d'avoir vu une personne, en la voyant de nouveau, et que vous pouvez vous la répréfenter sans la voir; d'avoir entendu une chanson, qu'on chante, et que vous pouvez vous la rappeller par l'imagination, sans l'entendre effectivement; de plus, la mémoire ne nous rappelle pas toujours des objets ou des idées, qui en excitent à leur tour. Souvent dans ce qu'un enfant ap-

G 5

prend

prend par cœur, la mémoire se borne à une souvenance de mots auxquels son Entendement s'est attaché, sans savoir ce qu'ils expriment ; il est alors dans le cas des perroquets que l'on apprend à jaser, et qui répétent les mots, qu'on leur a fait entendre : c'est ainsi que les enfans font ordinairement leurs prières : ils répétent des mots sans que leur Entendement y participe : leur récitation est alors purement machinale. Si vous y faites attention, mon ami, vous trouverez, que les hommes sont souvent dans le même cas, et qu'il est très essentiel de distinguer ces deux différentes propriétés de *la mémoire*, savoir celle de se rappeller des mots sans les idées qu'ils expriment, et de se les rappeller avec le sens, dans lequel ils ont été employez, je me rappelle, (dit-on souvent) que l'on m'a dit cela ; mais vous rappellez vous aussi, qu'on s'est servi des mots, que vous avez entendu, dans le sens que vous leur attribuez ? Souvent on se rappelle des choses, que l'on a entendu raconter, sans néamoins se rappeller les mêmes mots, qui ont servi à les exprimer.

Par tout ce que je viens de vous détailler, vous réconnoitrez tout de suite, je pense, que nos connoissances doivent dépendre 1°. du plus ou moins de perfection de notre Entendement, c'est-à-dire des facultés dont il est doué. 2°. De l'usage plus ou moins reglé que nous en faisons ; d'ou il s'ensuit, que plus notre Entendement est parfait, plus nous serons en état d'acquérir des idées, de les comparer et d'en tirer de justes conclusions ; tandis qu'au contraire, plus il sera imparfait, plus nous nous trouverons exposés à nous former des idées vicieuses, à en faire des comparaifons, qui le feront de même, à en tirer des conclufions, qui ne le feront pas moins. Je ne dois pas oublier de vous faire remarquer à ce fujet, qu'il en est de la perfection de nos *facultés intellectuelles*, comme de celles que nous nommons *fenfitives:* il n'est pas plus donné à l'homme de parvenir à une pleine perfection des premières, qu'il ne lui est poffible d'atteindre à celle des dernières; par conféquent il ne peut point fe flatter de parvenir à une pleine certitude fur tout ce à quoi fon Entendement s'étend; il fera toujours expofé à fe méprendre, et à fe tromper; mais, comme les opérations de fon Entendement font dirigées en vertu de loix conftantes et immuables, tout comme celles, qui déterminent les impreffions, que les objets extérieurs font fur nos fens, ainfi que nous l'avons obfervé dans nos précédens Entretiens, vous ferez, je crois, aifément convaincu, que notre foibleffe et les bornes de nos facultés intellectuelles ne peuvent nous authorifer à en conclure, qu'il n'y a aucune certitude à espérer des opérations de notre Entendement, qu'elles ne menent qu'a des doutes; l'expérience prouve le contraire, vous devez avoir éprouvé vous même, qu'en faifant ufage de ces facultés, vous êtes parvenu à des connoiffances certaines, et qu'elles fuffifent pour nous guider dans nos befoins, lorfque nous ne manquons pas d'en faire un bon ufage.

Au refte, mon ami, il est bon d'obferver encore ici, comme nous l'avons déjà fait ailleurs, que toutes nos erreurs proviennent uniquement d'une application, foit fauffe, foit défectueufe, que nous faifons de nos idées, tant fenfitives, qu'intellectuelles, aux objets, auxquels nous les rap-

por-

portons. Toute idée, toute notion, toute perception est vraye en elle - même; lorsqu'une tour
quarrée fait naitre par ſon impreſſion ſur noſ ſens,
l'image d'une tour ronde, cette image ou l'idée
qui en nait, est vraye en elle - même. En diſant,
que deux fois trois ſont huit, les idées de deux,
de trois et de huit ſont vrayes, parce que mon
Entendement ſe répréſente ces nombres, mais,
c'est la concluſion de trois par deux à huit qui
est fausſe: c'est une opération vicieuſe de l'Entendement qui produit l'erreur. Toute idée,
(ſoutenez votre attention,) toute idée, dis je,
conſiderée purement en elle - même et ſans la
rapporter à quelque objet, ſoit hors, ſoit au-
dedans de nous, est vraye: car on nomme vrai
tout ce qui est; et par oppoſition on nomme
faux, tout ce qui n'est pas ainſi; lorsque nous
rapportons une idée à quelqu'objet, ſi elle y est
conforme, rélativement au rapport que l'on en
fait à cet objet, on la nomme vraye; on la nomme fausſe, lorsqu'elle n'y est point conforme.
L'idée, qui me vient en regardant la lune, est vraye
en elle - même; ſi je rapporte cette idée à la lune, comme la répréſentant telle qu'elle est, l'i-
dée ſera fausſe, parce qu'elle ne répréſente point
la lune, telle qu'elle est effectivement. Mais elle
ſera vraye, ſi je la rapporte à une opération de
mes ſens occaſionnée par la vue de la lune.

Vous voyez par là, mon ami, que la vérité
de nos idées, et par conſéquent celle de nos
connoisſances, dépendent uniquement du rapport
que nous en faiſons aux objets, auxquels nous les
appliquons.

Vous voyez une perſonne donner l'aumone à
un pauvre, vous rapportez l'idée, que la vue de
ce

ce don produit en vous, à une dispofition cha-
ritable; cette idée fera vraye, fi effectivement la
charité en a été le mo if; mais elle fera fauſſe,
fi ce don a été l'effet d'un motif différent. Voyez
vous encore une perſonne fréquenter aſſidûment
les égliſes? cela fait naitre en vous l'idée d'une
perſonne pieuſe: vous rapportez l'idée de fréquenter aſſidûment l'égliſe au caractère pieux de
cette perſonne, cette idée fera vraye, fi c'est effectivement un fentiment pieux, qui détermine fon
aſſiduité, mais elle fera fauſſe, fi elle est diri-
gée, ou par oſtentation, ou par coutume, ou par
une autre impulſion quelconque.

Vous vous êtes fortement occupé à la Géométrie; vous vous êtes fait l'idée d'un point, d'une
ligne fans largeur, d'une étendue et d'une furface
fans profondeur: ces idées, confidérées en elle-
mêmes, font vrayes, parce qu'elles exiſtent dans
votre Entendement; il en fera de même de celles d'un triangle, d'un cercle, d'une circonfé-
rence, d'un parallelogramme, d'un quarré etc.

En recherchant dans ces figures leurs différentes propriétés, que votre Entendement vous a fait
connoitre, vous avez trouvé, que les trois angles
d'un triangle font égaux à deux angles droits,
que dans un triangle ifocele, les deux angles au
deſſus de la baſe, comme ceux de deſſous, font
égaux: que dans un triangle rectangle, le quarré
de l'hypotenuſe est égal aux quarrés des deux
autres lignes du triangle; ainſi des autres propriétés, que vous avez découvertes dans ces différentes figures; vous les avez découvertes dé-
monſtrativement par des opérations de votre Entendement, qui par-là s'est convaincu de leur vérité; elles font vrayes en effet; mais elles ne le

font

qu'idéalement, c'est-à-dire, rélativement aux figures idéales que vous vous êtes formées; si donc
vous les appliquez à des objets réëllement exiftans, ou à des idées, que vous vous formez de
ces objets, fans favoir s'il en admettent l'application, vous courez risque de tomber dans l'erreur, ce qu'il faut éviter avec grand foin: nous
ne fommes que trop enclins, mon ami, à réalifer nos idées, c'est-à-dire, à les prendre pour
des expreffions exactes des objets auxquels nous
les appliquons. Les Géométres en particulier et
les Méchaniciens font fujets à ce défaut; ils font
des calculs et forment des plans d'après leurs
idées, et ils éprouvent dans leur exécution, que
les objets fe réfufent à l'application qu'ils veulent leur en faire.

De là vous voyez, combien nous fommes expofés à nous méprendre fur la vérité objective
de nos idées: ne connoisfant point parfaitement
les objets auxquels nous les rapportons, elles
doivent toujours manquer d'être vrayes foit en
tout, foit en partie.

SEP-

SEPTIEME ENTRETIEN.

Sur le penchant de l'homme à se conserver et à vivre agréablement, considéré comme le mobile ou le motif primitif qui le détermine en toutes ses actions, et sur ce qui fait proprement le bonheur ou le malheur de l'homme, et le rend heureux ou malheureux.

Nous avons observé, dans nos Entretiens précédens, que les hommes ont un penchant naturel à leur conservation et à se procurer une vie agréable; cette affection est vraye en la rapportant à la nature humaine; nous l'y découvrons incontestablement: elle se manifeste dans tous les animaux: la faim et la soif nous portent invinciblement à prendre de la nourriture et de la boisson: et le plus ou moins d'agrément que nous sentons en mangeant de différens mets, nous fait choisir ceux, qui nous sont les plus agréables

Nous avons encore rémarqué, comment nous pouvons errer par rapport aux objets sensitifs, lorsque nous sommes guidés par des idées fausses; et déjà, mon ami, vous êtes convenu que nous pouvons être abusé par nos idées intellectuelles; comment nous garantir de ces inconvéniens? examiner les idées, les comparer, les confronter avec les objets, auxquels nous les rappor-

portons: les analyſer, les combiner et nous procurer des idées certaines de ces objets. Tout
cela est néceſſaire, mais ne ſuffit pourtant point
pour guider notre Entendement dans la réchèr-
che de ce qu'exigent et la conſervation et l'agrément de la vie.

Vous avez trouvé à redire, mon ami, que
CICÉRON, en traitant des *devoirs* de l'homme,
ait manqué de définir ce qu'il entendoit par ce
mot; gardons nous donc de tomber dans le même défaut, fixons le ſens des mots, dont nous
nous ſervons pour déſigner les objets, qui font
la matière de nos converſations; vous avez dû
rémarquer, que je l'ai déjà fait à l'égard de pluſieurs, dont je vous ai appris la ſignification.

Nous parlons du penchant naturel que nous
avons à nous conſerver et à vivre agréablement;
nous régardons ce penchant comme une impulſion générale, qui nous détermine dans tout ce
que nous faiſons. Mais qu'est-ce que ſe conſerver? qu'est-ce que vivre agréablement? c'est
ce qu'il faut déterminer. *Conſerver* ſignifie proprement avoir ſoin, ou faire enſorte qu'une choſe ne ſe perde, ne ſe détruiſe, ou ne ſe détériore point; c'est dans ce ſens que l'on dit *conſer-*
ver ſa ſanté, conſerver ſa bonne humeur; con-
ſerver ſes rélations, des denrées, des fruits, etc.
Lors donc qu'on dit de l'homme, qu'il a un penchant pour ſa conſervation, on exprime par là
qu'il resſent une impulſion intérieure qui le porte
à éviter tout ce qui peut détruire, ou détériorer
ſon état, ou ſon exiſtence, et à embraſſer tout
ce qui peut ſervir à l'en faire jouir; il importe
par conſéquent de conſidérer d'abord de quelle
nature est l'exiſtence et l'état de l'homme pour

ju

juger de ce que nous devons entendre par sa conservation; or la première réflection qui nous vient à cet égard, c'est, que l'exiſtence de l'homme est *ſuccesſive*, et qu'il paſſe continuellement d'un état à un autre, ſans que jamais il reſte un ſeul inſtant parfaitement le même; quoiqu'il ne varie point, quant aux parties les plus conſidérables et les plus caraⱥhériſtiques de ſa perſonne: ainſi, lorſqu'on parle de ſe conſerver, on déſigne par-là, la conſervation d'une exiſtence ſucceſſive, qui par ſa nature tend à paſſer d'un état à un autre, ſuivant des diſpoſitions qui font naitre ces changemens. Un enfant nait, croit, devient homme; il decroit enſuite, s'affoiblit, perd ſes forces et meurt; les traits de ſon viſage annoncent la ſucceſſion de ſes accroisſemens et décroisſemens; l'expreſſion *de ſe conſerver*, employée dans le rapport que nous en faiſons ici à l'homme, déſigne donc de reſter dans l'exiſtence ſucceſſive et dans l'état, dont on jouit: d'écarter ce qui peut les altérer, détériorer, ou détruire, et d'embrasſer ce qui peut nous en asſurer la jouisſance.

Quant à l'expreſſion de *vivre agréablement*, vous ſavez, mon ami, que l'on entend par agréable ce qui fait plaiſir, ce qui nous affeⱥte d'une manière à nous rendre contens, ce qui nous plait, cet à quoi nous donnons notre conſentement; *vivre agréablement*, c'est exiſter ſucceſſivement dans un état, dans lequel nous ſommes contens d'être; plus nous le préferons à tout autre, plus il nous fera plaiſir, et plus nous vivrons agréablement. Vous n'ignorez pas, que les plaiſirs ſe diſtinguent en deux ſortes, ſavoir plaiſirs *ſenſuels*, et plaiſirs *intelleⱥuels*; que les prémiers font ceux, qui nous viennent par l'ufage des fens, et les derniers par les opérations de notre entendement; de là vous pouvez obferver, qu'il dépend de l'ufage des facultés intellectuelles auffi bien que de celui des facultés fenfitives, de vivre agréablement et de vivre plus ou moins agréablement, et que ce ne font pas les plaifirs fenfuels, qui peuvent feuls nous faire jouir de cet avantage.

Après ce petit éclaircisfement nous pouvons, je crois, continuer de parler de cette pente qui porte invinciblement l'homme à fe conferver et à vivre agréablement, je dis invinciblement, parce qu'elle dérive d'une loi de la nature, qui l'a établie pour le principe actif de toutes les actions humaines; de façon, qu'il est impoffible que l'homme foit déterminé autrement, que par le défir de fe conferver et de vivre agréablement.

M. Permettez moi, Monfieur, de vous dire, que je ne vois pas qu'il foit impoffible, qu'un homme fe détermine par un autre motif, que celui de fe conferver et de vivre agréablement. L'hiftoire nous donne mille exemples de perfonnes, qui ont préféré la mort à la vie, et qui font devenûs fuicides: fouvent encore les nouvelles publiques nous parlent de perfonnes qui ont fuivi cet exemple. On ne peut pas dire, ce me femble, que les hommes ayent été porté à fe donner la mort, par le penchant de fe conferver et de vivre agréablement.

L. Votre réflection, mon ami, n'est point mal fondée: elle fervira à un nouvel éclaircisfement que je vais vous donner: Quand on parle de cette pente naturelle, qui entraine les hommes à chercher à fe conferver et à vivre agréable-

ment,

ment, et quand on en parle comme d'une impulsion invincible: on ne prétend point affirmer par-là, que tous les hommes font, *dans le fait*, *toujours* dans la situation de suivre, ou de pouvoir suivre cette pente; cette situation suppose l'homme dans l'état qui lui est naturellement propre, et tel, que l'auteur de la nature l'a déterminé pour le genre humain en général; or en portant nos régards sur tous les Etres animés, nous leurs trouvons ce penchant; mais nous le découvrons particulièrement dans cet espèce d'Etres connûs fous la dénomination d'hommes; ainsi la vue de quelques individus, qui femblent se déterminer par quelqu'autre impulsion, ne sauroit nous authorifer à réjetter la loi générale que nous voyons regner univerfellement; elle nous permet uniquement de conclure, qu'il y a des individus, qui perdent ce penchant par des circonstances particulières, dont les organes et les facultés, font par exemple si altérées, que ce penchant en est tout-à-fait affoibli, ou, pour ainsi dire, entièrement étouffé; de manière, qu'ils s'abandonnent à des impulsions déréglées, bien éloignées de celles, qui les conduiroient, s'ils étoient disposés suivant le cours ordinaire de la nature; un malade, un imbécile, un furieux, perd ce penchant, ou du moins, il n'a point en eux assez de force pour les foumettre à son action; c'est là aussi le cas de ceux qui se donnent volontairement la mort, des humeurs sombres, des dérangemens dans leur Entendement, étouffent en eux le penchant naturel, et commun à tous les hommes en général, de se conferver et de vivre agréablement. Affectez de leur situation actuelle, defefperant de pouvoir vivre agréablement, ils aiment mieux ne point

 exi-

exifter que d'exifter ainfi, et rénoncent au penchant de fe conferver, ou le furmontent par le défir de ne plus être. Ces cas finguliers ne peuvent donc point, comme je viens de le dire, nous authorifer de douter de l'exiftence de ce penchant, comme l'impulfion univerfelle et primitive, qui affecte le genre humain généralement pris : ils prouvent feulement, que cette impulfion peut-être affoiblie, furmontée, ou detruite par des circonftances particulieres : cela eft fi vrai, que vous voyez dans les combats et les batailles, les foldats, qui femblent affronter les dangers et fe dévouer à la mort, faire néamoins tous les efforts posfibles pour fe conferver, foit en cherchant à vaincre, ou à éviter les coups qu'on leur porte, ou à fe fauver par la fuite. Saififfez vous ce raifonnement?

M Je crois qu'oui, Monfieur, ayez la bonté d'en juger par la manière dont je tacherai de vous le préfenter.

L'Être Suprème, en créant les Etres animés, leur a donné un penchant à fe conferver et à vivre agréablement ; ce penchant fe trouve ausfi dans l'homme ; tant que l'homme eft dans fon bon fens, et que fes facultés ne font point dérangées, ce penchant agit en lui invinciblement et irréfiftiblement ; parce qu'il lui eft imposfible de réfifter à une impulfion, que l'auteur de la nature a affecté à fon exiftence ; cette impulfion eft une loi univerfelle pour le genre humain, pour le tenir en action ; mais comme il arrive, que les facultés de quelqu'individu de l'espèce humaine s'altèrent, s'affoiblisfent, fe derangent, ou fe détruifent, il peut exifter des cas, dans lesquels il femble, que ce penchant n'agit point : comme en

des

des malades, des imbécilles, des furieux, des
gens pris de vin, ceux qui font en colère, ou
las de vivre etc. ces cas finguliers font hors du
cours ordinaire de la nature, et ne dérogent point
à la loi généralement établie; ils ne peuvent donc
pas nous authorifer à réfufer de réconnoitre cette loi; nous devons donc admettre comme un
principe, ou un motif primitif de toutes les actions, auxquelles nous nous portons, le penchant
de nous conferver et de vivre agréablement.

L. Vous avez, mon chèr Maurice, merveil-
leufement faifi et rendu ce que j'ai voulu vous
faire comprendre: j'y ajouterai encore un mot.
Lorsque nous nous entretenons des connoisfances de l'homme, des fources, dont elles dérivent, de la manière, dont elles s'acquiérent, de
la certitude, qui peut en réfulter; enfin, lorsque
nous nous entretenons de l'homme et de fes facultés, comme d'un Etre fufceptible d'avoir des
idées, des notions, des connoisfances, de jouir
des plaifirs, et d'avoir des douleurs, nous prénons alors l'homme tel qu'il est communement,
et, comme vous le dite fort bien, dans fon bon
fens. Les individus n'entrent alors pour rien
dans nos contemplations et ne peuvent y avoir
part: parce que nous recherchons ce qui fe rap·
porte au général, et non, ce qui peut avoir lieu
individuellement; vous ne faites donc pas difficulté d'admettre avec moi, que le genre humain
et par conféquent les hommes généralement pris,
font animés et incités dans leur conduite, par un
penchant à fe conferver et à vivre agréablement.

M. J'en conviens.

L. Si vous faites maintenant attention à ce que
l'on nomme *bonheur* ou *félicité*, ne trouvez vous

pas, qu'on exprime par-là la conservation de foi-même et la jouissance d'une vie agréable?

M. Cela est vrai.

L. Le malheur sera donc par opposition la déstruction de foi-même et la souffrance d'une vie desagréable.

M. Cela me paroit clair.

L. Faites attention, mon ami, et vous appercevrez que l'on nomme *heureux*, celui, qui jouit de la conservation de foi-même et d'une vie agréable; *malheureux*, celui, qui se trouve dans une situation contraire; or, comme la conservation de foi même admet des dégrés, et que la jouissance d'une vie agréable en admet également: vous concevez, mon ami, que l'homme peut être plus ou moins heureux, suivant les différentes situations dans lesquelles il peut se trouver, et que ses facultés étant bornées, il ne peut jamais parvenir à un bonheur complet, à une félicité parfaite.

M. Tout cela, Monsieur, me paroit évident: et je sens maintenant toute la réalité du principe général que vous attribuez à l'activité de l'homme dans la conduite de sa vie: principe, que vous avez nommé pente ou penchant à se conserver et à vivre agréablement.

L. Fort bien, mon ami, arrêtons-nous à cela pour aujourd'hui: méditez-le encore en particulier, nous réprendrons dans deux ou trois jours le fil de notre conversation.

M. Comment, Monsieur, dans deux ou trois jours: ne fera-ce donc pas demain?

L. Je crois, mon chèr Maurice, qu'il est bon de faire une petite pause et de vous laisser digérer des alimens, qui trop accumulez, serviroient

viroient moins à nourir votre entendement, qu'à le déranger.

Faisons un petit tour de jardin : examinons les fleurs ; pendant que nous nous amuserons, l'heure du diner arrivera, et les discours de la table feront, à notre occupation, une diversion qui aura son utilité, parce qu'il n'est pas mal de varier les objets auxquels nous nous livrons.

HUITIEME ENTRETIEN.

Sur les devoirs et les droits qui résultent du penchant de l'homme à se conserver et à vivre agréablement.

Nous avons fini dans notre dernier Entretien par nous assurer, que l'homme est animé d'un penchant, d'une pente, d'un désir, d'une impulsion, n'importe le nom, pourvu qu'il désigne ce principe, qui le met en activité pour se conserver et vivre agréablement.

Tous les hommes ayant donc de ce désir, il nous est commun avec eux.

Avez-vous jamais fait attention, que si vous vous opposez envers les autres à ce désir commun et universel, vous vous opposez aussi à l'accomplissement du votre ? avez-vous jamais réfléchi, que de cette idée nait celle, *de ne pas faire à autrui, ce qu'on ne veut pas, qu'on vous fasse ?*

H 4 *M.* En

M. En vérité, Monsieur, cette réflexion n'est jamais venue dans mon esprit.

L. Il est pourtant vrai, qu'elle en résulte nécessairement; et vous pouvez réconnoitre par-là comment une idée peut en faire naitre d'autres.

Je mets en fait, que tous les hommes defirent de se conferver et de vivre agréablement et je pofe ce défir pour fondement de ce raifonnement-ci:

Tout homme, qui a ce defir, cherche à écarter tout ce qui l'empêche de le remplir, par conféquent il doit avoir de la malveillance pour tous ceux, qui ne fe montrent pas bien difpofés à fon égard, et par oppofition, un fentiment de bienveillance pour tous ceux, qui lui témoignent de l'affection; ainfi, quand on voit un homme difpofé à ne nous faire, que ce qu'il voudroit qu'on lui fit, il doit en réfulter un fentiment de bienveillance pour lui, et de là une difpofition à ne pas le troubler dans la joüïffance de fon état et des agrémens de fa vie; il est donc de l'intérêt de tout homme de ne pas faire à autrui ce qu'il ne voudroit pas qu'on lui fit. Voilà, mon ami, un raifonnement un peu long, le trouvez vous concluant? êtes vous convaincu de la vérité de cette propofition: *il ne faut point faire à autrui ce que nous ne voudrions pas qu'on nous fit?*

M. Il me femble qu'oui, j'en avois l'idée avant d'avoir entendu ce raifonnement, cependant je n'aurois point fçû, Monfieur, l'expofer comme vous l'avez fait.

L. Tout ce que j'ai fait pourtant n'a été que de vous faire voir la liaifon de deux idées: celle du defir de fe conferver et celle de ne pas faire

à

à autrui ce que l'on ne veut pas qu'on nous
fasſe. Vous avez dû rémarquer dans mon raiſonnement des idées intermédiaires, au moyen desquelles j'ai ſuscité l'idée de cette liaiſon: l'idée
du déſir que tous les hommes ont également de
ſe conſerver, celle d'une dispoſition, qu'ils ont a
répouſſer ce qui peut les empêcher de remplir
ce déſir, celle d'éviter d'y donner lieu; or vous
concevez, que vous ne ſauriez prendre cette dernière idée pour vraye, ſans régarder également
les autres comme telles; vous voyez en même
tems, combien il est néceſſaire de s'aſſurer de la
vérité de toutes les idées, qui entrent dans un
raiſonnement, pour être aſſuré, que celle qui en
est déduite, est également vraye. Ordinairement
on n'y fait point attention. On admet comme
vrayes des propoſitions; c'est-à-dire des idées
énoncées, ſans chercher ſi celles, dont elles découlent, ou dont on les déduit, le ſont auſſi,
et c'est encore là, mon ami, une principale
ſource de nos erreurs. Notez, qu'en parlant ici
de la vérité de nos idées, je ne les conſidère pas
uniquement en elles-mêmes, mais objectivement,
c'est-à-dire par le rapport qu'elles ont aux objets, auxquels nous les référons, comme je vous
ai déjà fait obſerver dans notre dernier Entretien. L'idée, que tous les hommes ont une propenſion à leur bien-être, est vraye en elle-même, des qu'elle est ſuscitée dans notre Entendement; parce qu'elle exiſte alors réëllement;
mais elle ne ſera vraye objectivement, que dans
le cas ou les hommes auront effectivement cette
propenſion. Notez encore, que lorsque l'on
parle de la vérité, ou de la fauſſeté des idées,
on le fait toujours rélativement aux objets, aux-

H 5

quels

quels on les rapporte, fans confiderer, fi elles font vrayes en elles-mêmes. On dit d'un homme, qu'il a de fausfes idées par ex. de la vertu, du globe terrestre, du cours des astres; l'on défigne par-là, qu'il a des idées, qui ne repondent point à ce qui est réëllement vertueux, à ce que le globe terrestre est effectivement, à ce qui conftitue le cours des astres. Un fou a des idées: fes idées font vrayes en elle-mêmes, parce qu'il les a réëllement; mais elles font fausfes, parce qu'il les rapporte à des objets, auxquels elles ne conviennent pas; c'est dans ce fens que l'on dit, qu'un homme a de fausfes idées de la Divinité, lorsque fes idées la lui répréfentent fous des attributs contraires à fa nature; ainfi, mon ami, je crois devoir vous prévenir ici, pour éviter toute méprife dans nos converfations fur ce fujet, qu'en parlant de la vérité et de la fausfeté de nos idées, je le fairai toujours objectivement, favoir par le rapport que nous leur attribuons avec les objets, auxquels nous les appliquons.

Par rapport au raifonnement que je viens de faire, on peut demander, est-il vrai que nous trouvons en nous un défir, une propenfion invincible à nous conferver, et à nous rendre la vie agréable? Est-il vrai, que tous les hommes généralement pris ont ce même penchant? Je mets en fait ce fentiment parce qu'il fe manifeste intérieurement par des indices indubitables; lorsque la faim me presfe, je veux manger: lorsque j'ai foif, je veux boire: et quand j'ai un choix à faire, je me porte aux mets et à la boisfon qui me font le plus agréables. Enfin, j'obferve en moi le défir d'être, et d'être plutôt dans tel état que dans tout autre; je vois que

c'est

c'est là le premier mobile de toutes mes actions, foit qu'elles proviennent de mon jugement, foit que les paffions m'y incitent; cette expérience fur moi-même et la conviction qui en réful. te, font à mon Entendement des preuves indubitables de la vérité de l'idée qui me répréfente ce défir; et comme je rémarque dans les autres hommes les mêmes indices de ce défir, dans les effets qu'il produit; la vérité de l'idée, qui me répréfente tous les hommes animez du même défir, ne fouffre plus de doute dans mon Entendement; j'imagine, que vous n'en avez pas non plus à cet égard.

M. Votre analyfe, Monfieur, me paroit fi convaincante, que je ne vois pas comment on pourroit encore entrer fur cela en contestation.

L. Il n'en est pourtant pas de même de l'idée, que celui, qui défire de fe conferver, s'oppofe à celui qui tend à l'en empêcher: c'est une fimple fuppofition, fondée fur la nature des Etres fenfibles; le plus petit animal régimbe contre ce qui tend à le détruire.

L'idée du défir de fe conferver étant oppofée à celle de ne pas fe cabrer contre ce qui tend à une fin contraire; il doit en réfulter nécesfairement l'idée d'un penchant à écarter de nous tout ce qui peut nous nuire. Ces perceptions nous authorifent à tenir pour vraye l'idée, que, fi nous devons naturellement prendre une difpofition de malveillance pour tous ceux, qui cherchent à nous nuire, à détériorer notre état, à nous priver de la jouisfance à laquelle nous afpirons, nous devons en exciter dans les autres une pareille envers nous, lorfque nous fommes dans le même cas envers eux; ainfi, dès le moment
que

que vous manifestez de la malveillance envers eux, vous ne pouvez manquer d'en exciter en eux contre vous.

Les événemens présens nous fournisfent un exemple frappant de cette vérité. La Nation Françaife, ou une partie de cette Nation, s'est foulévée contre fon Roi: elle a détruit la Monarchie et voulu fonder une République, c'est-à-dire un gouvernement fans Chef; les moteurs de cette révolution n'en font pas demeurez-là, ils ne fe font point borné à ce qui avoit rapport à leur nation et à leur pays: ils fe font propofé de faire la même innovation dans d'autres contrées: ils ont montré de la malveillance envers tous les gouvernemens, qui ont un Chef à leur tête; ils ont voulu faire récevoir partout leurs idées d'Egalité et de Liberté, et bientôt il s'est formé contr'eux une ligue formidable pour répousfer leurs attaques et faire avorter leurs projets. Un auteur ingénieux a nommé cette fituation de malveillance entre les hommes, et attribuée généralement au genre humain, *la guerre de tous contre tous;* il a prétendu, que les hommes étoient animés, non par un penchant à fe conferver et à vivre agréablement, mais par un défir de fe nuire mutuellement; cette idée lui a fait dire, que l'homme est à l'homme une Bête féroce, *homo homini lupus.*

Quant au fait, cet écrivain n'a pas eu grand tort; car nous voyons tous les jours, que les hommes fe conduifent les uns envers les autres plus par un fentiment de malveillance que par le fentiment contraire; difpofition, qui ne déroge pourtant en rien à ce que nous avons réconnu être vrai, en y faifant réflexion, vous trouverez

qu'elle

qu'elle est un effet très fimple d'un Entendement vicieux, ou mal cultivé, qui ne fent point
le prix du précepte, *ne faite pas à autrui ce
que vous ne voulez pas que l'on vous fasfe.*

Je fuis entré dans un détail un peu long, et
qui vous a paru peut-être un peu minutieux,
fur le raifonnement que j'ai fait par rapport à la
propofition, ou précepte, que je viens de citer;
mais comme, pour parvenir à des connoisfances
certaines, je ne trouve rien de plus important
que l'examen de nos idées fondamentales, j'ai
cru devoir vous en préfenter un exemple. Par
ces idées fondamentales, j'entens celles, qui par
elle mêmes nous en fournisfent d'autres à l'aide
des opérations de l'Entendement, des comparaifons, des combinaifons et des décompofitions
que nous en faifons: de leurs liaifons, rélations
et dépendances mutuelles. Au reste, quoique
nous nous appercevions que notre Entendement
agit, qu'il acquiert des idées, qu'il en forme,
qu'il les compare, les combine, les décompofe,
en tire d'autres de celle ci; et qu'il fasfe ces opérations que l'on nomme *penfer*, *méditer*, *juger*
etc. nous ignorons tout a-fait la manière dont
ces opérations fe font; nous n'en favons pas plus
à leur égard, qu'à l'égard de celle, par laquelle
les fenfations et le fentiment, que nous en avons,
font produits dans notre Entendement. Ce à
quoi il importe le plus de fixer notre attention,
c'est l'examen de nos idées comme propres à en
fournir, et pour ainfi dire, à en engendrer d'autres. L'on nomme principes, les idées, ou les
propofitions, dont on déduit d'autres idées rélativement à ces dernières; vous avez vu, mon ami,
comment j'ai déduit l'idée de ne pas faire à autrui

trui ce que nous ne voulons pas qu'on nous fasse, de celle du défir de nous conferver; la première de ces deux contient celle de ne faire tort à qui que ce foit: celle-ci contient celle de rendre ce que l'on a emprunté, de payer fes dettes: et c'est ainfi, qu'en récherchant les idées contenuës dans une idée, l'on parvient à s'en faire d'autres, toutes liées entr'elles et qui feront vrayes, fi l'idée, dont on les déduit, est vraye, et fi l'Entendement ne commet aucune faute dans fes opérations. Car ainfi, que dans la Géométrie et dans vos calculs Arithmétiques, vous pouvez errer, en difant par ex. Six et cinq font douze et douze fois douze font cent vingt, de même l'Entendement peut errer dans les opérations qu'il fait fur d'autres objets: il fait par ex: une fausfe opération, lorsque de l'idée de fe conferver, il déduit celle de s'approprier tout ce qu'il croit pouvoir contribuer à fa confervation.

D'ailleurs, mon ami, après avoir porté votre attention fur ce défir, qu'ont les hommes de fe conferver et de rendre leur vie agréable, et fur la nécesfité de fe conduire convenablement à ce but, je dois vous faire rémarquer, que les actions, dont l'asfemblage forme cette conduite, font indiquées par le mot *devoir*, à caufe de la liaifon qui est entre ces actions et ce qui en est le but. C'est un *devoir* général de ne pas faire à autrui ce que nous ne voulons pas qu'on nous fasfe; ces vérités font fi fimples et fi faciles à reconnoitre que vous ferez étonné, lorsqu'en lifant les Moralistes, vous les verrez fe disputer fur ce qui fait qu'une action est nommée *devoir*.

Peut-être pourrons-nous nous en occuper dans quelqu'un de nos Entretiens fuivans. En

at-

attendant je vous rappellerai, que bien des Savans prétendent, que c'est la volonté de Dieu,
qui impofe les devoirs, et que, ne pas faire à
autrui ce que l'on ne veut pas qui foit fait à
foi-même, n'est un devoir, que parce que Dieu
le veut ainfi; confondant ainfi la volonté de Dieu,
qui a fait naitre ces devoirs par l'acte de la création, par laquelle il a donné l'exiftence au genre humain, et déterminé par-là les loix naturelles, avec cette volonté particulière de l'Etre
Suprème, en tant que Souverain, qui ordonne
et déclare formellement et fpécialement ce qu'il
faut faire, ou omettre; confondant encore vifiblement des difpofitions particulières d'un Souverain, par lesquelles certaines actions font or-
données ou défendues, avec une difpofition générale, qui les rend telles, par leur rélation au
but, anxquelles elles doivent tendre.

Le but de fe conferver et de fe rendre la vie
douce et agréable est un but général, qui renferme celui d'avoir foin de fa fanté, d'éviter ce
qui peut l'altérer, de remplir, en un mot tous
les devoirs, que celui de votre confervation vous
impofe; mais avez vous une idée bien claire,
et une perception bien diftincte de ce but général.

M. Non, Monfieur, elle me paroit vague et
confufe: elle ne me préfente, ce me femble,
rien de précis, rien de fixe, rien à quoi je puiffe
réconnoitre ce que dans un cas donné, je dois
faire, ou omettre.

L. Par cela même vous voyez, qu'il nous
faut d'autres idées, qui puiffent fervir à nous
faire connoitre les actions, qu'il nous convient
de faire, ou d'omettre dans les cas particuliers
de

de notre conduite; c'est encore une des principales caufes, qui fait, que les hommes obfer-
vent fi rarement leurs devoirs et s'en écartent
fi fouvent: Cependant l'idée générale du devoir
de fe conferver et de vivre agréablement, n'est
point ausfi vague, ausfi indéterminée que vous
pourriez l'imaginer. Confidérée en elle-même
cette idée est asfez diftincte et déterminée; je
vous l'ai fait connoitre dans un de nos Entretiens précédens, en vous expliquant ce qu'elle
défigne ; mais comme notre confervation et la
jouisfance d'une vie agréable font le réfultat de
tous les changemens qui compofent et déterminent notre exiftence fuccesfive, vous fentez,
mon ami, que l'idée n'en est vague et confufe
que dans le rapport qu'elle a avec ces changemens, et l'application que nous en faifons et
que nous devons en faire; nous fommes convaincus, par exemple, que pour nous conferver il faut
manger et boire: l'idée de fe conferver ne laisfe aucun doute fur cette nécesfité; mais dans les
cas particuliers, dans lesquels nous y fatisfai-
fons, elle ne détermine pas, fi les alimens et
la boisfon que nous prénons, ne nous nuirons pas
plus, qu'ils ne ferviront à conferver notre fanté;
ce n'est point l'idée de fe conferver qui trompe
ceux, qui aiment la bonne chère, lorsqu'ils fe
livrent plus qu'ils ne le devroient, au plaifir de
manger et de boire; c'est plutôt une fausfe application du devoir qu'elle préfcrit au cas, dans
lequel ils commettent un excès, qui les égare.
Voici un exemple d'un autre genre.

J'ai un ami, que je vois donner dans des écarts
et fe perdre de réputation: je prévois qu'en continuant de le fréquenter, je cours risque de perdre

dre la mienne; cependant dans l'idée ou je suis de pouvoir le faire revenir de ses égaremens, je me sens enclin à continuer, je continue en effet mes liaisons avec lui et je perd ma réputation; vous voyez bien, mon ami, que ce n'est pas la persuasion de devoir conserver sa réputation, pour se conserver et joüir d'une vie agréable, qui, en ce cas, nous engage à de fausses démarches; mais l'application de cette persuasion dans le cas ou nous nous trouvons: or c'est dans cette application que git la difficulté: c'est le défaut de lumières qui nous jette ici dans l'embarras. Comment me deciderai-je, si je n'ai point des idées claires et précises, qui me fassent voir ce à quoi dans ce cas, je dois donner la préférence?

Les Philosophes anciens se sont donnez beaucoup de peine pour en trouver des indices; si vous les examinez, mon ami, vous les trouverez tous défectueux. CICÉRON dont vous avez parlé dernièrement, a voulu donner à son fils un traité des devoirs de l'homme: il enseigne, que la volupté ne doit point en faire le but; il veut que la justice soit le principal motif de nos actions, que l'on fasse tout ce qui est honnête, et qu'on évite tout ce qui ne l'est pas, il faut, selon lui, n'avoir d'autres guides que la vertu; mais ces préceptes, et plusieurs autres de ce genre, qu'il nous donne, laissent encore beaucoup d'obscurité; si nous demandons ce qu'il veut désigner par ces mots, *vertu*, *justice*, *honnête*, *deshonnête* etc. ce sont des idées relatives, qui ne nous indiquent rien qui puisse nous guider, nous déterminer dans des cas particuliers.

Les Moralistes modernes ont taché de rémedier à ce défaut dans l'étude de la Morale. Perfuadez, que pour lui donner quelque évidence, il falloit un moyen propre à éclairer le jugement dans les fituations différentes ou l'homme peut fe trouver, ils fe font convaincus de la néceffité de l'étayer de quelques principes, propres à fixer le jugement fur la Moralité des actions humaines (ce mot défigne ce que les actions humaines ont moralement de bon ou de mauvais) et de là, ils ont cherché à en établir.

Mr. votre Père a dans fa Bibliothèque la traduction, que le Profeffeur de BARBEIRAC à fait en François de l'ouvrage de PUFFENDORF, intitulé : *droit de la Nature et des Gens.* Mr. BARBEIRAC y a mis en tête une préface dans laquelle il fait un expofé historique, tant de la manière, dont la Morale a été traitée et des peines que les favans fe font donnés pour y porter de l'évidence, que des progrès, qui y ont été faits fuccesfivement. Vous y verrez, mon ami, qu'après bien des tentatives pour mettre l'Entendement dans une voye fure, et en éloigner le danger de s'égarer, ils ont cru devoir développer les idées de la Morale, les rappeller à celles, qui font les plus générales, pour en déduire les particulières et remonter à une idée qui pût fervir de principe à toutes les autres: pour cet effet ils ont adopté entre autres l'idée de la *Sociabilité.* ARISTOTE, célèbre Philofophe Grec, a nommé l'homme un *animal fociable*, enclin à vivre en fociété avec ceux de fon efpèce: de là on a conclu, que l'on pouvoit regarder comme des devoirs impofés à l'homme par la ture, toutes les actions humaines qui tendent à faire naitre; conferver et cimenter la fociabilité; quoique cette conféquence, à la confidé-

fidérer fuperficiellement, paroiffe asfez plaufible,
il faut pourtant obferver, qu'elle ne peut-être
inferée de l'idée du penchant de l'homme à la
vie fociale. L'homme est un animal vindicatif:
s'enfuit il que les actions qui tendent à la vengeance font des devoirs, c'est-à-dire, des actions, auxquelles l'homme doit fe porter: ceux
qui ont pofé pour principe général de *rechercher fon bonheur et celui des autres hommes*,
auroient mieux fatisfait à leur intention, s'ils
nous euffent fait connoitre en même tems ce que
nous devons entendre par le mot *bonheur*; l'on
parle fouvent de *bonheur*, et de *malheur*, tous
les jours vous entendez dire: *c'est homme est
bien heureux, cet autre est bien malheureux*;
qu'expriment ces idées dans l'esprit du vulgaire?
J'ai taché, mon ami, de vous en faire connoitre le fens; mais vous ne le trouverez point indiqué dans les ouvrages des auteurs, qui ont
pris la même idée pour le principe du Droit
Naturel, comme vous ne trouverez pas non plus
dans les anciens, ce qu'ils ont proprement défigné par le mot volupté. En méditant fur ces
différentes fources dans lesquelles on a cru pouvoir puifer les idées de ce qu'il nous convient
de faire et de ce que nous devons éviter, vous
verrez, qu'elles ne vous fatisfairont point, parce
que vous n'y trouverez pas la fource première
et primitive. Si ces différentes obfcurités ne nous
apprénoient combien l'Entendement humain est
tardif à prendre des lumières, nous nous éton-
nerions avec raifon que, pendant un fi long ef-
pace de temps, il ne fe foit point avifé de fe
porter là où il doit être éclairé: Le monde exiftoit depuis bien long-tems; et l'on ne s'étoit

point encore avisé d'une physique expérimenta-
le, pour y découvrir les loix par lesquelles la
nature exerce ses opérations physiques.

On a négligé jusqu'à présent la contemplation
de la nature pour en tirer la connoisance des
loix, auxquelles le monde Moral est asujetti,
cependant c'est par elle seule que nous pouvons
y parvenir: si vous la consultez, mon ami, vous
serez étonné de la facilité avec laquelle cet examen vous conduira à cette connoisance.

Nous avons reconnu, que, le premier mobile
des actions humaines est un penchant naturel à
se conserver et à vivre agréablement; qu'est ce
que vivre agréablement, c'est vivre dans la jouïs-
sance des plaisirs et dans la privation des peines
et des douleurs.   Il faut que je vous remette
cette vérité sous les yeux, pour vous rappeller
que l'on range en deux classes, ces plaisirs et
ces peines, savoir: *les sensuels* et *les intellectuels.   Les plaisirs sensuels* sont ceux, qui nous
sont occasionnés par les sensations, par les im-
pressions des corps sur nos sens: tels sont ceux,
que nous goutons en mangeant, en buvant, en
nous délassant, en entendant le chant des oi-
seaux etc. *Les peines sensuelles* sont par exemple les douleurs que nous ressentons dans une
maladie, des maux de tête, d'Estomac etc.

Les plaisirs intellectuels sont ceux qui nous
viennent par une opération de l'Entendement:
saisir un raisonnement, découvrir une vérité, sont
autant de plaisirs de ce genre: et vous devez
avoir éprouvé plus d'une fois, que vous en trouviez un véritable à vous occuper de vos études Mathématiques.

M. Cela est vrai.

L. L'on

L. L'on nomme ces plaifirs, *intellectuels*, parce que les fenfations corporelles ne les excitent point: il en est de même des *peines intellectuelles:* n'avez-vous pas éprouvé quelquefois de ces fortes de peines?

M. Je crois qu'oui, Monfieur, fi l'on nomme ainfi ces douleurs que l'on resfent, lorsqu'on apprend la mort d'un ami, lorsqu'on découvre d'avoir été trompé, lorsqu'on nous impute de mauvais fentimens.

L. Précifement, confidérez vos plaifirs et vos peines dans leurs différentes combinaifons, vous trouverez bien fouvent ceux, que l'on nomme *intellectuels*, mêlez avec ceux, que l'on appelle *fenfuels*. Entendez vous un beau concert? Le fon frappe agréablement votre oreille; mais outre cet agrément vous en trouvés un autre, indépendant des fens, dans la finesfe et le génie de la compofition. L'air dont une chanfon est compofée, l'expresfion, la justesfe, avec laquelle on la chante, vous donne des fenfations agréables: voilà le plaifir fenfuel; mais les paroles expriment-elles des idées qui vous flattent encore davantage: voilà un fecond plaifir, le plaifir intellectuel. Une belle foirée vous montre le firmament couvert d'étoiles brillantes qui disfipent l'obfcurité de la nuit; ce ravisfant fpectacle affecte vos fens d'une manière flatteufe; mais allez vous plus loin, fongez vous à la fagesfe, à la puisfance de celui, qui a produit ces corps céleftes, qui leur a donné cette exiftence réglée, qui les fait réparoitre à des périodes fixes: cette idée charme et ravit votre Entendement. Voilà, mon ami, comment les plaifirs fenfuels et intellectuels forment un mélange, auquel ils participent tous les deux, proportionnellement à ce que fournit chacune des facultés qui les produifent. Il en est de même des peines. Des voleurs m'attaquent et me blesfent dangereufement, ces blesfures me caufent des douleurs aiguës; mais le fentiment de ces douleurs fait naitre en moi la crainte de laisfer en mourant une veuve et des enfans dans la défolation: cette crainte fuscite une autre douleur uniquement produite par l'Entendement. Vous pouvez vous rappeller mille autres cas, dans lesquels ce mélange de deux fortes de peines fe fait appercevoir vifiblement

Mais revenons à notre idée précedente: Plus d'une fois vous avez regardé avec étonnement ce grand asfemblage de corps célèstes, ces différentes conftellations, ces astres brillans, qui fe montrent au firmament; ausfi fouvent vous avez rémarqué avec furprife ce mouvement conftant qui les entretient dans leur fituation: vous ne pouvez voir le foleil, ni fonger aux variations des faifons, fans que leur regularité excite votre admiration; vous ne pouvez vous défendre du même fentiment, en voyant la réproduction des mêmes fruits de la terre, l'exiftence permanente des mêmes espèces d'Etres, enfin mille et mille autres objets que chaque pas offre à notre vuë; mais à quel principe, à quelle loi croyez-vous devoir attribuer la confervation admirable de ce monde vifible, dans un état fi reglé fi permanent?

M. Je ne lui ai jamais attribué d'autre caufe que la volonté Divine.

L. Fort bien; la volonté Divine est la fource de toute exiftence; mais en la donnant au

mon-

monde, elle a ausſi déterminé la manière dont cette exiſtence auroit lieu. L'idée d'exiſtence porte avec elle celle d'exister d'une certaine manière: ausſi voyez-vous, que tout ce qui existe à une certaine manière d'exiſter, qui n'est ni vague, ni indéterminée. Puisque c'est donc de la volonté Divine que le monde a réçu et ſon exiſtence et ſa manière d'être, il n'est pas moins vrai, que cette exiſtence doit avoir été ſoumiſe à des moyens propres à l'entretenir et à la conſerver; on nomme ces moyens des loix; c'est-à-dire, des arrangemens préalables, fixes, conſtans, déterminés, invariables, dans ce ſens l'on nomme *Loix Morales*, les arrangemens, que la volonté Divine a établis pour la conſervation du monde Moral; comme ceux, ſuivant lesquels le monde Phyſique conſerve ſon exiſtence, ſont appellés *Loix Phyſiques*. Telles ſont par exemple, celles qui déterminent le mouvement des corps céleſtes dans leur orbite, qui occaſionnent le changement des ſaiſons et la réproduction des fruits, qui ſuſcitent la propagation des animaux, et dirigent pluſieurs autres effets, qui s'offrent également à nos yeux et attirent notre attention. Ce ſeroit agir ſansdoute d'une manière peu ſenſée, ſi, en cherchant à connoitre le principe conſervateur, ſoit du monde viſible, ſoit du monde Moral, nous allions recourir à la volonté Divine immédiatement, au-lieu de réchercher, quelles ſont les loix qu'elle a établies à cet effet.

M. Je conçois, Monſieur, cette explication; mais nos facultés ſont elles propres à nous faire réuſſir dans cette récherche: y ſont-elles ſuffiſantes? il doit être, ce me ſemble, bien difficile

cile

cile de parvenir à des idées capables de nous donner la connoisſance de ces loix.

L. Cette réflexion est très ſenſée; mais tenez vous en garde contre ce raiſonnement-ci: mon Entendement n'a pas asſez de facultés pour ſe former des idées, qui l'inſtruiſent *parfaitement* des loix de la Nature: il est donc inutile que j'en faſſe la recherche. C'est le raiſonnement ordinaire de ceux, qui préférant l'ignorance au ſavoir, les ténèbres à la lumière, réfuſent de s'inſtruire. Il est vrai que notre Entendement est trop borné pour nous former des idées de toutes ces loix, ou nous en acquérir de complettes; mais il a des facultés asſez étendues, pour s'en faire quelques unes, bien qu'elles ſoient imparfaites: conſultons-les, mon ami, et jettons un coup d'oeuil ſur ce qui peut s'accomoder à l'imperfection de nos facultés intellectuelles; ce ſera l'objet de notre prochain Entretien. Je penſe que nous en avons dit asſez, pour vous y faire réflêchir et vous préparer à ce qui nous reste encore à en dire.

NEUVIEME ENTRETIEN.

Sur les différens principes, qui ont été emplo-
yés, pour fervir de règle ou de loi générale
à la conduite que les hommes doivent tenir
dans le cours de leur vie ; et fur l'har-
monie qui regne dans l'univers, con-
fidérée comme principe de fa con-
fervation, ainfi que des devoirs et
des droits naturels de l'homme.

L. Vous avez dû obferver, mon ami, que,
dans les Entretiens, que nous avons eu jusqu'à-
préfent, je me fuis principalement appliqué à
vous montrer comment nous acquérons des idées,
et par elles des connoisfances ; les erreurs auxquelles elles nous expofent, et la certitude qu'elles peuvent nous procurer. Je vous ai expofé les
différentes opérations de nos fens et de notre
Entendement, les différens effets qu'elles produifent, et la diftinction qui en réfulte, tant par
rapport à ceux, que nous nommons *fenfitifs*, que
par rapport à ceux, que nous nommons *intellec-*
tuels. Je vous ai fait rémarquer que l'homme en
naisfant porte avec foi un penchant à fe conferver et à vivre agréablement : que ce penchant
est le mobile de toutes fes actions, que la confervation de foi-même et la jouisfance d'une vie

I 5

agréa-

agréable en est le feul but. J'ai inferé de là,
que le foin de fe conferver et de vivre agréablement est un devoir préfcrit à l'homme par fa
nature même, et que de ce devoir nait celui de
concourir à la confervation de fes femblables et
à l'agrément de leur vie. Je vous ai obfervé,
que ce devoir général, et indéterminé, ne fuf-
fisfant point pour nous inftruire de ce que nous
devons faire ou omettre dans mille cas, qui fe
préfentent dans le cours de notre vie, il falloit
un principe univerfel, dans lequel nous puisfions puifer, comme dans une première fource
toutes les règles de notre conduite; de là mes
obfervations fur le choix, que quelques favans
ont fait de la *fociabilité*, comme étant felon
eux ce principe, cette règle de nos actions, confidérée Moralement, c'est-à-dire dans leur rapport avec ce que nous devons faire ou éviter,
pour remplir ce but, auquel notre pente nous
entraine. Dans tout cela, mon ami, j'ai confidéré uniquement la nature humaine; et c'est de
cette nature, que j'ai deduit tout ce que je vous
en ai expofé, en vous faifant rémarquer les indices, que les enfans nous en donnent, ceux que
nous trouvons en nous-mêmes, et ceux, que nous
decouvrons dans les hommes en général.

La pente, qui nous porte invinciblement à nous
conferver et à jouir d'une vie agréable, est une
irritation qui excite en nous les mouvemens que
nous employons, pour parvenir au but auquel
nous aspirons; fans néamoins nous apprendre le
moyen d'y atteindre; nous avons bien trouvé que
nous nous en écartons, en faifant à autrui ce que
nous ne voudrions pas qu'on nous fit; parce que
l'inobfervance de cette maxime nous fait des en-

ne-

nemis de ceux, dont nous devons faire nos amis, parce que fi nous voulons travailler à notre propre félicité, il ne faut pas manquer de concourir à celle du prochain; mais, quoique cette maxime puisfe fervir de règle particulière dans certains cas, elle ne fauroit être confidérée comme une loi générale; on ne peut en faire l'application à toutes les fituations dans lesquelles l'homme peut fe trouver, et dans plufieurs circonftances on ne fauroit l'admettre.

M. Comment, Monfieur, feroit-il des cas dans lesquels il feroit permis de faire à autrui ce que nous ne voudrions pas qu'on nous fît?

L. Il s'en préfente beaucoup dans le cours de la vie; mais il me fuffira de vous en citer un feul, celui de la punition: entrez en vous même et jugez: fi, après avoir fait une action punisfable, on vous infligeoit la peine qu'elle mérite, auriez-vous raifon, de vous plaindre? et cependant ne voudriez vous point en être exempt?

M. Je ne faurois en disconvenir, et j'accède, Monfieur, à la vérité que vous venez de me faire obferver.

L. Je vous la fairai mieux reconnoître encore lorsque nous ferons entré dans le détail de ce que le foin de notre confervation peut permettre ou exiger: pour le préfent je crois devoir me borner à vous donner une idée des différenrentes manières, dont on a effayé de fixer une règle générale à la conduite, que nous devons tenir dans le cours de notre vie.

Quelques favans en ont asfigné la fource *dans l'ordre qui doit regner dans le monde:* cette idée n'a rien qui répugne à ce que l'homme doit fe propofer de faire pour fon bien-être particulier:

lier: car, s'il arrive, que cet ordre foit troublé, les moyens de fe conferver et de jouir d'une vie agréable devront fe resfentir de ce derangement; mais l'idée *d'ordre* n'est point claire, bien moins est-elle inftruétive: elle en fuppofe d'autres, qui font ausfi peu lumineufes; quand on dit, qu'il n'y a point d'ordre dans un gouvernement, ou dans une maifon, nous nous figurons bien le manque de certains arrangemens, de dispofitions, de méfures réglées, en un mot de ce qui peut prévenir et réprimer le dèsordre; mais nous ne faurions déterminer exaétement, ni les défauts qui occafionnent ce desordre, ni les moyens propres à y remédier. Tout cela ne fe préfente point à notre Entendement, ou ne s'offre à lui que d'une manière confufe: l'ordre d'ailleurs, dans le fens ordinaire du mot, ne défigne que la pofition de certaines chofes, rélativement à elles-mêmes; et par rapport à un tout, l'enfemble règlé des parties qui le compofent; l'idée d'ordre ne contient rien d'aétif, et ne peut conféquemment fervir de principe à une aétivité aétuelle. Il ne fuffit pas de dire, que nos aétions doivent fe conformer à ce que l'ordre du monde Moral exige et ne pas tendre à ce qui peut le troubler: il faut davantage.

D'ailleurs, tout ce qui exifte, exige de l'ordre dans fes parties: la fociété ne peut exifter fans lui: ainfi en prénant la *fociabilité* pour principe général de nos devoirs, c'est fuppofer la nécesfité de l'ordre; vû que, fans cela, la *fociabilité* perd un des attributs esfentiels à fon exiftence. L'idée d'ordre étant renfermée dans celle de fociété, elle est par conféquent moins générale que celle-ci, qui, à caufe de cela, mériteroit

la

la préférence: concluons donc, que l'ordre ne peut être admis comme un principe général, duquel nous puissions déduire les devoirs à remplir pour satisfaire au but, auquel notre penchant nous entraine.

D'autres savans ont cru devoir adopter pour principe de nos actions Morales, leur conformité avec la *Sainteté de Dieu*: ce sentiment a été réjetté avec raison, vû que l'idée de la Sainteté de Dieu étant pour nous vague et obscure, elle ne peut servir à nous faire connoitre distinctement, ce que dans une infinité de cas nous devons regarder comme tel: ce principe en exigeroit un autre, qui déterminat le caractère, auquel on pourroit reconnoitre ce qui est, ou n'est point conforme à la Sainteté de Dieu; substituer à cette règle *les vues du Créateur*, ce seroit parler d'une manière plus convenable, mais non pas plus claire; car on auroit droit de demander une marque distinctive, qui nous asfurat la connoisfance de ces vues.

Je vous ai déjà parlé de l'insuffisance et du défaut de clarté de cette proposition, savoir: *qu'il faut faire, ce qui de sa nature est juste, et omettre, ce qui de sa nature est injuste:* il nous resteroit encore à trouver un principe, qui nous instruisit de ce qui de sa nature est juste ou injuste.

Il résultera les mêmes inconvéniens de *l'utilité du genre humain*, considérée comme principe de conduite dans ce que nous devons faire, ou omettre rélativement à notre conservation et à notre bien-être; car nous demanderons encore ici: ou font les indices, qui nous feront connoitre *l'utilité du genre humain*, et ce qu'il faut faire pour y concourir?

Le

Le confentement des peuples, que quelques auteurs ont cru pouvoir adopter pour principe de
nos actions Morales, préfente encore plus d'infuffifance et de défectuofité: car, outre que les
peuples varient dans leurs idées et leurs opinions
fur ce qui est jufte, ou injufte de fa nature, comment connoitre ce confentement?

Ne voyons nous pas tous les jours des peuples commettre les actions les plus injuftes, les
plus atroces même, et foutenir qu'elles font conformes à la juftice. La Nation Françoife ne nous
donne-t'-elle pas aujourd'hui un exemple hor-
rible? Les difpofitions faites par quelques Puisfances par rapport à la Pologne, les raifons qui
ont été alléguées pour les juftifier, ainfi que celles, que les Polonois leur ont oppofés, ne dé-
montrent-elles pas, que les nations font très éloignées du confentement qu'on leur fuppoferoit?
L'ufage d'immoler des enfans, l'idolatrie, les facrifices, celui des enfans particulièrement, le
droit qu'on fe permet fur les vaincus, une raifon de guerre, un droit de bienféance: toutes
ces idées, diverfement conçues et mifes en pratique par différens peuples ne prouvent-elle pas,
que le confentement, foit de toutes les nations,
foit des plus civilifées, n'est qu'une fuppofition
gratuite, très peu propre à fervir de principe et
de règle à la conduite de notre vie?

La Nation Françoife a été longtems régardée
comme la plus civilifée de celles de notre fiècle; et qu'elles démarches affreufes n'a-t'-elle
pas vantées comme très juftes et très légitimes?

C'est avec plus de raifon et de folidité, que
quelques favans ont adopté pour principe de nos
devoirs *le défir d'être heureux* et *le devoir mê-*
me

me de se rendre heureux: voici comment ils ont raisonné sur ce sujet: Dieu, en créant les hommes a voulu leur bonheur; le vrai bonheur consiste dans la joüissance du bien et l'absence du mal; Dieu a donc voulu que les hommes tendissent au vrai bien et évitassent le mal; il en a fait une loi de la Nature, et cette loi en est devenu une pour l'homme; or comme celui-ci ne peut jouir du vrai bien, que par le sentiment qu'on nomme amour, il s'ensuit, que Dieu lui a imposé le devoir de s'aimer et d'aimer ses semblables: il résulte de là, que l'amour est le principe du droit Naturel; c'est-à-dire, de ce que nous devons prendre pour loi ou règle générale de notre conduite.

En analysant ce raisonnement nous trouverons, que les idées, qu'il contient, peuvent être ramenées à celles, que nous avons examinées ci-devant. On peut, si l'on veut nommer *amour*, *ou amour de soi-même*, le penchant qui nous porte à notre conservation et à la joüissance d'une vie agréable: et *amour du prochain*, l'inclination, qui nous porte à contribuer au bien-être des autres hommes; dans ce cas le mot *amour* désignera la pente, le penchant, ou le désir, que nous avons trouvé dans l'homme pour se conserver et joüir d'une vie agréable; mais il reste à savoir, comment cet *amour* se développera pour satisfaire au but, auquel il doit servir; les auteurs, qui l'ont adopté, n'ayant pas assez réfléchi que, par ce mot, ils ont indiqué seulement le mobile qui doit nous faire agir, et non le moyen d'en faire l'usage réquis. Nous pouvons nous rappeller, mon ami, les réflexions que nous avons déjà faites, tant sur la définition,

que

que nous avons donnée à cet égard, que fur le défaut d'une clarté fuffifante dans nos idées de *bien*, de *félicité*, de *bonheur*.

Nous pouvons, je crois, nous en pasfer actuellement; il nous fuffira de rémarquer, que par leur manière de raifonner, ces auteurs pofent uniquement en fait, que Dieu, en créant le genre humain, n'a voulu que la félicité des individus qui le compofent, mais qu'ils ne prouvent point cette asfertion. C'est en obfervant la nature humaine, que nous y avons découvert cette pente générale, que l'on peut nommer *amour de foi-même*, et c'est la certitude, que ces obfervations nous ont donné de l'exiftence de cet amour, qui nous met en droit d'en conclure, que l'Etre Suprème en créant les hommes a mis en eux cet amour pour leur fervir d'aiguillon, de mobile, ou d'impulfion dans l'exiftence fuccesfive à laquelle leur nature est asfujettie.

Il restera donc toujours, comme vous voyez, à réchercher la manière de guider, de conduire cet amour, pour qu'il remplisfe exactement le but auquel il doit tendre; il faudra encore déterminer les règles, qu'il doit fuivre, les préceptes, qu'il doit obferver pour qu'il ne dévie pas dans fa marche.

Il est des Moralistes, qui ont pofé pour principe de notre conduite, *la nécesfité de fe conduire conformément à fa destination*, cette vérité auroit pû remplir le but qu'ils fe font propofés, fi elle eut donné à chacun la connoisfance de fa destination: connoisfance préalable, fans laquelle on ne peut qu'ignorer ce que l'on doit faire, ou omettre pour remplir fa destination; in-

di-

diquez nous, pourra-t'-on leur dire, un principe quelconque, au moyen duquel nous puissions connoître, si notre conduite est conforme à la loi générale que vous établissez.

Un Savant distingué, Philosophe profond, a cru trouver dans l'idée de la *perfection*, le véritable principe, qui doit servir de règle générale aux actions humaines. Voici comment il a procédé pour l'établir.

Prénant la nature et l'état de l'homme pour baze de ses raisonnemens, il donne le nom de *bon* à tout ce qui tend à sa perfection et il appelle *mal*, tout ce qui tend à l'effet contraire: posant ensuite en fait, que l'homme récherche naturellement ce qui est *bon*, et tâche d'éviter le *mal*: il en conclut: que ce penchant contient le motif de sa *volition* et de sa *nolition* dans les cas, ou il exerce sa volonté. Delà il infère, que les actions de l'homme, qui le dirigent vers la perfection, sont désirables par elles-mêmes, et que celles qui l'en éloignent sont aversibles par leur nature; ce qui fait, selon lui, qu'elles contiennent d'une manière intrinséque non-seulement la raison pour laquelle l'homme doit les désirer, ou les réjetter; mais aussi le motif, qui doit déterminer son assentiment ou disfentiment: puis donc pourfuit-il, que les actions humaines portent essentiellement avec elles un caractère de bonté ou de malice, on peut les régarder respectivement comme telles, avant qu'un commandement ou une défense ayent déterminé la qualité de chacune; delà notre auteur conclut, que l'homme est obligé par la nature même, à faire ou omettre telle, ou telle autre action, suivant qu'elle le rapproche, ou l'éloigne de la perfection. Il nomme cette obligation *naturelle*, parce qu'elle dérive de la nature de l'homme et de son état, il la nomme encore *invariable* et *nécesfaire*, parce que l'esfence de l'homme et des chofes exiftantes une fois admife, on ne peut fe refufer à la nécefité d'agir conformément à ce que fa perfection exige; or comme dans la Morale on nomme loi toute règle révetue d'un caractère pareil: cette obligation dévra être nommée *loi Naturelle*, *invariable* et *nécesfaire;* qualités esfentielles, à tout ce que la Morale appelle *loi de la Nature*, *loi Naturelle*, *Droit Naturel*, *Droit de la Nature.* Ce favant conclut enfin, que Dieu, étant l'auteur de l'esfence, de la nature de l'homme, et des chofes qui exiftent, on ne peut, dès qu'on adopte cette loi, disconvenir, qu'elle est fon ouvrage: l'on ne fauroit réjetter cette conféquence, pour peu que l'on confidère, que celui, qui a créé des Etres, est également l'auteur de tout ce qu'il a attaché à leur exiftence, ou fi l'on veut, de la manière dont cette exiftence a été modifiée.

. Vous voyez, mon ami, que fes idées font très-bien liées, et que la façon, dont elles font préfentées, exige que nous adhérions à la loi *Générale*, *Naturelle et invariable,* qu'il donne pour principe général de notre conduite. Cependant, pour ne rien omettre de ce qui peut nous éclairer fur cette matière, il ne fera point inutile de donner une attention particulière à la manière dont il établit fa doctrine.

Nous avons rémarqué, qu'il donne le nom de *bon* à tout ce qui tend à la perfection de l'homme et qu'il nomme *mal* tout ce qui l'entraine vers l'imperfection. En outre il pofe en fait, que
l'hom

me défire naturellement tout ce qui est *bon*, et qu'il a de l'averfion pour tout ce qui est *mal*: et delà il infère que l'homme est porté à défirer ce qui le rend parfait et à réjetter ce qui produiroit en lui l'effet contraire. Il attribue le *bon* exclufivement à la perfection, et le *mauvais* à l'imperfection; de façon, qu'il n'y auroit de bon et de mauvais, que ce qui tendroit à l'un ou l'autre de ces deux buts. Ce raifonnement est-il tout à fait exact? On nomme *bon* ce qui tend à la perfection: je l'accorde; mais ne nomme-t'-on pas ainfi ce qui entretient notre vie, ce qui nous garantit des injures de l'air et mille chofes de ce genre? ne puis-je pas raifonner par rapport à la fanté, aux agrémens de la vie, furtout au contentement de foi-même, de la même manière, qu'il raifonne par rapport à la perfection: ne puis-je point nommer *bon* tout ce qui tend à conferver la fanté, et *mal* ce qui peut la détériorer? il ne ferviroit de rien de me dire, que l'état de fanté est compris dans la perfection; car il s'agit ici de la dénomination de bon et de mauvais: notre favant attribue à l'homme la volonté de fe perfectionner; parce que les actions, qui peuvent l'y amener, font nommées *bonnes*; on peut en dire autant rélativement à la fanté et à d'autres objets de nos défirs. Son raifonnement me paroit donc défectueux, et par conféquent peu propre à établir une loi générale.

Mais entrons un peu dans le détail: ne pourrions nous pas également raifonner de cette manière? On nomme *bon* tout ce qui tend à maintenir l'ordre, et *mauvais* ce qui tend à le renverfer; l'homme veut naturellement ce qui est

K 2

bon,

bon, il rejette ce qui est mauvais: donc l'homme veut la confervation de l'ordre; mais cette volonté est en lui l'organe de la nature: la confervation de l'ordre est donc une loi générale, *naturelle, invariable et nécesfaire.* Le même raifonnement peut s'appliquer à la fociabilité.

La manière de raifonner de ce Moralifte, très-favant d'ailleurs, ne peut fervir à établir un principe général; parce qu'il n'a point pris de la nature et de l'esfence de l'homme les indices qui manifeftent fes penchans et fes défirs dès fa naisfance: il prétend, que telle est la nature de l'homme, qu'il défire le *bien*, et qu'il a de l'averfion pour le *mal;* mais il ne montre pas la fource de ce défir, il n'en indique point les marques: on nomme *bien*, dit-il, tout ce qui tend à la perfection de l'homme: il infére delà, que tout ce qui tend à cette fin est défirable, et qu'ainfi l'homme, de fa nature, est porté à la défirer et à s'y conformer; mais de ce qu'une chofe est défirable, s'enfuit-il que l'homme la défire?

On donne ausfi le nom de *bien* à tout ce qui occafionne du plaifir, à tout ce qui tend à la volupté: ce bien est donc également défirable: nous voilà Epicuriens. Cela feul fuffit, mon ami, pour vous faire rémarquer, l'inexactitude du raifonnement de ce Philofophe, il ne montre point que l'homme défire, dès fa naisfance, ce qui tend à fa perfection, et qu'il répugne à ce qui l'en écarte; il paroit le fuppofer fur ce que l'homme, ayant le défir du bien et l'averfion du mal, doit nécesfairement fe porter à ce qui peut le fatisfaire, et par conféquent réchercher la perfection comme un moyen d'y parvenir; mais ana-

lyſez

lyfez ce raifonnement et voyez s'il ne révient pas à celui-ci: l'homme défire le bien; ce qui tend à la perfection est un bien: il défire donc la perfection.

Obfervez encore, que quand on dit *que l'homme défire le bien* et qu'il *a de la répugnance pour le mal*, les mots *bien* et *mal* font pris alors dans une acception indéterminée; ainfi la propofition, que notre favant a avancée et prife pour baze de fon argument, ne pourroit lui être accordée, qu'autant que ces mots n'auroient d'autre fignification', que celle, qui a rapport à la perfection, et alors on pourroit en déduire le défir de la perfection, comme un effet de la pente générale au bien.

Mais il n'en est point ainfi: car, fi l'homme défire naturellement le bien en général, et répugne au mal de la même manière, c'est fans fixer ce défir, ou cette répugnance fur ce qui peut en particulier remplir ce penchant de la nature. Je vais plus loin, mon ami. En réfléchiffant, vous trouverez, que l'homme n'a point effectivement ce penchant pour le bien et de l'averfion pour le mal; mais feulement pour ce qui fe *préfente* à lui, fous l'un ou l'autre afpect: fon penchant ne le poufera donc au bien et ne l'éloignera du mal, qu'autant que l'un ou l'autre lui paroitront tels; ainfi l'impulfion naturelle, qui lui donne ce défir et cette répugnance, ne produira fon effet, qu'autant que fes lumières lui montreront ce qu'il doit régarder comme bien ou comme mal: de là la diftinction entre le *vrai bien* et le *bien imaginaire;* or, comme les facultés de l'homme font extrémement bornées, et que nous fommes

K 3

con-

continuellement expofés à nous méprendre, dans
l'ufage que nous en faifons, vous concevez, mon
ami, que l'homme doit courir les mêmes risques à l'égard du bien et du mal; fouvent il
défirera celui-ci et réjettera celui-là, fuivant
l'apparence, fous laquelle chacun fe préfentera à
fon Entendement: on dit, que l'intérêt perfonnel est le motif de fes actions, que c'est là le
mobile de fa conduite; cela est vrai, fi l'on entend par intérêt perfonnel ce que l'on regarde et
prend pour tel; mais cela n'est point exact, fi
l'on veut dire par cette expreffion, que l'homme
est conduit par fon véritable intérêt; cette dernière hypothèfe ne peut s'appliquer qu'à un intérêt bien vu, bien apperçu; or les bornes de
nos facultés et l'expérience journalière nous apprennent, que nous ne fommes que trop fujets,
foit à nous tromper, foit à nous faire illufion à
cet égard, et que nous appercevons fouvent un
bien, un intérêt réél et effectif dans ce qui n'en
a que l'apparence.

M. Vos réflexions, Monfieur, font très-ju-
ftes: je les faifis parfaitement. Il me paroit que
le favant, dont vous venez de m'expofer le fyfthème, n'auroit pas dû dire, que l'homme a
une pente pour le bien et une averfion pour le
mal; mais plutôt pour ce qui lui *paroit* être l'un
ou l'autre; et cette méprife, doit rendre, ce me
femble, la doctrine défectueufe.

L. Il auroit pu éviter ce défaut, s'il eut
confulté d'avantage la nature de l'efpèce humaine, réiativement à tout ce qui exifte; car la
pente, qui porte tout être animé à fe conferver,
fournit néceffairem nt l'idée de la perfection,

parce qu'elle contribue à la confervation des chofes, tandis qu'elles fe détruifent à méfure qu'elles déviennent imparfaites.

Il auroit donc pu faire ce raifonnement-ci: les hommes tendent, par une impulfion naturelle, à fe conferver; leur confervation dépend en grande partie de leur perfeftion: ils *doivent* donc, s'ils veulent fe conferver, adopter pour un des prémiers principes de leurs devoirs, celui de fe perfeftionner: de cette manière il feroit également venu au fyfthème du Droit de la Nature et des Gens, qu'il a fait et publié.

Nous avons pourtant encore une rémarque à y faire: quand on établit un fyfthême, quand on enfeigne une doftrine, qui foit propre à engager les hommes à y conformer leur conduite; il ne fuffit pas de bien développer les vérités, qui en font le fujet, et de les préfenter avec cette évidence, qui entraine, ou qui produit une entière conviftion; il faut encore fe conformer aux facultés et à la conception de ceux, pour qui on le compofe; or, fi vous ne faites précéder dans l'entendement le défir du bien, et l'averfion du mal, par la volonté de fe conferver et de vivre agréablement; ou en d'autres termes, fi vous ne montrez pas, que l'on nomme bien, ce qui nous conferve, et mal, ce qui nous détruit, vous n'opérerez rien en difant, que l'homme eft porté à défirer le prémier et à éviter le fecond: vous ne fairez pas plus d'impreffion, bien moins produirez-vous une conviftion, en prouvant, que le bien réfulte de la perfeftion, et le mal de l'imperfeftion, pour engager les hommes à éviter celle-ci, et à réchercher celle-là; l'idée de perfeftion eft d'ailleurs fi abftrai-

K 4

te,

te, elle préfente un objet fi général, qu'elle ne peut être faifie aifément par des perfonnes peu faites à la méditation.

M. Je vous avoue, Monfieur, qu'elle m'a d'abord paru telle. J'en ai pourtant bien compris le fens, lorsque je l'ai entendu expliquer par la comparaifon avec la ftructure et les mouvemens d'une montre : dès-lors j'ai compris, que, comme pour la perfection de cet inftrument, deftiné à marquer l'écoulement du tems, il faut que toutes fes parties foyent arrangées et agiffent de manière à ce qu'elles concourent à ce but; de même dans l'homme, toutes fes parties, fes membres, fes facultés doivent concourir à fa confervation; et qu'à méfure, que ce concours fe foutiendra, ou fe dérangera, fa confervation fera plus ou moins entretenue.

L. Vous avez très-bien faifi et expofé le fens du mot perfection, tel qu'on doit le prendre en Morale : vous y avez même ajouté quelque chofe qui y manquoit, en difant, que, pour conftituer la perfection, ce n'eft point asfez du concours de différentes parties; qu'il faut encore que ce concours *tende à une fin déterminée*, celle, à laquelle il eft deftiné. Une montre peut être parfaite en elle-même, et ne pas répondre à l'ufage pour lequel on la défire : tout comme un navire excellent pour faire le voyage en France, en Angleterre, ou en Hollande, peut manquer des qualités néceffaires pour faire celui des Indes. Indépendamment de ce qui concerne le fujet confideré en lui-même, toute perfection eft, comme vous voyez rélative à l'ufage, auquel le fujet eft deftiné; ainfi il ne fuffit pas que l'homme foit parfait, dans le fens que

vous venez d'exprimer, il faut ausfi, que la perfection reponde à l'ufage, auquel elle doit fervir, à la fin qui lui est deftinée, à la confervation et à l'agrément de notre vie.

Mais lorsque nous réfléchiffons fur ce but,
lorsque nous fommes convaincus, que tous les
individus de l'espèce humaine y font également
enclins, nous ne pouvons réfufer de réconnoitre
la nécesfité d'un concours de ces individus au
même but: nous concevons, qu'étant tous animés
d'un même penchant et d'un même motif, il faut
que ce motif et ce penchant produifent une irritation intérieure, qui les agite également vers la même fin. Cette agitation vers une même fin produit
un effet, qui prend fa fource dans le concours
réuni de toutes les tendances, qui y deployent
leur action: comme le font en phyfique les forces combinées ou compofées: ainfi que des che-
vaux bien attelés font mouvoir une voiture felon
l'agitation qu'un cocher leur imprime: De là réfulte une combinaifon d'activité entre différens
agens: et c'est cette combinaifon, cet enfemble
de leur action, que l'on nomme *harmonie*. Les
concerts de mufique, auxquels vous asfiftés quelquefois, vous en donnent une idée asfez claire:
on dit qu'il y a de l'harmonie dans la mufique,
lorsque les différens fons, produits par l'attou-
chement de divers inftrumens, en excitent un, qui
fait le réfultat de tous les autres, par une action
compofée de celles de tous les muficiens, c'est
cette action compofée qui produit ce réfultat.
Vous en conclurez, que, dans la mufique, l'harmonie est la marque de la perfection d'une pièce, qui doit être exécutée par différens muficiens, et que cette harmonie est nécesfaire pour

ex-

exciter les fentimens agréables qui nous affectent; et par une conféquence femblable, vous direz, que l'on ne peut abfolument fe flatter de voir regner dans le monde les agrémens de la vie et les facilités de fe conferver, fi l'harmonie n'y regne, et que la felicité humaine aura différens dégrés fuivant que cette harmonie y fera plus ou moins entretenue.

M. Je conçois tout cela, Monfieur, auffi je me fens déjà difpofé à régarder l'harmonie comme le principe premier et général d'après lequel les actions humaines doivent être réglées et déterminées; car en vérité, fi tous les hommes étoient dirigez par cette règle, nous ne verrions pas le monde rempli de brigandages, notre coeur ne feroit point fi vivement affecté par ces fcènes d'horreur dont la France est le malheureux théatre et qui nous porteroient presque à abhorrer l'espèce humaine: auffi ai-je fouvent entendu dire et prêcher, qu'il faut conferver l'harmonie entre les amis, dans les familles, parmi les membres d'une fociété, entre celui, qui gouverne, et ceux, qui font gouvernés.

L. Les objets, qui frappent continuellement nos oreilles et fe préfentent à notre vue, ne le prêchent pas avec moins de force.

Arrêtons nous un moment au cours régulier des globes celestes, à l'action du foleil fur le notre, à celle de la pluye qui arrofe la terre, à l'agrandiffement des arbres qui en tirent leur nourriture, à l'accroiffement des fémences, aux fruits qui en proviennent, enfin à mille autres objets, que le monde phyfique déploye à nos fens: cette contemplation ne fait-elle pas naitre en vous l'idée d'une harmonie, d'un concert de

dif-

différentes chofes tendantes généralement à produire des effets déterminés? La vue d'un ciel
orné d'une multitude d'aftres, qui réparoiffent
régulièrement à des périodes fixes, n'excite-t-
elle pas en nous l'idée d'une harmonie conftante, dans l'action de toutes les parties, qui
compofent ce tout merveilleux? En voyant ré-
naitre chaque année les mêmes productions, d'une
terre enfémencée des mêmes grains, ne fommes
nous pas d'abord faifis de l'idée, que la terre, le
labour, la chaleur du foleil, la fraicheur de l'eau,
le travail du laboureur ont coöperé à ce merveilleux effet: et que cette coöpération a été accompagnée d'une harmonie, qui a rendu efficace
le concours de ces différentes influences? Lorsqu'au contraire vous voyez un fol fertile par lui-
même; mais que le laboureur a négligé, ou auquel le foleil n'a point difpenfé la chaleur convénable, ou que la pluie n'a point rafraichi régulièrement, cela ne vous donne-t-il pas l'idée
d'un défaut de concours entre les différentes caufes desquelles la récolte depend: et par conféquent un manque d'harmonie dans leur action
refpective?

Confiderez tout ce qui tombe fous vos fens,
réfléchiffez fur la nature de votre Entendement,
et voyez, fi vous n'y trouverez pas des indices
indubitables, que la confervation du monde est
fondée fur une harmonie conftante entre les parties qui le compofent: quoique cette harmonie
paroiffe d'abord ne pouvoir fe concilier avec les
dérangemens que nous appercevons quelquefois
fur le globe, tels que les inondations, les bou-
leverfemens, les tremblemens de terre et autres,
ces irrégularités apparentes ne fauroient nous au-
tho-

thorifer à douter d'une vérité, qui fe manifefte fi vifiblement; fans-doute que vous les aurez fouvent entendues alléguer, ponr combattre la perfeétion du monde et la Sageffe du Créateur; mais je ne doute pas, que vous ne fentiez la foiblefse des raifonnemens dont on étaye cette prétendue contradiétion, lorsque vous réfléchirez, qu'en parlant de l'harmonie générale de l'univers, on confidére la combinaifon et l'enfemble de fes parties, fans s'attacher à chacune d'elle en par- ticulier: ainfi que dans une pièce de mufique, les disfonnances font quelquefois employées pour en rélever l'harmonie: de même dans la combi- naifon de l'univers, ce qui, pris en particulier, paroit s'éloigner de l'enfemble, est, rélativement au tout, un aéte nécesfaire à fon complément.

Suppofé même, qu'il n'en fut point ainfi, et que ces tremblemens de terre, ces débordemens fusfent réëllement des défauts d'harmonie; la conclufion, que l'on pourroit en tirer, feroit, que de ce défaut réfulte la déftruétion, et cette con- féquence même nous authoriferoit à conclure, que, fi une dés parties de l'univers perd fa for- ce, fon aétivité, fon cours ordinaire, ou fe dé- truit; il ne faut en chercher la caufe que dans le défaut, ou l'altération, ou la déftruétion de l'harmonie. Ainfi les mêmes argumens, dont on l'aura combattue, conftateront la vérité de cette asfertion: que c'est par l'harmonie, que l'univers et fes parties fubfiftent et fe confervent. Vous ne pouvez, mon ami, en trouver une preuve plus convaincante que dans vous-même. Vous vous trouvez bien, n'est-il pas vrai?

M. Oui.

L. Croyez-vous qu'il en feroit ainfi, s'il n'y
avoit

avoit point d'harmonie entre les différentes parties qui vous forment: ſi elles agiſſoient en ſens
contraire?

M. Non.

L. Ne concevez vous pas, que, pour que
les mets que vous prénez ſe changent en nourriture, il faut de l'harmonie entre les différentes
parties de votre corps deſtinées à en produire
le chyle et le ſang?

M. Je conçois cela.

L. Ne trouvez vous pas, n'avez-vous pas
obſervé, que, lorsque rien ne vous gène, votre
entendement est plus libre, vous-êtes mieux dispoſé à vous occuper, que lorsque vous-êtes di-
ſtrait par des objets étrangers à vos occupations?

M. Sans doute, et je voudrois l'éprouver
moins ſouvent. Je conçois aiſément que ces di-
ſtractions doivent troubler l'harmonie de laquelle
doit réſulter la bonne dispoſition au travail. Je
ſuis bien convaincu, que, lorsque j'ai mal à la
tête, mon entendement est moins favorablement
dispoſé à la méditation, que lorsque ma tête est
ſans douleur; il me paroit naturel d'en conclure, qu'il y a un dérangement d'harmonie entre
les parties, qui doivent coöpérer à me faire penſer.

L. D'après de pareilles réflexions, faites ſur
un apperçu général de l'univers et de ſes opérations, je crois, que nous ſommes authoriſez à
poſer en fait, que la volonté Divine a établi
l'harmonie pour principe général de la conſervation de cet univers et qu'elle en fait la prémière loi; quoique nous n'en ſoyons point in-
ſtruits directement, quoique l'idée imparfaite que
nous en avons, nous vienne de l'uſage de nos
ſens

fens et par la voye du raifonnement, la fourcé, dont elle part, eft néamoins fi pure et fi claire, qu'il n'y a pas moyen de fe réfufer à fon évidence: elle eft appuyée fur ce raifonnement-ci: fi je vois un effet également et généralement produit en différens Etres, et fi je puis lui affigner une même caufe, et lorsque tout ce que j'obferve, m'annonce une caufe générale, qui m'explique, ou me fait connoitre la raifon de cet effet général: je fuis authorifé à admettre cette caufe, comme principe, ou caufe productrice de cet effet; or, partout ou je trouve de la confervation, j'apperçois de l'harmonie: fi le monde fe conferve, je la vois regner entre toutes les parties qui le compofent; la disfolution et le dépérisfement fe montrent partout ou elle n'eft pas: ce fpectacle ne doit-il pas me perfuader, que l'harmonie eft le principe général, la loi univerfelle de laquelle doit émaner la confervation de tout Etre?

On pourra me dire, que je n'en ai qu'une idée confufe, et je ne fairai point difficulté de l'avouer, fi l'on fe borne à défigner par-là, que je n'ai point une idée parfaite, diftincte, ou complette, de ce qui produit cette harmonie, en quoi elle confifte, comment elle agit; mais fi l'on entend par-là le manque d'une idée fuffifante pour en faire l'application que j'en fais, je le nie. J'ignore, ce qui occafionne l'harmonie de plufieurs inftrumens de mufique, que l'on entend tous à la fois dans un même lieu; mais je fais très-bien la diftinction du bruit, qui en réfulte, lorsque les Muficiens font occupez à les accorder, d'avec celui, qu'ils produifent, lorsqu'après avoir été mis d'accord, tous les Muficiens jouant

jouant enfemble, chacun d'eux remplit exactement fa partie. Quand j'entens un fon harmonieux de quelque nature qu'il foit, je puis bien
y diftinguer de l'harmonie, fans pouvoir déme-
ler ce qui la produit.

Lorsque, fur un navire, je vois les agrets dispofés de manière à ce que chacun occupe fa place, lorsque dans fa marche je vois le Capitaine
donner fes ordres et l'équipage les fuivre ponc-
tuellement: quand je vois tendre, ou rélacher les
voiles, felon la force et la manière, dont on défire, qu'elles réçoivent le vent; quand je vois diriger le gouvernail dans le fens propre à communiquer au bâtiment le cours, qui doit le conduire à fa destination: je ne puis me réfufer à
l'idée d'une harmonie entre les différentes actions,
dont le concours produit le mouvement réglé de
ce corps flottant: fi au contraire, je me le répréfente, abandonné au gré des vents et des flots,
monté par un équipage, dont chaque membre agit
comme bon lui femble, fans aucune liaifon, fans
aucun accord, je ne puis que me figurer un défaut d'harmonie, qui doit entrainer la perte du
navire et de l'équipage.

Ainfi je penfe, mon ami, que nous pouvons
adopter comme une vérité, qu'il y a dans l'U-
nivers une harmonie qui fert de principe à fa
confervation et à tous les moyens, qui doivent
y concourir, bien que nous puisfions auffi peu
en pénétrer les caufes, que des moyens employez
à entretenir la marche, que l'harmonie lui imprime, qu'elle détermine et qu'elle règle.

M. Je trouve, Monfieur, que votre raifonnement met en évidence la vérité de votre asfertion; auffi me décidé je fans difficulté pour
l'har-

l'harmonie univerfelle, comme étant le principe
de la confervation de tout ce qui exifte; quoique je ne pénétre point tous les resforts, ou
l'organifation de ce dont cette harmonie réfulte.

L. Il ne faut point adopter, mon ami, fans
être convaincu; c'eft à dire, fans que votre
Entendement vous confirme la vérité, l'exiftence réëlle de ce que votre idée vous repréfente.

M. Voyez, Monfieur, fi j'ai cette conviction; je tacherai de vous dire le préçis de votre
raifonnement.

Tout ce que l'Univers préfente à notre contemplation nous y fait découvrir une harmonie;
c'eft-à-dire non-feulement un concours de forces, et de mouvemens, de la part de toutes fes
parties; mais encore une coöpération, qui en conferve l'exiftence avec les changemens qui s'y opérent: nous rémarquons une pareille harmonie
dans chaque efpèce et dans chaque individu pour
fa confervation particulière: nous nous appercevons, qu'a méfure que cette harmonie eft altérée
ou détruite dans quelques objets, ils tendent à
leur déftruction: nous inférons delà que c'eft
cette harmonie qui conferve l'Univers, les parties, qui le conftituent et les changemens, qui y
tendent; nous concluons en outre, que la volonté Divine, qui a donné l'exiftence à l'Univers, tel qu'il eft, a effectivement établi l'harmonie comme moyen de fa confervation; qu'ainfi
il en a fait la prémière loi de la Nature: que
cette loi eft générale tant pour l'Univers, dans
fon enfemble, que pour fes parties individuelles, et notamment pour le genre humain: d'ou
il s'enfuit, que l'harmonie doit-être la baze de

la

la confervation du genre humain, ainfi que des individus qui le compofent.

L. Vous m'avez très - bien compris : puis donc que vous êtes convaincu que l'harmonie fait la première loi de la Nature, nous verrons dans un Entretien fuivant ce que l'on peut en déduire ; en attendant vous pouvez encore faire des réflexions, qui vous affermiront dans l'idée que vous avec conçue, et dont la vérité vous paroit maintenant indubitable.

DIXIEME ENTRETIEN.

Sur la liaifon et la fubordination des différens principes de Morale, confidérés comme autant de règles, que les hommes doivent obferver dans la conduite de la vie.

Je vous ai donné, je penfe ; une idée fuffifante des différens principes que les Savans, tant anciens que modernes, ont cru pouvoir fervir de règle générale à la conduite que les hommes doivent tenir dans le cours de leur vie.

J'ai cru devoir vous les faire connoitre, afin que vous pûffiez y obferver les efforts de l'efprit humain, pour parvenir à une connoiffance folide fur un objet qui interesse fi fort l'humanité. Vous vous êtes convaincu que l'harmonie est le principe général de nos Droits et de nos

Devoirs, de même que la source de tous les autres, qui peuvent servir de règle ou de loi à notre conduite. En un mot notre bonheur est le but auquel nous tendons; le désir de se le procurer est le motif qui nous fait agir; le moyen d'y parvenir c'est de prendre l'harmonie pour principe général de nos actions.

Il me reste à vous observer, que les différens principes, que je vous ai fait connoître ci-devant, comme autant de règles de notre conduite, ne doivent point être pris séparement et comme isolés; mais dans la dépendance et la subordination qui les lie intimément ensemble, en tant, que découlant tous, ou de l'harmonie directement, ou de quelqu'autre principe qui découle de celui-ci. Il faut considérer ces différens principes comme des branches et des rameaux, qui doivent tous se rapporter à leur première origine, comme à une tige commune, qui leur sert de baze, et de laquelle ils ne doivent jamais s'écarter. Il est très nécessaire, mon ami, d'y faire une attention particulière, parce qu'en général on n'y réfléchit pas assez: ce qui donne lieu à de faux raisonnemens, à des erreurs, et à de fausses démarches; je vais vous en donner quelques exemples.

Nous avons vu que l'homme doit travailler à sa perfection; mais il ne doit le faire que par des moyens qui ne troublent point l'harmonie, la socialité, ou l'ordre, qui doit se conserver parmi les humains, dans un état ou même dans une famille: de là vous voyez que le devoir de se perfectionner est subordonné à celui de cultiver la sociabilité, et à conserver l'ordre: vous vous êtes convaincu que l'harmonie est le véritable fon-

fondement, la baze fur laquelle repofe l'exiftence et la confervation de tout ce qui exifte, qu'elle est la loi générale deftinée à conferver l'U-
nivers et en particulier le genre humain.

Vous n'avez plus aucun doute fur la vérité
de cette propofition: *l'harmonie est la règle générale, fuivant laquelle les actions humaines
doivent être conduites*; et par conféquent la loi
univerfelle, qui nous préfcrit ce que nous avons
à faire ou à omettre pour nous conferver et jouïr
d'une vie agréable, et par laquelle nous pouvons juger fi nous faifons bien ou mal.

Pour vous éclaircir ce que viens de dire, et
vous en faire mieux faifir l'utilité, je vais en
faire l'application aux différens principes, dont
je vous ai donné un précis dans notre dernière
converfation, et qui ont été introduits dans la
Morale, comme loix générales impofées à l'homme pour y conformer fa conduite.

Les anciens nous ont enfeigné qu'il falloit
régler fes actions conformément à la nature:
fi vous otez l'obfcurité de cette expreffion, elle
dictera qu'il faut fe comporter fuivant que l'harmonie le préfcrit; puisque l'harmonie tend à ce
qui est conforme à la nature, et qu'il n'y a rien
de conforme à celle-ci, que ce que celle-là
produit: la nature exige l'harmonie, pour la confervation de l'Univers et la réproduction des
Etres qui le compofent: elle en fait la bafe; fi
cette baze manquait, tout fe détruiroit ou dé-
viendroit un cahos.

D'autres ont donné, comme je vous l'ai fait
connoitre, pour règle générale de la conduite
des hommes, l'ordre qui doit regner et fe conferver dans le monde; mais l'idée d'ordre est

 com-

comprife dans celle d'harmonie, et en est dé-
pendante, vous ne pouvez concevoir d'ordre dans
un mouvement quelconque, fans y concevoir une
harmonie entre les différentes parties agiffantes.

Qui dit harmonie, dit ordre; mais l'idée d'ordre n'emporte pas celle d'harmonie: celle-là
n'exprime pas par elle-même une *activité*.
Quand une perfonne afpire à conferver l'harmonie dans ce qu'elle fait, elle doit y mettre de
l'ordre: préfcrire l'ordre, c'est exiger l'harmonie; celle-ci nous appelle auffi à la *fociabilité*
parce que l'harmonie ne peut avoir lieu entre
les hommes fans la *fociabilité*, fi l'on entend par
ce dernier mot un concours mutuel à fe rendre
des fervices et à choifir pour cet effet les moyens
les plus propres et les plus efficaces: d'un autre
côté la fociabilité ne peut exifter fans que l'harmonie ne la produife.

*Tendre à fa félicité et à celle des autres
hommes* est encore une idée qui découle de celle
de l'harmonie: car nous ne pouvons tendre à
notre propre félicité, qu'autant qu'il y aura de
l'harmonie entre les facultés que nous devons
employer à nous la procurer.

Nous ne pouvons pas plus concourir à celle
des autres, s'il n'y a de l'harmonie entre leurs
actions et les notres.

Il en est de même de la perfection. Nous ne
pouvons tendre à notre bonheur et concourir à
celui des autres qu'autant que nous y ferons propres, c'est-à-dire que nous ferons parfaits; or
nous ne faurions le devenir, qu'autant qu'il y
aura de l'harmonie dans nos facultés: vous concevez, mon ami, qu'il ne peut y avoir de l'harmonie, fi les parties d'un tout ne concourent à

la

même fin; or c'est ce concours que l'on nomme perfection: *concurfus varietatum in uno*, est la définition que le célèbre Profesfeur WOLF en a donnée.

La loi de la Nature nous impofant le devoir de faire ce qui tend à *l'harmonie*, il en réfulte évidemment celui de diriger nos actions vers la perfection; mais comme nous ne pouvons le faire fans que nous y foyons convenablement dispofés; vous voyez, mon ami, que la première chofe, à laquelle nous devons nous appliquer, le premier devoir que nous avons à remplir, c'est de nous rendre ausfi parfaits que posfible, vu que c'est le moyen le plus efficace, pour mettre de l'harmonie en tout ce qui concerne notre exiftence, notre état, et notre vie; ausfi l'Evangile nous prêche-t'-il ce devoir, comme le plus esfentiel de ceux qui nous font impofés.

Vous comprénez fans-doute, que la vérité des différens devoirs généraux, que je viens de nommer, étant réconnue, il faut ausfi réconnoitre celle de tous ceux qui en découlent.

Rappellez-vous maintenant, mon ami, une obfervation que nous avons faite dans notre précédent Entretien, favoir que l'harmonie exige par fa nature *l'ordre*, *la fociabilité*, *la perfection:* et que par conféquent, fi nos actions doivent être conformes à ce que *l'harmonie* préfcrit, elles doivent également fe conformer à ce que *l'ordre*, *la fociabilité* et *la perfection* exigent.

L'harmonie exige l'amour du prochain: elle veut que l'on ne fasfe pas à autrui, ce que l'on ne voudroit pas qu'on nous fît: elle contient et elle exprime autant de règles, ou de loix particulières, pour notre conduite, qu'elle a des propriétés qui constituent son essence. Ces loix particulières sont donc également des règles à observer dans la conduite de la vie, qui nous dispensent de recourir toujours à la première source ; car dès que je reconnois que la sociabilité entre les hommes est une conséquence nécessaire, que l'harmonie du genre humain, et que la sociabilité est un attribut essentiel de cette harmonie, de sorte, qu'en concourant à la sociabilité, nous concourons par cela même à l'harmonie, il en sera de la marche, que nous pourrons tenir pour découvrir et démontrer les vérités rélatives aux objets dont nous nous occupons, comme de celle, qu'on observe dans l'étude des sciences Mathématiques. Les vérités que nous aurons puisées dans le principe général, ou que nous en aurons déduites, pourront servir de nouveaux principes au moyen desquels nous découvrirons et démontrerons d'autres vérités ; de même le principe, qui nous tiendra lieu de loi générale, nous fournira des loix particulières, qui, à leur tour, deviendront générales, rélativement à d'autres vérités qui en serons déduites ; ainsi, comme dans les élémens de la Géometrie, composez par Euclide, l'on ne se sert que des vérités démontrées dans les propositions antérieures pour démontrer celles qui suivent ; de même nous pouvons nous servir des vérités antérieurement démontrées, pour démontrer les postérieures ; vous verrez, mon ami, que par cette méthode, notre étude ne déviendra qu'un développement d'une première idée générale, qui nous fera connoitre l'ordre de nos idées et les vérités qu'elles expriment, l'enchainement par lequel elles se tiennent et découlent

les

les unes des autres; fi l'on n'a pas la connoiffance de cet ordre et de cet enchainement, nous
n'aurons jamais que des idées vagues, confufes
et incertaines; jamais nous ne parviendrons à
poff éder une fcience proprement dite, nous flot-
terons toujours entre des doutes perpétuels, femblables à ces empiriques, qui ne favent à quel
faint fe vouer, lorsqu'ils fe trouvent dans quelque cas extraordinaire. Rappellez-vous fouvent
ce que je viens de vous dire: n'oubliez jamais,
dans vos méditations, d'examiner la fource des
variations, lorsque vous vous fentirez convaincu
de la vérité d'une propofition, et d'obferver, fi
fon évidence ne réfulte pas de celle d'une autre
plus génerale, et de rémonter ainfi aux premières vérités, qui font la fource de toutes celles,
qui en dépendent.

ONZIEME ENTRETIEN.

*Sur les différentes méthodes d'enfeigner la Mo-
rale et de porter les hommes à en pratiquer les dévoirs.*

Quelques jours fe pafsèrent, avant que je
paffe de nouveau m'entretenir avec mon
élève: l'ayant prévenu que je me trouverois à
même de réprendre nos converfations le matin
fuivant, il fe rendit d'asfez bonne heure dans ma

L 4

chauchambre: le beau tems nous engagea à faire une promenade, et à nous répofer enfuite dans un cabinet, dont la vue donnoit fur le grand chemin.

Hé bien, mon ami, lui dis-je, j'ai fait une longue abfence, qui vous à donné le tems de réfléchir et de méditer fur ce dont nous nous fommes entretenus?

Nous entrames fur cela dans une converfation, dans laquelle il me communiqua, plufieurs réflexions fur la marche que je lui avois indiquée pour l'étude de la Morale, et pour s'affurer de la vérité des droits et des devoirs, qui peuvent et doivent nous guider dans le cours de notre vie, prife par rapport à l'ordre Moral.

M. Je vous avoue, Monfieur, me dit-il, que je trouve votre doctrine bien lumineufe et bien convaincante; mais fi vous voulez me permettre de vous en dire franchement mon fentiment, je ne la trouve pas auffi utile qu'on auroit droit de le défirer et même de l'exiger. Toute doctrine, ce me femble, doit être à la portée de ceux qu'elle doit inftruire: Or, je vous prie, quel moyen de donner à cette multitude d'individus, que nous voyons paffer, des idées de ce que nous appellons *perfection*, *harmonie*, *fociabilité*, *ordre*: et de leur en faire comprendre la nature, et cette liaifon intime qu'elles ont entr'elles: Je n'en vois pas la poffibilité, et encore moins puis-je m'affurer, qu'il foit poffible de leur faire faifir cet enchainement de vérités, qui doivent conftituer un fyftème de Morale ou de Droit Naturel, tel que vous avez eu la bonté de me l'expofer: les efprits font fi différens, leurs facultés fi variées et en général fi bornées: la condition dans laquelle ils commen-

cent

cent à voir le jour, l'éducation qu'ils réçoivent, la profession à laquelle on les deftine, et mille autres circonftances, qui déterminent le plus ou moins de capacité des individus, qui compofent l'espèce humaine, font fi différemment modifiées et produifent des difpofitions fi différentes, qu'il me paroit tout à fait impoffible de les endoctriner d'une façon fi méthodique, fi abftraite et fi peu proportionnée au manque de talens et de facultés, que nous léur rémarquons en général: à peine, fi nous pouvions en faire le dénombrement, en trouverions nous un fur mille, qui eut la difpofition néceffaire pour s'y plier: Je n'ai qu'à réflêchir fur ma propre fituation, pour en être perfuadé, fi dès mon enfance je n'eufle été élèvé de manière à prendre goût aux études, fi la Providence ne m'avoit accordé les dons néceffaires pour y faire des progrès, vraifemblablement vos leçons n'auroient pas produit les fruits, dont je vous fuis rédevable. En général les hommes ne font point capables d'analyfer leurs idées, comme vous me l'avez enfeigné: encore moins le font-ils dans la jeuneffe; et ils en font entièrement incapables dans l'enfance; ce ne font tout au plus que quelques jeunes gens, que l'on a deftinés dès leur enfance aux études, dont l'esprit fe forme infenfiblement aux occupations, qui doivent leur faciliter les moyens d'acquérir des connoiffances, dont on puiffe espérer, une capacité propre à fe plier à l'application, qu'exige une marche fi pénible; dans les cas mêmes ou l'on trouve dans un jeune homme des talens extraordinaires pour réüffir dans les études, il en est très-peu, qui puiffent s'accoutumer à rémonter aux premières notions, aux fources de nos

L 5

con-

connoiſſances, à les analyſer et à les développer comme vous me l'avez enſeigné : tel a l'eſprit Géométre, tel autre a des talens pour la Mé-
decine : celui-ci montre les plus heureuſes diſpoſitions pour la Botanique, celui-là pour la
Chymie, ils excelleront chacun dans la ſcience,
à laquelle ils ſe feront appliqués ; et cependant ils
ne vous comprendront pas, lorſque vous les en-
tretiendrez ſur l'analyſe, le developpement et
la réalité de nos idées : il en eſt de même de la
ſcience de la Morale : combien de bons Mora-
liſtes ne compte-t-on pas parmi les écrivains,
qui ont donné des principes ou des leçons de
Morale, ſans s'aſſujetter à une marche, qui gêne
l'esprit, ſans s'aſtreindre à des récherches ſi peu
faites pour des Etres, tels que nous.

Ces réflexions et d'autres, qui me ſont venues
dans l'esprit, me font penſer, que votre ſyſthème, quelque excellent qu'il puiſſe être et qu'il
ſoit en effet, ne peut être réçu et employé comme une inſtruction générale, capable d'opérer le
but, auquel il paroit deſtiné ; ſavoir d'apprendre
aux hommes leurs Droits et leurs Devoirs ; ce
n'eſt point, Monſieur, ſi vous voulez, par un
défaut intrinſéque, mais par un défaut rélatif ;
comme un outil peut être excellent par lui-même, mais au deſſus des forces de celui entre les
mains duquel on voudroit le remettre pour s'en
ſervir : jugeant donc d'un ſyſthème d'inſtruction
comme d'un outil, qui doit être approprié à l'u-
ſage auquel il doit ſervir, et à la perſonne, qui
doit l'employer, je conclus, que tout ſyſthème
de Morale doit être approprié aux facultés bornées de l'homme, aux imperfections de ſon entendement, à ſes foibleſſes, et en général à ſon im-
per-

perfection et à la diverfité des talens, dont les
différens individus font plus ou moins doués;
je conclus encore, que, puisqu'il est imposfible
de nous former les idées ausfi claires, ausfi nettes, ausfi diftinctes et lumineufes qu'il le faut,
pour pouvoir nous glorifier de posféder une fource certaine, il fera toujours plus raifonnable et
plus utile de nous régler fur des idées ou des
impresfions intellectuelles, confufes, fi l'on veut,
mais toujours fuffifantes pour nous guider dans
la pratique de nos devoirs; que d'attreindre
l'esprit de la multitude à une conviction, que
l'on ne pourra jamais obtenir, et à laquelle il
est imposfible que la majeure partie des hommes
parvienne. Vous m'avez cité, Monfieur, des
hommes illuftres, des Savans du premier ordre,
pour me faire connoitre les différentes manières,
dont on s'y est pris pour apprendre au genre humain les motifs, qui doivent guider les individus dans les déterminations Morales de leur volonté; vous m'en avez fait appercevoir l'infuffifance; cependant je crois, que, leurs ouvrages
peuvent être employés utilement et peut-être avec
plus d'avantage, que des ouvrages plus parfaits,
mais moins à la portée de la multitude: quand
SALOMON a mis fes Proverbes par écrit, il a
eu pour but de donner des leçons de Morale:
de faire connoitre la vertu et le vice: d'appeller les hommes à la pratique de celle-là et de
les détourner de celui-ci, ce n'est point par une
méthode qu'il a cru devoir y fatisfaire: il a préféré de donner des préceptes particuliers, déta-
chés et fans aucune liaifon entre eux. Les dix
commandemens donnés au peuple d'Israël, par
l'Etre Suprème ne font pas énoncés en forme

de

de raifonnemens; mais dans un ftile pofitif. C'est ainfi que le Sauveur a énoncé fes différens préceptes de morale: fes Apotres en ont ufé de la même manière, et l'on ne trouve nulle part la méthode de raifonnement et de développement, que vous jugez fi nécesfaire à un fylthème de Morale, que fans elle on ne peut en avoir un qui foit folide: lorsqu'en lifant dans la Bible, j'y ai trouvé, par exemples, ces leçons: *aimez votre prochain comme vous même: Soyez parfaits comme votre Père qui est aux cieux est parfait: ne faites pas à autrui ce que vous ne voulez pas qu'on vous fasfe;* ces précèptes ont faits une vive impreffion fur mon ame: je penfe même qu'on réusfira toujours mieux à inculquer ces vérités aux enfans, en les leur faifant lire comme des précèptes et des maximes à obferver, s'ils veulent être heureux et fe rendre eftimables, que fi l'on tachoit de les leur imprimer par la voye du raifonnement.

Voilà, Monfieur, les réflêxions que j'ai faites: j'ai pris la liberté de vous les expofer ingénûment, perfuadé que le motif ne vous en paroitra point blamable; je me flatte même, que vous voudrez bien m'accorder vos éclaicisfemens, et m'indiquer ce qu'elles contiennent de bien ou de mal penfé,

L. J'ai entendu, mon chèr Maurice, vos réflêxions avec beaucoup de fatisfaction: elles me prouvent, que vous ne vous abandonnez pas inconfidérément à des opinions, fur lesquelles il vous reste quelque doute, et que vous vous portez à les examiner de près, à vous en éclaircir, à les aprofondir, afin de pouvoir les adopter avec une pleine conviction, les admettre avec plus ou

moins

moins de reſtriction ou les rejetter totalement; agiſſez toujours de même, ſans vous embaraſſer de ceux, qui les premiers les ont avancées, ou qui vous les ont enſeignées, ou de quelque façon, qu'elles vous ſoient venues. En vous tenant fermement à cette manière de cultiver votre esprit et les ſciences, vous ne pouvez manquer de reconnoître une certitude dans les connoiſſances que vous acquererez.

Venons, mon ami, à vos réflexions. Je vous ai dit qu'elles étoient ſenſées; elles le ſont en effet; mais elles pêchent par un endroit: vous ſuppoſez, n'est-il pas vrai, que, ceux qui veulent établir l'étude de la Morale ſur un ſeul principe et en déduire, par un développement ſuivi, les obligations et les droits de l'homme, rejettent toute autre méthode d'inſtruction, et notamment celle que vous avez indiquée?

M. Il est vrai, que je ſuis porté à le croire: je l'ai conclu de ce que vous m'avez enſeigné.

L. Il n'en est pourtant point ainſi: il faut diſtinguer, quand je vous ai parlé de la manière d'acquérir des connoiſſances *exactes* de la Morale et d'y parvenir à une ſcience *parfaite*, je ne vous ai point parlé *de la manière de l'enſeigner* ou d'en donner des idées: il y a, mon ami, une grande différence entre ces deux cas. Vous avez très-bien obſervé, que les hommes ſont, à une infinité d'égards, ſi différens les uns des autres, ſoit par raport à leur état et à leurs diſpoſitions naturelles, ſoit principalement par raport à leur intelligence pour la compréhenſion, qu'il ſeroit impoſſible de leur donner des idées de leurs droits et de leurs devoirs de la façon dont je vous l'ai expoſé; mais de cet

état

état du genre humain, s'enfuit-il, que la scieñce de la Morale proprement dite puisse être acquise d'une manière différente de celle que je vous ai exposée? non asſurément: il en réſulte uniquement, que peu d'individus de l'espèce humaine ſe trouveront dans le cas d'acquérir cette ſcience, elle a cela de commun avec toutes les autres. Tous les hommes ne peuvent aſpirer à dévenir Architectes, Géomètres, Phyſiciens etc.

M. Cela est vrai, Monſieur; mais tous les hommes ne ſont pas dans la nécesſité d'employer l'Architecture, la Géométrie, la Phyſique etc. et par conſéquent d'en avoir des connoisſances justes; au lieu qu'ils ſont tous dans la nécesſité de ſe conduire moralement bien: et par conſéquent d'avoir les connoisſances, qui leur en indiquent la voye.

L. Ajoutez à ce que vous venez de dire, mon ami, pourtant *toute proportion gardée.* Si vous ne pouvez guérir radicalement un malade vous employerez des rémèdes lénitifs, vous vous contenterez de le ſoulager. Il faut, pour exercer la Marine, que les marins ſâchent conduire un navire. La Navigation est une ſcience, qui exige beaucoup de connoisſances, ſoit phyſiques, ſoit astronomiques: elle ne s'acquiert, que par une étude réglée, dans laquelle on rémonte aux vérités, qui en ſont la baze: à l'Arithmétique, la Géométrie, la Trigonométrie, la Phyſique: peu de perſonnes ſont en état d'acquérir cette ſcience, et la plupart des marins ne la posſédent et ne peuvent point la posſéder, parce que leurs facultés ne le permettent pas; or ſans être inſtruit des vérités, qui ſervent de principes primitifs à la ſcience nautique, de leur liaiſon, de

leur

leur enchainement, de leur développement; fans en avoir fuivi et apperçu la marche et les vérités qui en dérivent, on fe flattera vainement de posféder cette fcience.

M. On pourra cependant être bon navigateur, comme l'ont été bien des navigateurs fameux, qui ont fait le tour du monde, découvert des pays et des pasfages inconnus, et c'est cela préçifément qui peut, ce me femble, m'authorifer à penfer, que les hommes peuvent avoir des idées fufiifantes de la Morale et de la manière dont ils font obligés de fe conduire, fans en avoir cette connoisfance, que vous nommez *fcience:* et par conféquent, que cette fcience peut-être confidérée comme inutile, attendu que fi peu de perfonnes font propres à l'acquérir.

L. Vous allez un peu vite, mon ami, vous me paroisfez être toujours dans l'idée, que ceux, qui prétendent, qu'en traitant la Morale comme une fcience, on doit le faire de la manière que je vous ai montrée: et que fi l'on veut connoitre à fonds les droits et les dévoirs de l'homme dans les différentes rélations, dans lesquelles il peut fe trouver fur la terre, on ne peut s'empêcher de rémonter à fon droit et à fon devoir primitif, à la loi univerfelle qui les leur préfcrit, et d'en développer ainfi les conféquences; vous me paroisfez, dis je, perfuadé, que ceux qui foutiennent cette opinion, excluent du commerce journalier toute autre manière d'inftruction. Il n'en est pourtant pas ainfi, au contraire, ils approuvent toutes celles, qui peuvent fervir à éclairer les hommes fur leur propre intérêt, à leur infpirer de bons fentimens, à leur faire connoitre la vertu et le vice, le bien, qu'ils peuvent

es-

espérer de la pratique de l'une et le mal qui
doit leur arriver, s'ils se livrent à l'autre, enfin,
tout ce que l'on comprend ordinairement sous
la dénomination d'actions Morales: ils les approuvent d'autant plus, qu'ils sont convaincus, que
la différence de caractère, de génie, de facultés, de talens et de circonstances, exigent des
instructions différentes, des méthodes appropriées
aux individus à l'usage desquels elles doivent servir; ils ne réfusent même pas au théatre une
bonne influence sur l'esprit de l'homme, pour
lui inspirer des idées salutaires et vrayes de la
vertu et du vice, et l'engager à s'y conformer:
ils désapprouvent même un emploi général d'u-
ne seule et même méthode; parce qu'ils sont
persuadés, qu'une méthode universelle peut aussi
peu servir à instruire tous les différens esprits,
qu'un rémède universel peut convenir à toutes
sortes de maladies: ils ne réjettent donc pas la
méthode de SOCRATE. Celle de SALOMON
est à leur yeux un chef d'oeuvre d'instruction:
ils admirent avec respect la façon dont le Sauveur a énoncé ses instructions: ils sont persuadés
que des loix positives, telles que les dix commandemens, font plus d'impression, que tous les
raisonnemens et les développemens employés
pour porter les hommes à la pratique de leurs
devoirs; mais d'un autre côté, il font réflexion,
que de pareils commandemens, que des préceptes, tels que ceux du Roi SALOMON, ne font
pas naitre dans l'esprit humain des idées nettes,
claires et distinctes de la Moralité des actions
humaines: que ces idées ne font point assez sentir la bonté ou la méchanceté d'une action, et
la raison pour laquelle on doit la faire ou l'éviter:

ter: que ces préceptes n'en excitent que de confufes, capables à la vérité de donner à l'homme
une volonté générale de faire le bien et d'éviter le
mal; mais qui fouvent dans des cas particuliers lui
laiffent des doutes fur la juftefe de leur application.

. Or quoiqu'il foit vrai que la foiblefe de la
nature humaine, et les bornes de fon Entendement, nous mettent dans la nécesfité de nous
prêter à fes infirmités, et de nous contenter d'a-
voir d'une fcience des idées imparfaites et confufes, ne pouvant aller plus loin, comme l'on
fe contente de donner à un marin ce dégré de
connoisfances, par lequel il fe trouve en état de
faire tel ou tel voyage: il ne réfulte pas delà,
que nous devons nous borner à ces connoisfances imparfaites, et ne pas travailler à en acquérir de plus parfaites: nos connoisfances d'ailleurs
font fusceptibles de dégrés, parce que nos facultés le font ausfi, il y a presque autant de concep-
tions et d'entendemens différens, qu'il y a de têtes.
Ainfi comme nous devons nous accommoder à la
diverfité des génies, il est clair, que nous devons
employer diverfes méthodes, et parce que nous
devons nous mettre à la portée de la multitude, et
à caufe de cela, employer la manière d'inftruction
qui repond le mieux à fa capacité ordinaire;
d'un autre coté il ne faut pas négliger ces fortes de méthodes, qui peu accomodées à l'esprit
général, ont l'avantage de produire une plus
grande certitude et une pleine conviction: Si
cette méthode n'est propre, qu'a un petit nombre de fujets doués d'une capacité plus qu'ordinaire, elle a ausfi cela de particulier, que ceux,
qui l'ont fuivie, et qui par là font parvenus à
des connoisfances folides, fe trouvent en état de

Tom. I.   M   dé-

démontrer des vérités que d'autres n'adoptent
que fur des précèptes, et de montrer le défaut
des opinions erronnées, que l'on oppofe à fes
précèptes ou par lesquelles on les combat; car,
mon ami, il ne fuffit point de dire aux hommes
ce qu'ils doivent faire, il faut encore les en convaincre; or comment les convaincre, fi vous ne
pouvez les réfuter; et les réfuterez vous, fi vous
ne pouvez indiquer les erreurs de leurs opinions?

Les esprits faux font en grand nombre: ils répandent partout leurs fémences vénéneufes: Si
elles n'étouffent pas les impreffions falutaires que
des précèptes ou des maximes ont produites, du
moins les affoiblisfent-elles. Un Savant d'un
certain ordre a avancé une maxime, dont la pratique détruiroit toute fociabilité. *c'est pour fon
utilité*, dit-il, *que l'on contracte des engagemens: le même motif nous authorife à les
rompre*: cet argument a quelque chofe de fpécieux et d'éblouisfant pour le commun des esprits: l'homme, toujours difpofé à fe prévaloir des raifons, qui peuvent juftifier ou colorer
une mauvaife conduite, ne manquera pas d'adopter cette maxime lorsqu'il trouvera fon compte
à ne pas tenir fa parole: ces fortes de cas, mon
ami, ne font point rares: en lifant l'hiftoire, vous
en trouverez beaucoup dans lesquels on s'est permis de manquer à fes engagemens, d'après des
maximes ausfi déftructives de toute focieté entre les hommes; or, comment en faire fentir la
perverfité, comment raméner les hommes à des
opinions plus faines et à une conduite plus falutaire, fi l'on ne porte point l'étude de la
Morale à un dégré d'évidence, qui leur donne une pleine conviction? et comment parvenir

à

à cette évidence, fi l'on n'employe la feule méthode capable de la produire? le devoir de remplir fes engagemens eft une confequence qui
réfulte également de celui d'entretenir l'harmonie et la fociabilité. Ecartez l'idée de devoir
remplir fes promesfes, et vous faites tomber
celle de la fociabilité et de l'harmonie, parce
que les promesfes devant fervir de fondement
aux actes de notre volonté, et de motifs à nos
déterminations, leur oter la fureté, qui en fait
le mérite et la baze, c'est enfanter l'incertitude
et le défordre.

Croyez - vous, mon chèr Maurice, que je
m'entretiendrois avec tous les jeunes gens fur
les fujets que nous traitons, de la même manière que je le fais avec vous? Asfurement non:
je fuis fi convaincu de la nécesfité d'adopter les
inftructions aux facultés de ceux, que l'on veut
inftruire, que fi je n'avois point réconnu en vous
une difpofition très propre, à en récueillir le
fruit, je ne ferois pas entré avec vous dans une
carrière qui ne vous auroit pas convenu: Je ne
vous auroit pas conduit dans un chemin, ou vous
n'auriez vu que ténèbres et obfcurités.

Vous obfervez, mon ami, qu'en général les
hommes font plus difpofés à fe laisfer faifir par
des maximes, des fentences, et des précèptes
qui leur préfentent des vérités, que par des raifonnemens employés pour les en convaincre; que
ces précèptes et ces maximes font plus d'impresfion fur l'esprit humain, parce qu'ils frappent
l'imagination, réveillent l'attention et font fur l'entendement un effet, que ne peuvent produire des
raifonnemens trops froids, pour exciter dans l'a-
me une chaleur, dont elle femble avoir befoin

M 2   pour

pour être mife en activité: de là il vous paroît que les prémiers font plus propres, que des inftructions didactiques ou méthodiques, à infpirer à l'homme de l'amour pour la vertu et de l'horreur pour le vice. Votre obfervation, mon ami, est très fenfée et fondée fur l'expérience; mais ne voyons nous pas que les impreffions des fausfes maximes produifent le même effet, que celui, que nous attribuons aux bonnes, je veux dire, de gagner l'esprit; car c'est là proprement le but du précèpte. Le précepte tend à perfuader; le raifonnement à convaincre. Dans combien de malheurs le genre humain n'a-t'-il pas été précipité, combien d'erreurs n'ont pas été enfantés par l'influence d'une fausfe maxime que l'on a fu faire gouter? quel mekange impur d'actions impies et horribles, et d'oeuvres méritoires n'en a t-il pas fouvent été la fuite?

Ce que vous dites est vrai; mais il faut obferver en même tems, que la perfuafion, qui naît de fes impreffions, fe conferve bien moins et quelle est fujette à s'affoiblir aifément, dès que les impreffions cesfent; les perfuafions qu'elles ont produites, les adhéfions qu'elles ont excitées fe perdent, s'évanouïsfent bien vite: vous pouvez en faire tous les jours l'obfervation: d'où vient que la multitude, pénétrée de quelques vérités, qu'elle aura entendu prêcher aujourd'hui, n'en a demain aucune connoisfance? d'ou vient qu'on doute aujourd'hui de la vérité d'une maxime, que hier l'on adoptait fans balancer? c'est parce que la conviction manque: dès qu'on n'est point convaincu, la croyance et la foi font chancelantes; or la conviction ne fe produit que par l'opération de l'entendement qui fait naitre la certitude.

Si

Si l'efprit de l'homme fe prête plus aux impreffions, que font fur lui les maximes et les précèptes, qu'a une doctrine méthodique, les précèptes et les maximes peuvent également lui donner des impulfions tant au mal qu'au bien : On voit même en confultant la conduite que les hommes tiennent ordinairement, qu'ils ont en général plus de penchant à fe laiffer perfuader par de faux précèptes, par des maximes erronnées, que par celles, qui leur répréfentent la vérité.

Pouvez-vous, mon ami, réflêchir fans horreur fur l'idée d'immoller des enfans, de lès jetter tout vifs dans un brazier, afin d'expier par ces facrifices les crimes dont un peuple s'est rendu coupable, et de flêchir la colère de l'Etre Suprême, combien de maux n'a pas produits fur la terre la maxime de *contrains les d'entrer :* cette fauffe perfuafion de pouvoir contraindre les hommes par le fer et le feu à adopter le culte que nous fuivons ? l'hiftoire du monde est remplie des écarts, auxquels les hommes fe font livrés en fuivant des opinions erronnées : Si la nature de l'homme fe rend plus fusceptible de fe laiffer determiner à des mouvemens de vertu fur l'enoncé d'un précèpte que fur un raifonnement, qui lui prouve fon devoir ; combien n'est il pas auffi plus fusceptible de fe livrer au mal par les impreffions, que des maximes erronnées peuvent faire fur fon efprit.

A-t-on befoin d'en chercher d'autre preuve que cet enthoufiasme, qui a menacé et menace encore de faifir et d'exalter l'efprit de tous les peuples de l'Europe et peut être du monde entier : qui a changé en un peuple barbare la Na-

tion

tion qu'on régardoit comme la plus civilifée du genre humain, dont la marche actuelle est partout teinte de fang, et qui ne met point de bornes aux excès de fa perfécution et de fa tyrannie? mais à quoi attribuer cet enthoufiasme, ou plutôt cette frénéfie; à la jouiffance de *la liberté et de l'égalité :* à une idée faufse ou confufe de liberté, à la faufse maxime, que cette libérté est le plus excellent et le plus cher attribut de l'efpèce humaine, auquel tout doit être facrifié, à la folle imagination, qu'un état, ou il y a un Chef, n'est pas libre, que les individus qui le compofent font des esclaves : vous concevez bien, que lorsque les esprits font montés fur ce ton et imbus de pareilles maximes, vous leur prechèrez en vain celle de Jefus Christ: *rendez à Dieu ce qui est à Dieu, et à Céfar ce qui est à Cefar.* Infpirez aux hommes l'idée d'égalité, telle que les patriottes la prèchent en France, et dès lors il n'y a plus de propriétés: tout est en commun, ou plutôt à la merci d'un petit nombre de ravisfeurs, qui dépouillent les particuliers, fous prêtexte de fervir la nation; et qui envahisfent le bien d'autrui pour fournir aux befoins dans lesquels ils ont plongé l'état. Jettez un coup d'oeuil fur le tableau éffrayant de tous les maux, de toures les horreurs et des abominations, que l'impresfion des faufses maximes ont attiré fur la France, et vous fentirez, combien il féroit dangereux de s'en tenir uniquement à des précèptes pour engager les hommes à pratiquer la vertu et à s'abstenir du vice. D'où vient, que d'un jour à l'autre, on maudisfe celui, qu'on avoit béni, et que le peuple crie aujourd'hui *crufifie,* et crioit hier *Hozanna?*

d'où

d'où vient cette légéreté dans la multitude, fi ce n'est de la facilité à fe laiffer furprendre et faifir par de fauffes inductions? Il faut, mon ami, et je crois vous en avoir convaincu, il faut éclairer l'Entendement humain et y porter la conviction, pour qu'aucun doute ne l'arrète fur les déterminations de fa volonté pour éffacer les préjugés dont il pourroit être imbus, et le prémunir contre les impreffions d'une fauffe doctrine.

M. Je conviens, Monfieur, de tout ce que vous venez de m'expofer; mais je m'arrète toujours à *l'impoffibilité* d'adopter votre méthode, à l'impuiffance dans laquelle la plupart des hommes fe trouvent d'en rétirer du fruit; car, fi d'un coté, les mauvaifes maximes et les faux précèptes peuvent entrainer les hommes à commettre le mal, commes les bonnes peuvent les animer au bien; n'en est il pas de même de l'effet des raifonnemens? de faux raifonnemens ne peuvent il pas induire en erreur, tout comme de bons raifonnemens peuvent faire connoitre la vérité? Ce que nous voyons arriver de nos jours, l'idée du patriotisme moderne n'est pas inculquée fur de fimples maximes et de préceptes; mais fur une doctrine, que l'on foutient par des raifonnemens.

L. Cela est vrai. mon ami; mais rémarquez, que ces raifonnemens ont pour baze des principes erronnés et de fauffes maximes, et que l'on ne peut en faire révenir la multitude, qu'en lui en faifant réconnoitre les defauts et les erreurs; comment y parvenir, fi l'on n'éclaire point fon entendement? comment éclairer fon entendement, fi l'on ne lui montre pas les four-

ces

ces de fes erreurs? et comment lui faire appercevoir celle-ci, fi l'on ne fixe pas fon attention, fur ce qui doit faire le fondement de fon
jugement, et des déterminations de fa volonté?
Vous voyez par là, mon ami, que pour éclairer le genre humain fur fes droits et fur fes
dévoirs, et pour porter la multitude à fe conformer aux préceptes et aux maximes falutaires,
qui doivent la guider, il faut en revenir toujours
à des inftructions, dans lesquelles les vérités de
la Morale foient expofées et développées de
manière a pouvoir produire la conviction et la
certitude; or vous convenés avec moi, que ceci
ne peut fe faire, que par une méthode réglée,
dans laquelle on déduit par un développement
fuivi, les vérités particulières de celles, qui font
plus générales. L'efprit, percevant leur liaifon,
fe rend à l'évidence.

M. Je l'avoue, Monfieur; mais comment répondre à l'objection, que l'on fait ordinairement,
contre l'utilité des ouvrages fysthématiques de
Morale? malgré ces enfeignemens, vous dit-on,
on voit tous les jours fe commettre des mé-
chancetés, des iniquités et des crimes, et il ne
paroit pas que le monde dévienne meilleur par
les inftructions fysthématiques: cette objection ne
me femble point frivole.

L. En la confidérant de près, vous y déme-
lerez pourtant un défaut d'exactitude; car tout
ce que la perféverance dans le mal, nous donneroit droit d'en inférer, ce feroit, que le fujet, qui y perfévère, est trop perverti pour pouvoir être corrigé; d'où il s'enfuivroit uniquement,
que tout enfeignement, toute inftruction,
toute doctrine est inutile à fon égard, et qu'il

ne faudroit employer aucune manière pour le guérir; et cela ne feroit-il pas ausſi abſurde, que de vouloir réfuſer des rémèdes à un homme, qui auroit l'esprit troublé, parce que, malgré ceux, qu'on lui auroit adminiſtrés, on le verroit faire journellement des folies, ou qu'on le privat de ceux, qui ſeuls peuvent ſervir à ſa guériſſon, parce qu'on le verroit toujours dans un état de démence? Le célèbre LOCKE compare ce raiſonnement avec celui d'une ſervante, qui s'abſtiendroit de balayer un appartement, à cauſe de l'impoſſibilité d'en oter jusqu'à la moindre pousſiére. La nature de l'homme est telle, qu'on ne ſauroit ſe flatter d'en faire un Etre parfait: il faut qu'il bronche: qu'il ait des préjugés, qu'il commette des fautes, enfin, il faut que ſes actions portent le caractère d'un Etre très borné; mais cela n'empêche point, qu'il ne puisſe être plus ou moins éloigné, ou plus ou moins près de la perfection: cela n'empêche point, que ſes facultés et ſes talens ne puisſent être cultivés et corrigés de manière, que ſon Entendement plus éclairé, détermine ſa volonté plus coüvénablement à ſon état, que s'il étoit, pour ainſi dire, resté brut: de quel moyen qu'on ſe ſerve pour éclairer ſon Entendement, et quelquè foible, ou même nul, qu'en ſoit le ſuccès, il ſera toujours utile d'en employer; parce qu'on ne perd rien en le tentant, et qu'on gagne beaucoup en réusſisſant.

D'ailleurs, mon ami, ne vous laisſez pas trop entrainer par la perſuaſion, dans laquelle vous paroisſez être par rapport au peu de fruits que les inſtructions ſur les moeurs ſemblent produire; et gardez vous contre les apparences, qui

 peu-

peuvent vous porter à croire, que les ouvrages
dogmatiques et fysthématiques n'ont produits aucun changement dans les moeurs des nations et
des hommes en général. Ceux, qui l'avancent,
n'ont vraifemblablement pas fait l'attention nécesfaire pour pouvoir en décider; quant à moi,
je crois, mon ami, que les ouvrages des moralistes *modernes* du fiècle dernier ont beaucoup concouru à adoucir les moeurs et les fentimens barbares, qui prévaloient encore en Europe, il y a trois fiècles: et que nous devons à
nos foi-difans Philofophes modernes la perverfité des moeurs, qui règne aujourd'hui généralement en Europe,

Vous ne voyez plus de ces fcenes affreufes,
qui ont caractérifés les conquêtes des Espagnols
et des Portugais dans les Indes: on ne réduit
plus en fervitude, on n'extermine plus les nations, que l'on foumet à fon empire: l'esprit de
tolérance a gagné partout, et il n'est pas douteux, que ces heureufes dispofitions ne foyent l'effet et les fruits des enfeignemens plus ou moins
méthodiques, par lesquels on a tâché d'éclairer
l'esprit humain, depuis que la Réligion Romaine
a commencé par être épurée, qu'on s'est appliqué à l'étude du Droit, qu'on s'est écarté de
la Philofophie Scholastique, qu'on a récherché
les attributs de l'Entendement humain et la façon de chercher la vérité, de la découvrir et
de s'en convaincre. La réforme dans les fciences
femble avoir produit une réforme générale dans
les moeurs, du moins depuis que GROTIUS a
publié fon ouvrage *de la Guerre et de la Paix*,
ouvrage, qui a été fuivi par nombre d'autres de
ce genre, destinés à apprendre aux hommes,

leurs

leurs droits et leurs devoirs; depuis lors - disje,
on n'a pas vu ces perfécutions pour caufe de la
Réligion ; ces conquêtes entreprifes fous prétexte
d'amener des peuples idolatres au vrai culte de
Dieu, à la véritable croyance de la Divinité. On
ne réduit plus un peuple vaincu en esclavage
comme les Grecs et les Romains le faifoient de
leur tems ; on ne dépouille pas les particuliers
de leurs propriétés: on refpecte leur Réligion,
leurs loix et leurs ufages. Croyez moi, mon
ami, ces changemens ne feroient point arrivés,
fi l'esprit général n'y eut été préparé, et il n'y
auroit point été préparé, fi les progrès dans les
fciences et dans l'art de les enfeigner n'en avoient
jetté les fémences. Car il convient d'obferver,
que les progrès de l'esprit humain dans la connoisfance des vérités Morales ne fe font pas tout
d'un coup, et que fes effets ne font fenfibles
dans la conduite de l'homme, que progresfi-
vement, lentement, et imperceptiblement: les
établisfemens des Univerfités ont donné lieu à
des enfeignemens réguliers, à former des infti-
tuteurs intelligens, qui, répandus dans la fociété,
ou employés à l'éducation de la jeunesfe, ou
engagés par leur profesfion à faire connoitre les
vrais principes d'une faine Morale, à les répréfenter, à les enfeigner, à les faire fervir de baze
à leurs inftructions, y ont fait germer ces fémences de Morale, dont les fruits ont introduits infenfiblement cet adoucisfement dans les moeurs,
qui peut fervir à distinguer les deux derniers fiècles de ceux, qui les ont précedés. En méditant fur ce que je viens de vous expofer, vous
ne ferez, je crois, aucune difficulté de réconnoitre, que la perféverance dans le mal, que nous
ré-

rémarquons parmi les hommes, ne prouve pas l'inutilité des inſtructions dogmatiques et ſyſthématiques: pour pouvoir en tirer cette concluſion, il faudroit que l'expérience nous prouvat, que les erreurs, les égaremens, et les écarts ſe ſont toujours maintenus au même dégré. Si un paralytique n'a pas entièrement récouvré ſa ſanté, direz vous que les rémèdes, qui l'ont rétabli en partie, ſont inutiles: et ne ſéra ce pas toujours un grand avantage pour le genre humain, qu'on le guériſſe en partie des maux et du délire dont ſon esprit est ſaiſi, bien qu'on ne puiſſe le faire entièrement? mais, comme il est plus facile en toutes choſes de détruire, que d'édifier, vous voyez auſſi, mon ami, dans la révolution, qui afflige actuellement la France, et dont les effets s'étendent et ſe font ſentir dans les quatre parties de notre globe, combien peu il en coute pour faire retomber les hommes dans les excès les plus affreux et les plus barbares, dès qu'on leur fait perdre les ſaines idées de leur bonheur. Je crois, mon ami, qu'il ne ſera point inutile de vous donner un petit expoſé hiſtorique du changement, qui s'est fait dans la contemplation de la Morale, depuis l'établiſſement de la Réligion jusqu'à nos jours.

Quoique préparée depuis quelque tems, la chute ne s'est pas faite tout d'un coup, mais de loin en loin, ainſi que les ouvrages de DÉSCARTES, de LEIBNITZ, de CLARCKE, de LOCKE, de MALEBRANCHE et de pluſieurs autres Savans ont contribué de différentes manières à éclairer l'esprit et à épurer l'Entendement par une voye lente et imperceptible: ainſi quelques esprits modernes ont travaillé ſourdement

dans

dans ces derniers tems à y faire révivre les erreurs, qui en avoient été bannis: ces coriphées de nos jours ont répandu le poison par tout, et ce poison a été préparé d'une manière si agréable et si attrayante, que les esprits foibles s'y font laissés prendre, et que ceux mêmes, qui auroient dû en prévoir les suites, en ont été ébranlés. Cependant nous en avons vu, qui remarquant de loin les pernicieux effets des coups, qu'une fatale licence de la plume, portoit au fentimens de la Morale et de la Réligion, sous prétexte d'endoctriner l'esprit humain d'une Philofophie simple et épurée, se font élevés contre fes efforts; mais malheureufement d'une façon qui n'a pas fait fructifier leur travail: VOLTAIRE n'a rien négligé dans fes écrits, tant en profe, qu'en vers, pour jetter du ridicule et du mépris fur le culte Divin et la bonne Morale: ROUSSEAU s'est fingulièrement appliqué à détruire toutes les idées et tous les fentimens de la Morale généralement réçus et fuivis: Ces deux génies, imités par d'autres, ont, pour ainfi dire, peftiféré le genre humain, rélativement à fes fentimens moraux. Vous aurez fouvent rémarqué, que, quand un perfonnage prend le haut ton dans une compagnie, jette du mépris fur ceux, qui ne font pas de fon fentiment, afin de détourner les auditeurs de l'attention, qu'ils pourroient prêter à fes discours, et les engager à n'écouter que lui feul; de même, mon ami, nos esprits tranfcendans de notre fiècle, très convaincus, qu'ils n'atteindroient jamais au but qu'ils avoient en vue, fi les écrits des Savans, qui avoient un crédit général, confervoient l'influence dont ils jouïffoient, ces dictateurs modernes fe font

for-

fortement appliqués à les décrier, à répréfenter leur travail fous un faux jour, à dépeindre en-fin ces auteurs comme des génies égarés, qui, s'étant écartés de la vraye Philofophie, n'avoient débités que des idées creufes, des extravagances puifées dans une érudition ausfi deplacée que mal employée: S'étant mis en posfesfion de la tribune littéraire, parlant en chefs de la Répu-blique des lettres et en dictateurs des connois-fances humaines, fe régardant comme feuls ca-pables d'inftruire le monde et de lui annoncer les vérités qui l'interresfent, leur plume a fait ce que fit à ATHÉNES la langue de DÉMOSTHÈNE: elle a enforcelé la plus grande partie de la mul-titude; on a voulu lire et on a lu VOLTAIRE et ROUSSEAU; on a avalé à long traits le poifon répandu dans leurs productions, leurs opinions et leur fentimens; on a pris gout à leur ma-nière de penfer, de réfléchir et de raifonner: Voilà comment les idées Morales fe font cor-rompues de nos jours: voilà la fource des abominations qui fe commettent en plufieurs pays. Je ne vous parle pas, mon cher Maurice, des dérèglemens affreux, des débauches exécrables, des obfcénités degoutantes auxquelles on s'y abandonne: la tyrannie effroyable, qu'on y exer-ce, fuffit pour nous inftruire des excès auxquels l'homme peut fe livrer, lorsqu'une fois il s'est laisfé aller à l'impresfion et à l'influence d'un faux principe.

Tout ce que je viens de vous dire éclaircit, ce me femble, notre petite discusfion. J'en con-clus 1° que toutes les différentes méthodes d'in-ftructions, peuvent être utiles et qu'ainfi on ne doit en réjetter aucune, 2° qu'on doit choifir

entre elles celles, qui font les plus propres à
asfurer et à affirmer l'efprit fur les vérités, qu'on
veut lui faire connoître. 3° que dans le choix
des inftruétions et dans la manière de les donner, il faut furtout avoir égard à la capacité de
celui, ou de ceux, que l'on veut inftruire. 4ᶜ que
la méthode, qui conduit à la conviction est préférable à toutes les autres et qu'il faut s'en fervir, lorsque la capacité de ceux, qui veulent être
inftruits, le permet.

Nous pouvons, je crois, un peu prendre halei-
ne, et rémettre à un autre jour la continuation
de notre Entretien fur la néceffité de fuivre une
pareille méthode et l'infuffifance de toute autre
univerfelle.

Il est d'ailleurs bon, mon ami, que vous prenez quelque tems pour méditer fur ce que nous
venons de discuter. Il ne faut pas furcharger
l'efprit, il est nécesfaire qu'il fe répofe et qu'il
répasfe les méditations qu'il a faites et les vérités, qu'elles lui ont fait connoitre, afin de s'en
convaincre d'avantage et d'affermir fa conviction.
En fe donnant trop précipitamment aux inftructions, on court risque d'en perdre la mémoire et de rétomber dans un amas confus d'idées
que l'on avoit déjà conçues et éclaircies; tel
qu'un écolier, qui pasfant trop vite d'une fui-
et d'opérations algèbriques à une autre, oublie
facilement les démonftrations, fur lesquelles il
a continué d'en faire d'autres. Il faut foigneufement éviter cet empresfement. Pour bien s'inftruire, il faut récapituler, revenir' fouvent
aux premières notions et fe rappeller fans cesfe les preuves et l'enchainement des vérités,
dont on s'est fait un fyfthème lié. Ne vous
éton-

étonnez donc pas, fi vous rémarqué des répeti- tions dans mes Entretiens; cela est non feule- ment utile, mais nécesfaire pour vous inculquer les vérités, que je tache de vous faire compren- dre; ainfi, mon ami, repasfez celles dont nous venons de nous entretenir: examinez - les, pe- fez - les, et voyez, fi vous y trouvez la liaifon qu'elles doivent avoir avec celles, qui ont fait le fujet de nos précédens Entretiens.

DOUZIEME ENTRETIEN.

Sur les doutes que des précèptes généraux peu- vent faire naitre dans leur application à des cas particuliers.

J'avóis laisfé pasfer plufieurs jours, non pas fans voir mon Disciple, mais fans réprendre la fuite de nos Entretiens ordinaires: tantôt je lui propofois une promenade, tantôt de faire un tour en voiture, tantôt je l'engagois à nous amufer à quelqu'expérience de phyfique, ou à quelque diftraction, ou toute autre amufement: Remarquant, que j'évitois de reprendre nos con- verfations précédentes, il eut la difcrétion de garder le filence. Vous rappellez - vous, lui dis- je, enfin un jour, le fujet de notre dernier En- tretien fur la Morale? Non feulement je m'en fouvient, me repondit - il, mais j'y ai réfléchi tout

le

le tems que vous avez laisſé écouler ſans continuer vos inſtructions: Je vous en ſais gré,
Monſieur, parce que ce tems m'a ſervi à me
convaincre par expérience de la vérité de ce que
vous m'avez dit par rapport à la néceſſité de
remonter aux opérations élémentaires de notre
Entendement, de les réprendre et de s'y attacher; je l'ai ſait par rapport à nos converſations
et je crois en récueillir quelque fruit.

L. Vous vous rappellerez donc, mon ami,
que nous étions à discuter la question, ſi des
préceptes et des maximes n'étoient pas plus propres à inſtruire le genre humain, du moins à le
diſpoſer au bien, que les ouvrages ſcientiſiques:
que j'en ſoutenois la négative: que je prétends
que les préceptes et les maximes, quoique utiles et néceſſaires, même pour guider le vulgaire, n'excitent pourtant que des idées confuſes,
qui en gros, peuvent porter les hommes à faire
le bien et à éviter le mal, mais qui ſouvent les
rendent incertains de leur application, lorsqu'ils
ſont dans le cas d'agir.

M. Je ſais, Monſieur, que vous en démeurié-
là ſur ce point; j'ai conſervé un ſouvenir très
diſtinct de ce que vous m'en avez dit.

L. Eh bien, mon ami, je vais continuer;
et je commencerai par vous rappeller quelques
uns des préceptes les plus connus, et dont la vérité ainſi que l'evidence ne ſurent jamais con-
teſtées.

Par exemple le commandement *tu ne tueras
point*, excite l'idée du devoir de ne pas ôter la
vie à quelqu'un, ſoit de gaité de coeur, ſoit
pour lui ravir ſon bien; mais comprend il la dé-
ſenſe de tuer un injuste agreſſeur, et détermi-

ne-t-il jusqu'à quel point on doit éviter de le faire? Les hostilités d'une nation suscitent une guerre, et font naitre le droit de tuer son enne-mi, Dieu lui-même a commandé plus d'une fois aux Israëlites de tuer et d'exterminer.

Honore ton Père et ta Mère, est un comman-*dement général*, dont il est aisé de se faire une idée, parce que l'on conçoit en général ce que c'est qu'*honorer*; mais quand il se présente des cas particuliers, on peut douter, si le précepte y souffre une application. Il en est ainsi de tous les préceptes: et par là vous voyez, mon ami, que quoiqu'il soit utile et même nécessaire, d'en donner à la multitude, il faut néamoins quelque chose de plus, pour pouvoir se déterminer dans les différens cas, dans lesquels on peut se trou-ver, et qui pourroient nous faire douter de la conduite que nous devons tenir.

Vous voyez, que souvent les hommes se trom-pent par un défaut de lumières, non dans les ac-tions, dont la Moralité est sensible, mais dans celles, où elle ne se manifeste pas si évidemment; souvent, en faisant mal, ils croyent bien faire, dé-terminés par ces fortes de persuasions que l'on nomme *érronnées*: quelle en est la raison? Le manque d'une connoisfance fondée sur celle des premières vérités: c'est là la source de leurs er-reurs.

Tout homme dit-on, *doit travailler au bien de l'état dont il est membre*: autre maxime gé-néralement reçue: elle exprime une vérité qui paroit incontestable, et qui cependant ne peut être admise sans modification. D'après cette ma-xime on s'élève souvent contre un gouvernement: les moindres individus s'en prévalent pour s'ar-

roger le droit de juger du bien de l'état, des
moyens qui doivent être employés pour l'obtenir; et, passant d'une prétension à une autre, ils
se croyent en droit de le reformer, ou du moins
de concourir à une reforme. Comment s'opposer à de pareilles erreurs et aux effets d'une maxime, qui, vraye dans le fonds, est mal saisie,
mal interprétée et insidieusement employée pour
parvenir à des fins injustes, si l'on n'est point
en état de démontrer, que tout citoyen doit, à la
vérité, travailler au bien de l'état; mais qu'il
doit le faire uniquement *suivant la condition et
la position dans lesquelles il se trouve, comme membre de cet état.* Comment convaincre
les habitans d'un pays, que cette maxime heurte
le principe de l'harmonie et celui de la socialité, lorsque les individus d'un état sortent de
leur sphère, s'émancipent à donner leurs vues,
leurs idées et leurs jugemens comme règles de
la conduite à tenir dans le gouvernement public:
lorsqu'on les a endoctrinés de manière à leur
persuader, qu'ils peuvent se soulèver contre l'autorité établie, la changer, la réformer, l'annul-
ler, y en substituer un autre, toutes les fois
qu'ils le jugeront à propos: qu'ils sont les maitres de destituer les chefs d'un état de leurs dig-
nités, aussi souvent que l'envie leur en prendra
et de déplacer à leur gré ceux, qui occupent
quelqu'emploi, ou tiennent quelque place dans
l'administration publique.

M. Eh, Monsieur! y a-t-il des insensés qui
soutiennent de pareilles absurdités?

L. Si l'on n'en avoit des preuves indubitables, on ne pourroit se le persuader.

Je vous communiquerai un discours d'un pro-
 fes-

fesseur hollandois, savant, homme de mérite et très éclairé, qui s'est servi de la maxime : *que chacun doit travailler au bien-être de l'état*, pour prêcher l'insurrection. et lorsque le tems vous permettra de lire des ouvrages soi-disans politiques, vous y trouverez cette doctrine enseignée. Elle est surtout très-fortement inculquée dans les écrits, qui se sont repandus dans ces derniers tems, et dans lesquels il est traité de la *Majesté du Peuple*. Les événemens présens vous font voir jusques à quels écarts cette prétendue Majesté du Peuple exalte les esprits, et combien il est facile de les imbuer de maximes également fausses et pernicieuses. Nous n'avons qu'à récourir à notre principe de l'harmonie, pour en sentir la fausseté. Dès que l'unité manque à un corps, ses parties ne peuvent concourir à une même fin; et dès qu'elles sont en défaut de ce côté-là, il ne peut y avoir de l'harmonie dans le corps. Les insurgens, qui sous le nom de patriottes, se sont soulèvés dans différens pays contre le gouvernement établi, qu'ont ils fait? Ils ont fait évanouir l'unité, qui faisoit de la multitude un corps Social; ils y ont fait naitre différens partis et par cela même ont détruit l'harmonie, qui lui conservoit son existence.

Voilà donc la fausseté de leur doctrine prouvée. Car si nous devons regarder comme le premier de nos devoirs, celui de conserver l'harmonie dans un état, il est certain, que toute action qui y est contraire, est mauvaise, et qu'une conduite, qui tend à la détruire, ne peut admettre de justification Je crois, mon ami, que vous êtes maintenant convaincu, qu'il n'est point inutile de traiter la Morale d'une maniére scientifique,

c'estc'est-à-dire, d'en foumettre l'étude à une méthode, qui, quoique peu agréable, peu faite pour le vulgaire, et fi vous voulez d'aucun ufage pour des esprits bornés, conduit néamoins à une fcience, par laquelle nous nous convainquons des vérités qui doivent règler notre conduite, de la bonté ou de la malice des actions humaines, et des devoirs, ainfi que des droits attachés à la condition de l'homme. Cette méthode produit encore un autre effet. Elle fournit au genre humain les moyens de juger de la Moralité de fes actions dans les cas, où il y a, comme l'on dit, du pour et du contre, où il existe un conflict ou une collifion de devoirs. Il en est beaucoup de ce genre, et il en nait fouvent entre les Nations : je vous en citerai deux exemples. Les Nations coälifées contre la France ont exigé de plufieurs Puisfances, qu'elles ne permisfent point le transport de denrées de leurs états en France, l'admiffion des corfaires François dans leurs ports, et encore moins la vente des prifes, que ces armateurs y conduiroient : quelques Puisfances ont réfufé d'accèder à cette réquifition, alléguant pour motif de leur réfus le droit de neutralité ; c'est à-dire, celui d'accorder aux François ce qu'elles ne réfufoient pas aux Puisfances coälifées. La réquifition est-elle fondée ? Le réfus l'est-il ?

L'on a admis dans le droit des gens, qu'une puisfance peut s'abftenir de prendre part dans une guerre : et que dans ces cas il doit lui être libre de conferver fes liaifons et d'agir avec les Puisfances belligérantes, comme fi elles ne l'étoient pas, pourvu qu'elle ne réfufe pas à l'une ce qu'elle accorde à l'autre. Sur ce fondement les Puisfances neutres s'excufent de fatisfaire à

la

la réquifition des Puiffances coälifées. Celles-ci
répréfentent, outre les raifons alléguées d'ailleurs, que les autres ne peuvent fe fonder, fur
la neutralité adoptée par le droit des gens, attendu que les François, avec lesquels elles font
en guerre, font des rébelles, des foulévés, des
brigands, qui ménacent toutes les têtes couron-
nées, et de fubjuguer à leur empire et à leurs
principes tous les états du monde: qu'ils ne fe
diftinguent que par des horreurs, des maffacres,
des brigandages et s'élévent comme un fléau dé-
ftructeur de tout le genre humain. Qu'une multitude de pareils enragés ne peut-être confidérée comme une nation; mais qu'elle ne forme
dans le fonds qu'un asfemblage de brigands, dont
ceux, qui tiennent la mer, fous leur autorité,
doivent être regardés commes des pirates, envers lesquels le droit de neutralité ne peut avoir
lieu, et que toute les Puifances font intéres-
fées à exterminer. Voyez un peu comment vous
décideriez la question; il y a comme vous le
voyez, mon ami, du pour et du contre, il faut
donc quelque chofe de plus que des préceptes
et des maximes pour juger de ce que l'on a droit
de faire, ou ce que l'on est obligé d'omettre
dans les cas qui fe préfentent. Avant de pouvoir fe décider dans le cours de la vie, il faut
être inftruit de ce que l'on fe doit 1°. à foi-
méme dans les états et les rélations différentes,
dans lesquelles on peut fuccesfivement fe trouver: 2°. des devoirs auxquels nous fommes tenus envers les autres hommes: nous en ferons
le fujet de nos Entretiens fuivans.

TREI-

TREIZIEME ENTRETIEN.

Des devoirs généraux, auxquels l'homme est
tenu envers lui même, confidéré dans
fon état Naturel.

Je vous ai dit, mon ami, que pour mettre de
l'ordre dans nos idées fur la Morale, et en
faciliter la doctrine, quelques favans les ont di-
vifées en trois clasfes; favoir celles, qui ont
rapport à nos devoirs envers l'Etre Suprême; celles, qui concernent nos devoirs envers nous
mêmes, et celles, qui regardent nos devoirs envers les autres hommes. Comme les premières
forment l'objet d'une fcience particulière, que
l'on nomme *Théologie*, je ne m'y arrêterai pas
pour le préfent.

Fondée fur d'autres principes, que ceux qui
nous indiquent nos devoirs envers nous mêmes et
envers nos femblables, nous pourrons nous en
entretenir après avoir achevé l'examen des deux
dernières.

Parmi les différentes divifions des devoirs on
fait communément celle des *devoirs parfaits et*
imparfaits.

Par un *devoir parfait*, ou par une *obligation*
parfaite, on entend celle, dont un autre peut
exiger l'accomplisfemens, par des rémèdes efficaces: c'est-à-dire, un individu, par rapport à
un autre, dans l'état civil, par l'intervention du

 Sou-

Souverain, ou du juge commun, et de Nation à Nation, par la guerre: tandis que par *devoir imparfait*, ou *obligation imparfaite*, l'on entend, celle, dont on ne peut exiger l'accomplisfement par la force; mais à laquelle, l'on satisfait par le motif, d'un fentiment intérieur qu'on resfent, qu'en la remplisfant, on repond aux obligations de la loi naturelle, qui nous ordonne de faire tout ce qui tend à l'harmonie et à la perfection.

Vous comprenez par-là, que cette distinction des devoirs parfaits et impartaits, ne fauroit diminuer la validité des obligations imparfaites auxquelles l'on est tenu, puisque la loi naturelle préfcrit, tout ce qui peut contribuer à mettre de l'harmonie dans toutes nos actions, et de procurer et augmenter par-là le bonheur du genre humain, tandis que par la négligence, d'accomplir les devoirs imparfaits l'on s'attire la malveillance des autres hommes, et qu'on les détourne de faire ce qui peut contribuer à rendre la vie agréable.

M. Permettez moi, Monfieur, de vous démander, felon quel principe, ou fuivant quelle règle l'on pourra déterminer, fi une obligation doit être confidérée comme parfaite, ou imparfaite.

L. Ce principe, ou cette règle, Maurice, est très naturelle, la voici: fi celui, qui prétend avoir une obligation à la charge de quelqu'un, et celui, qui la nie, peuvent juger tous les deux, fi le cas de devoir fatisfaire à l'obligation exifte ou n'exifte point, l'obligation fera parfaite ou imparfaite; dans le premier cas, elle fera parfaite, et on aura le droit de forcer l'autre à la remplir;

plir; mais elle fera imparfaite dans le cas que ce jugement ne pourra fe faire, que par l'un des deux, et alors il n'y aura point de droit de contrainte de la part de celui, qui exigera l'accompliffement de l'obligation.

M. Mais, Monfieur, comment et dans quel cas, fi deux perfonnes fe difputent fur la néceffité de remplir une obligation, pourra-t'-on favoir, quelle fera parfaite ou imparfaite? car vous me permettrez d'obferver que je fuis toùjours en état de juger fi quelqu'un remplit à mon égard, ce, à quoi il s'eft obligé, et pareillement il peut juger de fon côté, s'il y trouve fon intérêt de le faire: je ne puis donc point me repréfenter le cas ou l'un des deux pourra porter feul ce jugement.

L. Je vais tâcher de vous tirer de cette incertitude et de vous faire voir la juftesfe de la diftinction. Il faut d'abord obferver, que ce n'eft point le jugement de l'intérêt, ou de la convenance, que quelqu'un peut avoir de fatisfaire à une obligation quelconque, qui lui donne la faculté de déterminer s'il doit y fatisfaire ou non; mais il doit juger, fi en y fatisfaifant, il agit conformément à l'harmonie, par exemple: vous avez contractés une dette, il eft clair, qu'en conféquence de votre engagement, vous devez la payer au tems marqué, vous jugé, que vous y êtes obligé par le principe général, que vous devez remplir vos engagemens, votre créditeur peut pareillement, par le même principe, juger, que vous devez y fatisfaire: mais fi quelqu'un vous demande l'aumone, ou quelqu'autre acte de bienveillance, il eft clair, que

N 5

vous

vous, qui vous trouvé dans un état aifé, êtes obligé de faire l'aumone et d'exercer la bienveillance; mais celui, qui vous la demande peut-il pareillement juger, fi votre fituation vous permet d'y fatisfaire fans manquer à des devoirs plus presfans? vous conviendrez que non, puis qu'il ne peut connoitre tous les devoirs, auxquels la loi naturelle, dans la fituation, où vous pouvez vous trouver, vous oblige, par conféquent il ne fauroit avoir droit de contrainte, car fi vous adoptez, que l'obligation de faire l'aumone, ou d'exercer quelqu'autre acte de bienveillance foit parfaite, vous devez admettre, que celui, qui vous demanderoit l'aumône, ou qui vous prieroit de lui rendre un fervice quelconque, auroit le droit de juger, fi vous pouvez y fatisfaire, ou non, et bien encore au moment qu'il l'exigeroit; par-là vous cesferiez d'être le libre arbitre de vos actions et vous feriez asfujetti par rapport au jugement que vous devez porter, fi en y deférant, vous rempliriez les devoirs que la loi naturelle vous preferit envers vous même, au bon plaifir de chacun, qui vous feroit la même demande; car, fi votre obligation feroit parfaite envers l'un, elle le feroit également à l'égard de tous les autres, et ainfi vous feriez foumis aux caprices de tous les hommes; fi vous êtes foumis à la volonté d'un autre, il eft évident, que vous pouvez être empêché de diriger vos actions conformement à vos devoirs plus presfans et par là l'harmonie, qui doit régner dans toutes vos actions, feroit manifestement troublée, tandis que cette harmonie fubfiftera dès que chacun pourra juger et fe détermiminer par foi-même, si l'action, qu'on exige de lui, est conforme aux obligations, que la loi naturelle lui impose.

La raison, pourquoi la Loi Naturelle accorde donc le droit de forcer quelqu'un à remplir un devoir parfait, prend sa source non-seulement dans le principe de l'harmonie; mais particulièrement dans celui de la sécurité et de la tranquilité du genre humain; car, si vous otez à l'homme le droit de contraindre son débiteur à lui payer la dette de quelle manière pourrez vous effectuer qu'il la satisfasse, si les motifs, qui peuvent être déduits de l'obligation de concourir à l'harmonie ne suffisisent point pour l'y déterminer; observez encore, que si l'accomplissement des devoirs parfaits est nécesfaire à la tranquilité du genre humain, les devoirs imparfaits contribuent esfentiellement à son bonheur; car, que déviendra l'harmonie, la perfection et le bonheur des hommes, si vous en ôtez les devoirs de la charité, de la bienveillance, de l'amitié, en un mot, toutes les vertus morale? a peine la vie fera fupportable.

III. Je fens, Monfieur, préfentement très-bien la folidité de la diftinction des devoirs parfaits et imparfaits, ainfi que la justesse de la règle, qui peut fervir à les diftinguer les uns des autres, et qu'il n'est pas moins évident, qu'on doit obferver les derniers avec la même exactitude que les prémiers, si l'on veut agir conformement aux devoirs, que l'harmonie préfcrit.

L. Outre la divifion, dont je viens de vous parler, on a encore divifé les devoirs de l'homme, fuivans les différens états dans lesquels il

peut

peut fe trouver; par exemple celui du mariage, de père de famille, de citoyen d'une fociété civile, qui tous font naitre des devoirs particuliers rélatifs à ces différens états.

Confiderons d'abord les devoirs, auxquels l'homme est tenu envers lui-même. Nous avons vu que le plus général est celui de mettre et de conferver l'harmonie dans fon Etre, de fe perfeétionner; vous fentez de vous même, fans avoir befoin que je vous le fasfe remarquer, que ce devoir doit le porter à mettre le plus qu'il lui est posfible de l'harmonie dans toutes fes facultés, et dans les opérations qui en font les effets: que le devoir de fe perfeétionner fe rapporte à tout ce qui compofe fon Etre, foit à ce qui appartient au corps, foit à ce qui tient à l'Entendement. L'harmonie doit fe trouver et fe manifester en tout et partout: ainfi il doit s'appliquer à perfeétionner non-feulement l'enfemble, mais les différentes parties, à en corriger les défauts; à en écarter les vices et tout ce qui peut les détériorer.

La culture de nos facultés, tant corporelles, qu'intelleétuelles, est conféquemment le premier objet, auquel l'homme doit s'appliquer, comme un devoir dû à foi-même; mais comme toutes fes facultés dépendent de celles de l'Entendement, puisque nous ne nous portons à agir qu'après des mouvemens et des déterminations de fa part, il est clair, que la culture de l'entendement est celle, à laquelle les hommes font tenus de s'occuper principalement et en prémier lieu. Moins l'entendement d'un homme fera cultivé, plus il approchera de l'état d'un imbecille; et furement un fol n'est point un Etre de qui il faut attendre une conduite conforme à ce que l'har-

mo-

monie et la perfection exigent: on ne peut pas
même la prerendre de lui, parce qu'il n'a pas
les idées nécesfaires pour l'y diriger.

M Cela est fi clair et fi évident, que je ne
puis asfez m'étonner, que la culture de notre entendement foit fi univerfellement négligée: j'y ai
fouvent fait attention, en voyant des enfans mis
à des exercices et à des occupations, qui pouvoient bien leur donner quelques connoisfances;
mais qui n'étoient point propres à leur former,
ce que l'on nomme, l'esprit et le coeur: ausfi
ai-je une grande obligation à mes parens de n'a-
voir pas fuivi en cela la routine ordinaire, qui
fait peu de cas de ce dernier bût pour ne s'occuper que des exercices du corps.

L. J'applaudis, mon ami, à la reconnois-
fance, que vous infpire cette attention de vos
parens: elle le mérite doublement; car quoiqu'il
importe de cultiver les bonnes difpofitions corporelles avec lesquelles nous naisfons, afin de
fortifier nos membres, de nous rendre capables
de foutenir la fatigue, de nous acquérir de l'a-
dresfe, de tirer de nos fens tout le parti posfible, de contracter des habitudes propres à donner de la grâce à tout ce que nous faifons, comme l'aifance dans la démarche, la décence dans
le maintien, la facilité et l'agrément dans l'expresfion, en un mot, tout ce qui peut contribuer à rendre notre compagnie agréable: il importe encore d'avantage de s'habituer à des exercices et à des mouvemens propres à conferver
et à affermir la fanté. De là, l'utilité, la nécesfité même, de s'accoûtumer à une vie fobre et
règlée, de ne fe nourrir, qu'autant que notre
confervation l'exige, d'éviter toutes fortes d'ex-

cès,

cès, et surtout la débauche, de quelque nature qu'elle puisse être, or, puisque l'harmonie, qui doit règner dans toutes nos actions, exige cette continuelle attention de notre part, il est clair, qu'elle nous la préscrit, qu'elle nous l'impose, et qu'elle fait de la tempérance, de la sobriété, autant de devoirs, que nous avons à remplir envers nous mêmes; mais elle nous commande principalement, mon ami, de fuir l'oisiveté, de ne pas nous laisser aller à la paresse, de faire tous nos efforts pour en déraciner la disposition, si nous l'appercevons en nous. Par la même raison, nous devons rechercher le travail, nous y habituer, et ne pas nous laisser décourager par les peines que nous y trouvons: elles diminuent ces peines, à mésure que nous nous efforçons de les surmonter. Vous voyez, mon ami, que tout ce qui existe dans l'Univers se soutient et se conserve par un mouvement perpétuel, et, que ce qui en manque, dépérit; ainsi que la rouille s'attache au fer dans l'inaction, ainsi que des eaux stagnantes se corrompent: de même le corps humain sans exercice et sans travail contracte des incommodités et des infirmités: il n'y a donc rien de plus esfentiel pour notre conservation et pour nous procurer une vie agréable, que le travail et conséquemment le foin de s'en faire une habitude.

Nous ne devons pas nous borner à ces réflexions sur le devoir de nous accoûtumer au travail en général, il faut encore considérer, que nous pouvons nous occuper de différentes manières et faire un choix entre les différens objets d'occupation qui se présentent à nous: à cet égard nous devons avoir pour règle, de

con-

confulter notre état, notre pofition, et nos facultés naturelles. Lorsque nous naisfons, nous ne
venons pas au monde dans un état ifolé; mais
dans certaines rélations, qui le fixent et le déterminent; or, comme c'est cet état particulier,
dans lequel la naisfance nous a mis, ou dans lequel les circonftances nous placent enfuite, qui
nous est propre: il est vifible, que c'est celui-
là même que nous devons tâcher de perfectionn-
ner, et il faut à cette fin, choifir préférablement à toute autre, les occupations qui y répondent. Nous pouvons nous trouver dans des
pofitions très différentes: elles peuvent être déterminées par des circonftances qui exigent différentes fortes de travail: de là s'enfuit, que
parmi les objets, auxquels nous pouvons nous
occuper, nous devons choifir ceux, qui répondent le mieux à notre pofition. Quant à nos facultés, il est clair, que les objets auxquels nous
nous adonnons, ne doivent pas en furpasfer
l'étendue. Il ne conviendroit point, par exemple, à quelqu'un, qui n'auroit pas l'oreille bonne, de fe livrer à la mufique: il ne fiéroit pas
mieux à un homme d'une fanté foible et déli-
cate de s'appliquer à un travail mécanique: ni
l'un ni l'autre non-feulement n'en retireroit aucun fruit; mais ils pêchéroient tous deux contre le principe de l'harmonie et celui de la perfection, qui exigent un accord dans tout ce qui
tient à notre Etre, et réjettent tout ce qui peut
l'altérer. Ces réflexions vous font voir, qu'il
faut s'étudier foi-même, et apprendre à fe connoitre: devoir, dont on s'occupe rarement, et,
que pour l'ordinaire, on néglige, pour s'attacher
à mille connoisfances bien moins intéresfantes.

Delà

De là réfulte encore, que dans nos occupations, nous devons pas nous propofer un but vague et indéterminé; mais qu'il est de notre devoir, de choifir un genre de profeffion, le plus propre à notre état, à notre pofition et à nos facultés: une profeffion, qui nous fixe à un certain objet, auquel nous nous attachons, comme à la principale fource de la confervation et des agrémens de notre vie. Voilà la règle à laquelle doit fe conformer le choix de nos occupations.

Je viens, mon chèr Maurice, de vous expopofer ces différens devoirs, comme fi nous avions le pouvoir d'y fatisfaire; tandis que fe rapportant, à notre état d'enfance, ils ne peuvent être des objets de nos connoiffances, de notre choix et de notre volonté. Je vous les ai expofés comme des devoirs généraux à fuivre; à mefure qu'avançant en age, nous devenons plus propres à y fatisfaire. L'éducation doit fuppléer aux obftacles que l'enfance oppofe à leur accomplisfement, nous en parlerons, lorsque nous nous entretiendrons des devoirs à remplir envers les enfans; pour le préfent contentons nous de confiderer ceux, auxquels nous fommes tenus envers nous mêmes.

Jusques ici, je m'en fuis tenu aux dévoirs qui fe rapportent au corps; cependant de tous ceux qui nous font impofés par la nature, le plus important, (je vous l'ai déjà fait obferver,) est celui de perfectionner notre Entendement, de lui faire contracter des habitudes, qui le mettent en état de discerner le vrai du faux, la réalité de l'apparence, de déterminer la volonté vers tout ce qui est bien, et de la détourner de tout ce qui est mal; et de là dérive la nécessité de s'accoutumer à examiner attentivement les objets, qui excitent nos défirs, à nous aflurer de leur propiétés et de leurs qualités, à raifonner avec juftefse, à éviter la légéreté et la précipitation, foit dans nos jugemens, foit dans notre volonté, à laquelle elles fe communiquent; à acquérir de la prudence, de la prévoyance, et de la circonfpeςtion.

Les paffions nous font données pour nous rendre actifs ou plus actifs; mais nous fommes doués de la raifon pour règler cette activité, qui de fa nature est tumultueufe. Si la raifon, cette faculté de l'entendement, par laquelle nous difcernons le vrai du faux, ne nous éclaire fur les objets qui excitent nos paffions, celles-ci peuvent nous porter à des biens apparens, au lieu de nous fixer à des biens réëls.

La pente naturelle que nous avons à nous conferver et à vivre agréablement, exige donc que nous nous inftruifions des objets qui peuvent y fatisfaire, que nous ne nous laifsons pas emporter par les impreffions qu'ils font fur nous, et fur les paffions, qu'ils mettent en mouvement: elle veut que la raifon intervienne pour les connoitre, et les apprécier, afin que nous n'ayons pas dans la fuite le régret de nous y être adonnés. Vous voyez par là, mon ami, qu'il est du devoir de l'homme, de modérer, de calmer, de réprimer même fes paffions, lorfqu'il les voit tendre à des objets, qui, au lieu de contribuer à fa véritable félicité, l'entraineront dans le malheur: cas ordinaire de ceux, qui s'abandonnent continuellement à leur impulfion. Vous voyez encore combien il est néceffaire de cultiver no-

tre Entendement, pour discerner avec sureté, et
les objets auxquels nous devons préférablement
confacrer notre travail, et pour choifir la profeffion, qui nous convient. Puisque ce discernement exige un jugement éclairé fur notre état,
fur notre pofition, et fur nos facultés, fi. l'entendement n'est pas préparé à nous fournir ces
lumières, nous ne pouvons manquer de nous
méprendre, et c'est là la fource des folles entreprifes, des fausfes méfures, que l'on voit tous
les jours embrasfer, et des fuites facheufes, qui
en réfultent pour ceux, qui n'ayant pas l'Entendement asfez éclairé pour les prévoir, s'y portent avec confiance. Ce n'est que dans l'erreur
et le défaut de lumières fuffifantes pour nous en
garantir, qu'il faut placer la fource de ce que
nous appellons nos malheurs; ceux que nous attribuons à nos passions dérivent originairement
de la même fource; car, fi les hommes fe laisfent emporter par les passions, c'est parce que
la raifon leur manque, ou qu'elle cesfe de les conduire; mais la raifon n'est en défaut, que parce
que l'Entendement ne lui fournit pas les lumières
réquifes, afin qu'elle puisfe reprimer les passions.

Outre les dévoirs rélatifs à notre état intérieur,
il en est d'autres qui réfultent de notre état exterieur; c'est-à-dire, de notre état pris rélativement
aux autres hommes. Par exemple, nous ne fommes
point, et nous ne faurions être indifférens fur l'idée
que les autres fe forment de nous; il nous est dès-
agréable de penfer, que nous pasfons pour un homme méchant, fans honneur, fans foi, fans probité;
nous ne pouvons manquer de fentir qu'une pareille
opinion doit nous être extrémement nuifible,
puisqu'elle doit engager tous les autres hommes

à nous vouloir plutôt du mal, que du bien. De là vous fentez, combien il est intéreffant de fe faire une bonne réputation, et de la conferver. On nomme *réputation* l'opinion que les autres hommes ont à notre égard: on appelle *être en confidération* l'opinion favorable que les autres fe forment de nous; or, comme les vertus, les bonnes qualités et la capacité de rendre fervice et d'être utile, excitent le jugement des autres en notre faveur, vous voyez, que c'est à la pratique des vertus, à l'ufage de nos facultés et à l'emploi de notre capacité, que doit être attachée la bonne réputation et la confidération, et qu'aux motifs, qui doivent nous porter à nous conduire fagement, on doit ajouter encore le devoir de conferver notre réputation et notre confidération.

Vous n'ignorez pas le proverbe: *bonne renommée vaut mieux que ceinture dorée.*

Il ne faut pas confondre avec la *réputation* ce que l'on nomme *gloire*, celle-ci est une pente de l'homme à fe faire admirer, confidérer et honorer: quand on la recherche par des actes de vertu et par de bonnes qualités, quand elle tend à faire du bien, on la nomme *vraie gloire*, et on l'appelle *fausfe gloire*, lorsqu'on le recherche par toutes fortes d'actions, foit bonnes, foit mauvaifes, et qu'elle n'a pas un but honnête, équitable et juste; mais uniquement le défir de fatisfaire à fes paffions et à des vues iniques.

Rémarquez cependant, que la gloire ne doit jamais faire le motif de quelques unes de nos actions: elle doit en être uniquement l'effet: ce n'est pas dans l'approbation des hommes que l'on doit en placer le but; comme celle-ci ne doit être fondée que fur la bonté intrinféque de nos

 actions,

actions, c'est uniquement à cette bonté intrinfè-
que, que nos actions doivent tendre: elle ne
changera pas, quelque foit le jugement que l'on
en porte: qu'on les loue, ou qu'on les blame,
elles conferveront toujours le caractère, qui les
rendra esfentiellement, ou louables, ou blama-
bles, indépendamment de la manière dont elles
feront envifagées.

M. Je conclus de là, Monfieur, (et je crois
que ma conclufion ne fera pas vicieufe) que la
gloire comme motif de nos actions, est un principe bien vicieux: et que la Nation Françoife,
qui fe pique de faire tout par amour de la gloire, n'a pas grande raifon de fe glorifier de ce
fpécieux avantage.

L. Il en est de même, mon ami, d'un autre
motif, ou caractère, que l'on nomme *ambition.*
L'ambition est une pasfion, ou une inclination à
furpasfer d'autres individus, foit en talens, foit
en pouvoir, foit en richesfes, foit en d'autres
moyens. Vous avez fouvent entendu exalter
cette inclination et faire l'éloge d'un jeune
homme parcequ'on la remarquoit en lui, tandis
que l'on témoignoit du mépris pour celui qui
n'en montroit pas; cependant, mon ami, l'ambition est toujours un motif vicieux; parce que
le motif de nos actions doit toujours être pris
dans fa véritable fource, le devoir de tendre à
l'harmonie et à la perfection; nous devons ta-
cher de nous perfectionner le plus qu'il nous est
posfible, l'effet en fera notre fupériorité fur d'autres hommes; mais cet effet ne doit pas être le
but de nos efforts vers la perfection. C'est parce que les ambitieux prennent le change à cet
égard, c'est parce qu'ils abandonnent le véritable

ble motif qui devroit les faire agir, qu'ils se montrent si peu scrupuleux sur les objets, qui les tentent et sur les moyens de les posséder. Dans quels écarts n'ont point entrainé ALEXANDRE l'ambition et le désir de la vaine gloire? Sa conduite auroit été bien différente, il auroit acquis plus de gloire, son peuple auroit été plus heureux, il se fut établi une réputation plus flatteuse et plus satisfaisante, si, convaincu que son prémier devoir étoit de mettre de l'harmonie dans ses états, de leur donner toute la perfection possible, il eut porté à cette fin toute son attention, et ne s'en fut jamais écarté.

Souvent on regarde l'amour comme un vice : et l'on se trompe. Ce sentiment est naturellement et nécessairement compris dans la pente qui nous porte à désirer notre conservation et notre bonheur. Vainement on criëroit à l'homme de ne pas s'aimer, il ne peut résister à un sentiment, qui l'affecte, et qui l'accompagne partout; mais cet amour de soi-même devient vicieux, dès qu'il s'écarte des bornes, que lui préscrit la nécessité d'une harmonie.

Comme il est de notre devoir d'éviter l'oisiveté, la nonchalance et la mollesse, nous devons également modérer notre application au travail; il n'est pas moins esséntiel de prévenir les excès de ce dernier, que de se tenir en garde contre les attraits du vice contraire. Quand une fois on a pris goût au travail, il n'est pas rare de s'y trop attacher : souvent on y prend plus de plaisir qu'à des amusemens frivoles. Les gens oisifs, qui ne sont occupés que de vivre, et dont la vie n'est pour ainsi dire, qu'une végétation continuelle tombent ordinairement dans la mé-

 lan-

lancolie : l'ennui les accompagne partout, et partout ils se trouvent de trop à eux mêmes. Ceux au contraire qui sont accoutumés au travail, qui ont une occupation déterminée, jouissent d'un contentement, dont le sentiment peut seul nous faire appercevoir le mérite : ils s'attachent si fort aux occupations, dont ils se sont faits une habitude, qu'il ne peuvent en être arrachés; cette espèce d'opiniatreté est un défaut, que l'on rémarque surtout dans les gens de lettres, toujours occupés dans leur cabinet, ce qui peut déranger leur santé et ruiner leurs forces.

Il faut, mon ami, éviter les excès en tont genre, sans excepter de cette règle, celui du travail même. De là vous voyez que les délasfemens et les plaisirs ne sont pas seulement permis, mais exigés par les soins, que nous devons à notre confervation, et conféquemment qu'il est non seulement nécesfaire de se livrer par fois à la diftraction; mais que cette diftraction devient un devoir, dès que l'excès du travail ou de la fatigue, soit du corps, soit de l'esprit, blesfe l'harmonie, que nous devons entretenir dans tout ce qui se rapporte à notre confervation.

Je m'étends particulièrement fur ce point, et vous en pénétrez peut-être le motif. Il est bien rare qu'on y fasfe attention : peu de perfonnes y réfléchisfent. Cependant l'amour du travail peut, comme celui du jeu, se changer en pasfion : ARCHIMÈDE étoit si pasfionné pour les études, que, livré un jour à ses méditations, des foldats armés se trouvèrent dans fa chambre fans qu'il se fut apperçu de leur arrivée, et menaçant de le masfacrer, il leur fit, dit-on, la demande de lui laisfer le tems de finir un calcul avant de le tuer.

tuer. La passion du travail est souvent plus funeste, que celle qu'inspire le jeu et autres divertissemens qui n'altèrent point la santé. Il est beaucoup de personnes chez qui le gout de la lecture se change en passion, et cette passion devient si forte, qu'elles lisent sans cesse et se réfusent jusqu'au loisir de penser à ce qu'elles ont lu : avant d'avoir fini la lecture d'un livre, elles en oublient le commencement : elles ignorent le lendemain ce qu'elles ont lu la veille : le souvenir d'avoir lu, ou tout au plus une idée obscure et vague de leur lecture, voilà ce qui leur en reste. Ayez soin, mon ami, d'éviter ce défaut : lisez ; mais après avoir lu, voyez ce que vous en avez retenu : examinez surtout, si cette lecture vous a appris quelque chose que vous ignoriez encore, ou si elle n'a fait que vous rappeller ce que vous saviez déjà : examinez en outre, si elle vous a apporté quelque utilité, ou si elle a seulement contribué à votre amusement. En général, (je ne saurois trop vous le répéter) on ne pense pas, qu'en se livrant trop au travail on pêche contre un devoir moral : on croit ne pouvoir y commettre d'excès, parce que le travail est par lui-même un acte très louable et très recommandable.

M. Je vous avoue, Monsieur, que je me trouvois à cet égard dans le cas que vous blamez.

L. Je l'ai bien rémarqué, mon ami, j'ai vu quelque fois, que vous aviez de la peine à quitter l'ouvrage, auquel vous étiez occupé quoique vous parussiez être déjà un peu fatigué. Si vous m'en croyez, vous vous déferez de ce défaut : vous vous choisirez des délassemens et des

ré-

récréations propres à vous refaire. Bien loin d'y perdre, vous y gagnerez; car on fait bien peu de progrès dans ses occupations, lorsque les facultés commencent à en être fatiguées, et qu'on s'obstine à les employer.

M Je vous avoue, Monsieur, que j'en ai fait l'expérience et je vous promets de me corriger. J'ai toujours trouvé qu'en m'opiniatrant à achever quelque travail, ou à vouloir comprendre quelque chose, ou à surmonter quelque difficulté qui m'arrêtoit, je continuois de me fatiguer sans fruit et sans succès, et qu'à la fin j'étoit forcé par lassitude d'abandonner ce que j'avois entre les mains; j'ai même éprouvé quelque fois, que cette opiniatreté m'a donné un mal de tête, qui m'est resté pendant plusieurs jours, et m'a empêché de m'occuper de quoique ce fut.

L. Cela peut, mon ami, vous convaincre de deux vérités importantes pour la conduite de notre vie, auxquelles on ne songe guères, et auxquelles on ne fairoit point mal de penser souvent. La première c'est d'éviter de se livrer à des plaisirs qui sont suivis de désagrémens plus vifs; si l'on a trop bû du vin, les incommodités, qui en résultent, surpassent de beaucoup le plaisir qu'on a trouvé à en boire.

L'ivrognerie est un vice, non-seulement parce qu'elle nous dégrade, nous met hors d'état d'être utile, nous rend un objet de dérision et de mépris pour chacun; mais elle l'est encore, parcequ'elle dérange nos facultés, qu'elle les amortit, qu'elle en détruit l'accord, l'harmonie qui doit diriger leurs opérations, et qu'elle nous suscite des maux infiniment plus grands, que ne peut l'être le
plai-

plaifir, que l'on trouve dans la boisfon des li-
queurs. La feconde vérité, c'est de ne pas rechercher un bien, dont il doit réfulter un mal
plus grand que le bien même. C'est à quoi nous
conduit fouvent l'esprit de vengeance: a-t'-on
été lézé, on cherche à s'en venger; l'on confidère
la vengeance comme un bien, parce qu'elle nous
procure une fatisfaction, dont nous ne pouvons
fouffrir d'être fruftrés. Mais s'est-on donné cette
fatisfaction, qu'en réfulte-t' il pour l'ordinaire?
des maux plus grands que ceux, que nous avoit
caufés le tort, dont nous nous plaignions. Ne
recherchez donc jamais des biens qui amenent
de fuites aufi facheufes: évitez les, comme vous
évitez de vous nourrir de mets délicieux, qui
gâtent l'estomac: gardez vous généralement de
tous les plaifirs capables de déranger la fanté et
d'occafionner des maladies.

Il en est de même de la paffion pour le travail. L'acquifition des connoisfances est confidérée comme un bien, et même comme un bien
nécesfaire: elle l'est effectivement; mais elle cesfe de l'être et dévient un mal, dès que les connoisfances font acquifes au détriment d'autres
biens, aux dépens, ou de notre fanté, ou de tout
autre objet, qui doit nous intéresfer préférablement à ces connoisfances.

Un homme, par exemple, qui à une profesfion, au moyen de laquelle il doit pourvoir à
fon entretien et à celui de fa famille, peut, s'il
a du goût pour quelque fcience, s'y appliquer,
y employer fes loifirs: l'acquifition des connoisfances qu'il prendra fera incontestablement un
bien; mais fi ce goût le captive fi fort, qu'il
néglige de donner à fa profesfion les foins qu'elle

O 5

de-

demande; s'il y employe un tems qui devroit être confacré à fes affaires, fi cela lui fait perdre le fruit qu'il pourroit et dévroit rétirer de fa profeffion, l'acquifition des connoiffances, à laquelle il a fait ce facrifice, n'eft plus un bien, mais un mal; parce que le bien acquis ne vaut pas celui auquel il auroit dû s'attacher par préférence.

Vous voiez par-là, mon ami, qu'il ne fuffit pas de nous attacher à des occupations utiles; mais qu'il faut encore faire attention au plus ou moins d'utilité, que nous pouvons en retirer.

M. Je comprends, Monfieur, tout ce que vous venez d'avoir la bonté de me dire; mais permettez moi de vous préfenter quelques obfervations fur la difficulté, ou plutôt fur l'impoffibilité de fuivre dans la pratique, ce dont vous venez de m'enfeigner la théorie.

Quand je veut m'occuper, je ne vais pas examiner, ce qui m'eft, ou pourra m'être plus ou moins utile: je pafferois à délibérer le tems, que je deftinois au travail; mais felon que je me fens difpofé pour telle ou telle occupation, je m'y livre: tantôt l'envie me prend de lire l'Hiftoire, tantôt c'eft la Phyfique, qui attire ma curiofité, tantôt c'eft la Géométrie, qui me réveille, quelque fois la lettre d'un ami, un entretien que j'aurai eu, une propofition, que l'on m'aura faite, fuffira pour m'attirer à tel ou tel objet, fans que je fonge à examiner auparavant, fi je ne pourrois pas mieux employer mon tems. Auffi me paroit-il impoffible de faifir la combinaifon de nos circonftances, encore moins celle de nos inftans, et cela fi parfaitement, que l'on pût, fans crainte de fe tromper, faire choix

de

de l'occupation, qui mériteroit la préférence fur toutes.

L. Cette obfervation n'est point du tout dé-raifonnable. Il faut pourtant, mon ami, que je vous fasfe rémarquer, que quand nous parlons de ce à quoi nous fommes tenus, des devoirs qui nous font impofés, ou des obligations qui nous font préfcrites; nous n'en discourons point, comme fi nous pouvions nous en acquiter par-faitement: notre état ne le permet point. Si nous difons que l'homme doit travailler à fe rendre parfait; nous ne prétendons point affirmer par-là, qu'il doit et peut atteindre à la perfection, nous énonçons uniquement l'obligation d'y tra-vailler autant que fes forces et fes talens le lui permettent. C'est cela que Jesus a indiqué par ceux qui avoient emploiés leurs grains et celui, qui l'avoit enfoui en terre. Lorsqu'on parle de choifir pour nos occupations les objets, qui méritent préférablement notre choix, on ne prétend pas qu'on foit en état de choifir tou-jours le plus utile : cela est imposfible, parce que la foiblesfe humaine ne le fupporte pas ; mais nous voulons, que l'homme donne fes foins et qu'il employe fes facultés à approcher de la perfec-tion autant qu'il est en lui, et par la même rai-fon, nous exigeons, qu'il s'accoûtume à distin-guer et à choifir les occupations, qui convien-nent le mieux à fon état, fuppofant toujours en lui la posfibilité de le faire: par exemple, un jeune homme, qui fe destine au métier de la guerre, doit préférablement à toute autre occu-pation, fe livrer à celles qui y ont rapport, et qui peuvent l'y perfectionner; celui, qui fe des-tine à la marine, feroit mal de fuivre fon goût

pour

pour des occupations étrangères à cet objet; il fieroit très mal à celui, qui, s'étant voué au commerce, choifiroit pour fes occupations favorites, l'Architecture, la Méthaphyfique, l'Hiftoire Naturelle, l'Astronomie, ou tel autre objet, dont les connoiffances n'influent que peu ou point fur celles, qu'exige le commerce. Un jeune homme, qui, ayant fini fes études claffiques, est envoyé à l'Univerfité pour y étudier la Jurisprudence, et exercer dans la fuite la profeffion d'Avocat, ne répondroit certainement point à fon bût, s'il s'appliquoit par préférence à des études, qui l'en détourneroient.

Dans le tems que je fréquentois l'Univerfité, j'ai vu des jeunes gens destinés à entrer dans la Magiftrature, à occuper quelqu'emploi public, à entrer dans le gouvernement, donner tout leur tems à l'étude des langues Grecque et Latine, à la Poëfie, à la Mythologie, aux Antiquités Grecques et Latines, au Droit Romain, tandis qu'ils négligeoient l'Hiftoire Univerfelle, la Jurisprudence Naturelle, même la Logique, les intérêts des états, ceux même de leur Patrie, les moyens de la faire fleurir. Après avoir fini leur cours, ces jeunes gens fe font trouvés très habiles dans l'art de faire des vers, de discuter fur des points de controverfe etc.; mais très incapables de remplir les fonctions, qu'exigeoient les postes auxquels ils font enfuite parvenus.

C'est un des plus grands malheurs pour un état, que les emplois et les postes publics foient occupés par des perfonnes, qui pour être très verfées dans quelque fcience, n'en font pourtant pas plus propres à s'acquiter de ce qu'exige la dignité, ou l'emploi, dont ils font révetus; et néamoins nous en

avons

avons continuellement des exemples fous nos yeux.

De là les défauts d'une bonne adminiftraion, et les fautes, que ceux qui gouvernent, commettent continuellement, et qui entrainent la décadence d'un état. Notez, que le pli que l'esprit prend par l'étude qu'on a faite, apporte dans la gestion des affaires les préjugés qu'il a fait naitre. L'exemple, que je viens de vous propofer, fuffit, je crois, pour vous convaincre, que, quoique nous ne puiffions pas à chaque inftant délibérer fur le meilleur choix à faire et nous y déterminer, nous le pouvons néamoins en général; et c'est proprement ce que l'on indique lorsqu'on parle de choifir entre les occupations, celles, qui nous font, ou peuvent nous être les plus utiles.

Or vous conviendrez, qu'il n'est pas difficile de s'éclairer asfez à cet égard pour fe déterminer en conféquence. C'est uniquement dans ce fens, qu'il faut prendre la règle générale de s'appliquer préférablement aux objets, desquels nous pouvons retirer le plus d'utilité.

D'ailleurs, mon ami, il y a des objets d'une utilité fi générale, que perfonne ne peut fe difpenfer de s'y appliquer: la Morale, par exemple, la Logique, l'Arithmétique; mais encore en ceci il faut, pour ne pas donner dans l'excès, confulter fon état et n'apporter aucun détriment aux occupations qu'il exige de nous.

Par rapport aux divertisfemens, aux délasfemens et aux récréations, on doit encore avoir l'attention de préférer celles, qui peuvent procurer le plus d'avantage, foit en général, foit à notre état en particulier; et à plus forte rai-
fon-

fon d'éviter celles, qui peuvent être nuifibles.
En tout cela les circonftances, dans lesquelles
nous nous trouvons, nous éclairent asfez pour
prendre le parti le plus convenable. Veut on fe
perfectionner le plus qu'il fera posfible, on don-
nera, dans la diverfité des délasfemens, la préférence à ceux, qui apportent en même tems quelque utilité; je fuppofe, que vous ayez été occupé quelque tems, foit à méditer fur un fujet
de Méthaphyfique, foit à faire un calcul d'Al-
gébre, ou quelqu'autre chofe, qui demande une
grande contention d'esprit: n'allez pas, lorsque
vous vous fentirez de la lasfitude, faire une partie d'échecs; mais faites plutôt une promenade,
ou prenez quelqu'autre exercice de corps, doux,
et propre à vous récréer: prenez des voyages, ou
quelqu'ouvrage d'Hiftoire, ou de la Poëfie, ou
tels autres, pour lesquels vous vous fentirez du
goût, et qui ont le double avantage de récréer
et d'inftruire. Vous fentez bien, que pour faire
un pareil choix, il n'eft pas nécesfaire de fe tor-
turer l'esprit, pour fe déterminer à ce qui eft
le plus utile dans le plus haut dégré posfible.
Il en est de cela, comme de différens mets, qui
fe préfentent à une table devant laquelle on fe
place pour manger; on n'entre point alors dans
une confultation avec foi-même pour choifir préçifement le plat, qui de tous ceux qui y font,
est celui qui nous offre le mets le plus utile;
mais, parcequ'on fait en général, que les légumes nous conviennent le mieux, que parmi ceux-
çi les poids et les fèves nous font plus propres,
que les choux, et qu'entre ces derniers les rou-
ges nous font plus utiles que les blancs: parce
que l'on fait encore quelles font les viandes,

quels

quels font les fruits, qui s'accomodent, le mieux à notre estomac, on se règle fur cette connoissance générale.

Il en est de même de nos occupations et de nos délassemens: et comme dans l'usage des alimens, il faut soigneusement se garder de se laisser trop aller à son goût, et de furcharger son estomac, il faut également, dans ses occupations et ses délassemens, éviter de fuivre tellement son inclination, qu'ils manquent le but auxquels ils doivent tendre.

Il est des perfonnes, que je vous ai déjà citées comme exemple, qui se laissent si fort entrainer par le plaifir de la lecture, qu'elles ne fongent jamais à réfléchir sur ce qu'elles ont lu, on les compare, et avec raifon à celles, qui, par le plaifir de manger, furchargent continuellement l'estomac et l'empêchent de digérer. On tombe dans le même inconvénient à l'égard de l'entendement, si l'on ne fait que lire fans réfléchir, fans méditer, fur ce qu'on a lu. On gâte par-là le jugement, et l'on s'accoûtume à nourrir son esprit de connoissances, dont on ne peut retirer aucun fruit. Cette comparaifon peut vous être d'une utilité si intéressante, que je ne faurois me lasser de vous la mettre fous les yeux. Lifez peu, et réfléchissez beaucoup; entretenez l'activité de vos facultés intellectuelles, c'est là le véritable et même l'unique moyen de parvenir à des connoissances proprement dites.

Enfin, mon ami, le meilleur moyen de tirer de ses occupations et de ses délassemens le fruit qu'on doit en attendre, c'est de les diversifier. *Varietas delectat*, une occupation fert fouvent de délassement à une autre. On se fatigue aux
plai-

plaifirs, comme au travail. Evitez le travail inutile et les plaifirs, qui ne vous rapportent aucun
fruit. Après avoir, par exemple, pasfé une couple d'heures à jouer aux cartes, vous n'avez rien
acquis, qui vous foit, ou qui puisfe vous être
utile, fi ce n'est l'avantage de vous être récréé;
mais ce n'est pas le feul but, auquel les plaifirs
doivent tendre: ils doivent ajouter à ce but celui
de nous inftruire. Les fpectacles bien règlés,
ont ce double avantage; et par cette raifon, il
est bon de les fréquenter.

Après les foins que l'homme est obligé de fe
donner pour fe perfectionner, tant par rapport
à fon Entendement, que par rapport à fon corps,
il en est d'autres, qui regardent fa fubfiftance,
ce qui lui est néceffaire pour vivre et pour vivre agréablement. On défigne par le mot *fubfiftance* les chofes, qui peuvent fervir à fe nourrir, à s'habiller, à fe loger. Il est clair, qu'on
ne peut le conferver fans nourriture, fans être
à couvert des injures de l'air, et à l'abri de la
ferocité des animaux fauvages, et des incommodités, auxquelles nous fommes expofés de la part
de ceux, qui le font moins; il faut encore être
à couvert de la malveillance des homme difpofés à nous nuire. De là il réfulte, que nous fommes obligés de nous pourvoir d'alimens, de vêtemens et de logemens; et comme on ne peut
fe les procurer au moment qu'on en a befoin,
il est nécesfaire, à l'exemple de la fourmi, de
s'en pourvoir d'avance. Le fol qu'on habite,
le terroir qu'on occupe, le climat, fous lequel
on fe trouve, et plufieurs autres circonftances qui
y ont part, déterminent les différentes fortes de
nourriture, de vêtemens et de logemens, et par
ce-

cela même les différentes fortes d'occupations auxquelles on doit fe livrer par préférence.

La culture des terres, la chasfe et la pêche font les grandes fources, dont nous pouvons tirer notre fubfiftance, mais pour les exercer, il faut des matériaux, des uftenciles et la connoisfance, ainfi que l'art d'en faire ufage. Cela exige de l'intelligence et prouve encore la nécesfité de perfectionner fon Entendement, afin de pouvoir fe procurer les befoins de la vie.

Mais il ne s'agit pas uniquement de vivre, nous défirons de vivre agréablement, le plus agréablement posfible; c'est une vérité, dont nous nous fommes convaincus dans nos prémiers Entreticns. Il nous est permis d'augmenter les agrémens de la vie, nos aifances et par-là de rechercher les moyens, qui peuvent nous les procurer. On peut placer au nombre de ces moyens, la posfesfion des chofes par lesquelles nous pouvons acquerir ce que nous défirons pour vivre agréablement.

On nomme richesfes, les moyens qui peuvent nous conduire à ce but. Le defir des richesfes n'est donc pas un vice, ni le foin d'en acquerir, un acte blamable: le luxe ne l'est donc pas d'avantage; il est très indifférent qu'une hutte, ou qu'une maifon, ou qu'un palais, foit bâti de telle manière, ou avec de tels matériaux, pourvu que l'on puisfe s'y loger et s'y trouver en fureté; il est également indifférent, que les meubles foyent d'or, d'argent, de fer, de cuivre, de bois, ou d'autres matières, pourvu qu'ils repondent à l'ufage auquel ils font déftinés; il importe encore ausfi peu, que nos vétemens foyent de foye ou de laine, plus ou moins ornés par des accesfoires, et faits de telle ou telle autre forme, pourvu qu'ils foyent propres à remplir le but auquel ils doivent fervir. Ainfi rien n'empeche, qu'on ne puiffe faire à cet égard un choix arbitraire, et fe conformer à ce qui nous est le plus agréable, pour tout ce qui tend à nous faire mener une vie commode, aifée et fatisfaifante; mais en tout cela, il faut éviter les excès, comme on doit le faire dans l'accomplisfement de nos devoirs les plus abfolus et les plus esfentiels.

Il faut rechercher les richesfes; mais non pas pour les entasfer et pour n'en point faire ufage. On nomme *avarice* la pente, qui nous porte à ce defaut; et l'on défigne par le nom *d'avare* un homme riche, qui n'ofe presque pas faire ufage des biens qu'il posfede. Ce vice est odieux, parce qu'il indique un caractère avide, fans aucune vue utile, et fans aucun motif pour fon bien être, et celui de fon prochain.

La cupidité des richesfes, est encore un acte vicieux, lorsqu'elle a pour but d'être mieux en état de fatisfaire à des defirs criminels, d'en faire une oftentation: par exemple, pour fe donner plus de rélief et de pouvoir, afin de vivre, dans la debauche; la recherche des richesfes devient alors un vice, non pas par elle même; mais par le but qu'on s'y propofe et l'ufage qu'on en fait. Elle devient vertu, lorsqu'elle a pour but non feulement d'augmenter les moyens de vivre le plus agréablement possible; mais encore de faire du bien à autrui, de foulager les pauvres, de fubvenir à la fubfiftance des nécesfiteux, de procurer du travail à des ouvriers qui demandent d'être employés pour vivre, et d'augmenter tous les genres d'occupation, effet naturel du luxe.

Vous

Vous voyez, mon ami, qu'ici, comme dans toute autre situation, tout dépend de la manière dont on règle sa conduite, pour y conserver l'harmonie, qu'elle doit avoir, et l'état de perfection, auquel nous devons toujours tendre. Car, si en recherchant les richesses, nous nous proposons de faire un usage analogue à cette fin, bien loin de pouvoir taxer de vicieux le desir d'en posséder et de les augmenter, cette inclination est au contraire une disposition vertueuse ; parceque nous sommes obligés de porter notre état au plus haut dégré de perfection, dont il est susceptible, et que les richesses concourent à nous le faire atteindre.

J'ai cru devoir m'étendre sur cet article, parce que les Moralistes déclament ordinairement et contre le desir des richesses, qu'ils nomment avidité, et contre le luxe ; ils y sont induits par les pernicieux effets, que les richesses et le luxe produisent. Il ne faut rien se cacher, ni se faire illusion. Il n'est que trop vrai, que le luxe et les richesses enfantent de mauvaises mœurs, des jeunes gens riches s'abandonnent à l'oisiveté, à la mollesse, ne sachant à quoi s'occuper, ils tombent dans la debauche, dans des déréglemens, et dans des vices, qui les mettent au desfous des brutes, toujours assez avisées par leur instinct à éviter ce qui peut leur nuire ; mais je le répète, mon ami, tous ces désordres ne nous authorisent point à blamer, ni l'envie de posséder des richesses, ni l'amour du luxe. Ne vous en laissez donc pas imposer par des déclamations ; mais rappelliés vous sans cesse la raison, pour laquelle on peut justement rechercher les richesses, et le but, pour lequel on doit en desirer la possession.

P 2

En

En voila asfez, mon ami, pour vous donner
une idée générale des devoirs que nous avons
à remplir envers nous - mêmes. Il ne nous
convient pas de les détailler tous. Votre raifon suffit pour vous les faire connoitre dans
le plus grand détail. Il n'y a qu'a fuivre le
développement des idées, que le devoir de
conferver l'harmonie et de fe perfectionner,
vous fuggerera. Cependant, je penfe, que votre tems ne fera point mal employé, fi vous
prenez la peine de lire ce que le celébre
PUFFENDORF nous a enfeigné *fur les de-*
voirs de l'homme par rapport à lui-même,
dans fon ouvrage intitulé *de officio hominis et*
civis Liv. I. Chap. V. . . . .
et plus amplement dans fon grand ouvrage qui
a pour titre *de Jure Naturae et Gentium.* Cela
pourra vous raffraichir la memoire fur ce que
nous venons de traiter, et vous rappeller les vérités que nous avons parcourues.

Il n'est pas d'ailleurs inutile de confulter les différentes manières dont les favans ont taché de les
préfenter et de les enfeigner. Les principes du
Droit Naturel, par BOURLAMAQUI, peuvent y
fervir aussi; ainfi que le traité de HEINECCIUS
que ce favant a publié fous le titre de *Institu-*
tiones Juris Naturae et Gentium. Je vous en
nommerai d'autres, écrits d'une manière plus à
la portée du vulgaire, et plus accomodées aux
dispofitions naturelles de chacun. La différence
de la marche que ces favans ont tenue dans l'ex-
pofition de nos devoirs, vous fera appercevoir
de combien de manières différentes on peut traiter le même fujet, et, vous mettra à même, de
juger, fi celle, que nous avons fuivie, mérite ou

non

non la préférence. Vous y trouverez d'ailleurs
un détail plus étendu, que celui que j'ai fait,
des devoirs, particuliers, que l homme se doit à
lui - même, et que pour cette raison je n'ai pas
voulu pousser plus loin. Nous devons. maintenant nous occuper de ce qui résulte de ses devoirs. Cela fera le sujet d'un Entretien suivant.

QUATORZIEME ENTRETIEN.

*Sur la nécessité de traiter la Morale
systhématiquement.*

M. J'ai suivi votre avis, Monsieur, j'ai lu
PUFFENDORF, BOURLAMAQUI et
HEINECCIUS. A la vérité, ils m'ont aidé à
me rappeller ce que vous avez eu la bonté de
m'enseigner dans notre dernier Entretien; mais
je n'y ai point trouvé cette clarté et cette force démonstrative que je crois remarquer dans votre méthode.

Je me suis convaincu, que, quoique les préceptes et les maximes soient très utiles pour nous
inspirer de bons sentimens et nous porter à la pratique de la vertu, ni les uns, ni les autres ne
suffisent pourtant point, dès que nous aspirons
à en avoir des connoissances sures, et que nous
devons nécessairement, pour remplir ce désir,
recourir à la méthode, que vous recommandez.

P 3

En

En y méditant je me fuis rappellé le motif qui m'a fait prendre la liberté de recourir à vos inftructions. Vous vous fouviendrez, Monfieur, que ce furent mes doutes fur les opinions, que l'on avoit discutées dans une converfation qu'il y avoit eu ici à table. La fituation incertaine dans laquelle je me fuis trouvé alors, à contribuer encore à me convaincre, qu'elle devoit être attribuée uniquement aux idées confufes, que j'avois fur le *bien* et le *mal*, fur le *juste* et *l'injufte*, fur ce qui dans le moral eft *bon* ou *mauvais*, enfin fur la moralité des actions humaines en général; et je me fuis pleinement convaincu, que pour fortir de l'embarras ou je me trouvai alors, et dont je fuis encore bien éloigné d'être délivré, il n'y a abfolument point d'autre voye, que celle, que vous avez la bonté de m'indiquer, et dont je pénétre actuellement la néceffité et l'excellence. Je m'en fuis encore asfuré d'avantage après avoir lu quelques endroits de l'ouvrage de PUFFENDORF intitulé, *devoirs de l'homme et du Citoyen.*

Je n'y ai point trouvé ce raifonnement et cette précifion que je défire dans tout ce qui eft enfeignement; d'ailleurs, il me femble, que la liaifon des idées et des vérités ne s'y fait pas asfez fentir.

Par exemple: PUFFENDORF, dans le IV. paragraphe de cet ouvrage, me dit: *que tout homme, après avoir éloigné toutes les fausfes idées de la Divinité, doit travailler à fe faire une juste idée de lui même et de fa propre nature:* mais il ne m'en fait connoitre ni l'obligation, ni *le pourquoi.* Il parle enfuite de l'effet de cette connoisfance: et entrant, après cela,

dans

dans quelque détail, il pose en fait, que l'homme est soumis à l'empire de Dieu, et qu'ainsi il est tenu de l honorer. Je trouve cela bien vague. Ce sont, autant que je puis en juger, des assertions générales, qui, si l'on veut, expriment des vérités, mais sans preuves; et ce sont proprement les preuves des vérités, qui sont enseignées, que je désire, et que je cherche dans des ouvrages destinés à nous les apprendre, et par conséquent à nous en convaincre.

L. L'observation, que vous venez de me communiquer sur le passage de l'ouvrage de PUF-FENDORF que vous citez, est très judicieuse. Le défaut que vous y avez remarqué est un défaut général, que vous trouverez dans tous les ouvrages, soit anciens, soit modernes, qui ont eu pour but d'enseigner la Morale.

La raison en est simple, la preuve d'une vérité consiste dans l'exposé de sa liaison avec le principe, dont elle découle; et comment faire cet exposé, lorsque l'on se trouve dépourvu de principe.

A la fin de l'édition Françoise, que Monsieur BARBEIRAC a publié du livre de PUFFENDORF dont vous venez de parler, se trouve le jugement que Monsieur de LEIBNITZ en a porté: je vais vous en lire quelques passages. Vous y verrez avec plaisir, que votre jugement sur les points, que vous en touchez, est assez conforme à celui, qu'en à porté ce grand génie, et vous y trouverez des éclaircissemens très lumineux, qui vous confirmeront dans ce sentiment, dans lequel vous êtes actuellement sur la nécessité d'enseigner la morale d'une maniére scientifique.

„ Vous voulez, Monsieur, (dit LEIBNITZ,

     „ §. 1.)

» §. 1.) qu'en faveur d'un de vos amis, je vous
» dife mon fentiment fur le traité des *devoirs*
» *de l'homme et du Citoyen*, compofé par SA-
» MUEL PUFFENDORF, homme de fon vivant
» très célèbre par fon mérite; j'ai jetté les yeux
» fur cet ouvrage, que je n'avois pas confulté
» depuis longrems, et j'ai remarqué de grands
» défauts dans les principes, cependant, com-
» me la plûpart des penfées, qu'on trouve dans
» la fuite de l'ouvrage, n'ont guerres de liai-
» fon avec les principes, et n'en font pas dé-
» duites comme de leurs caufes; mais plutôt
» empruntées d'ailleurs et tirées de divers en-
» droits de bons auteurs; rien n'empêche que
» ce petit livre ne contienne quantité de bon-
» nes chofes, et ne puife tenir lieu d'un abré-
» gé de Droit Naturel, pour ceux qui fe conten-
» tant d'une legère teinture, n'aspirent pas à une
» fcience folide, tels que font un très grand
» nombre d'auditeurs."

§. 2. „ Je fouhaiterois néamoins qu'on eut
» quelqu'ouvrage plus folide et plus fort, où
» l'on trouvât des definitions lumineufes et fé-
» condes; où les conclufions fuffent tirées de
» bons principes, par (*a*) une fuite non inter-
» rompue; où les fondemens de toutes les ac-
» tions et de toutes les exceptions naturellement
» valides, fuffent établis avec ordre; où enfin
» l'on n'oubliât rien de ce qu'il faut pour met-
» tre ceux qui commencent à étudier le droit
» naturel, en état de fupléer par eux-mêmes à
» ce qui peut avoir été omis, et de décider par
» règles (*b*) et par principes les questions, qui
» fe préfentent: car c'est ce que l'on doit at-
» tendre d'un fyfthème complet et régulier."

§. 3.

§. 3. „ On auroit pu fe promettre quelque
„ chofe de femblable du jugement exquis, et de
„ l'érudition immenfe de l'incomparable GRO-
„ TIUS, ou du génie profond d'HOBBES, fi
„ le premier n'avoit eu bien des diftractions, qui
„ l'ont empêché de faire la desfus tout ce dont
„ il étoit capable, et fi l'autre n'eut pofé de
„ mauvais principes qu'il a fuivi trop conftam-
„ ment. FELDEN (c) auroit pu ausfi nous don-
„ ner quelque chofe de meilleur, et de plus
„ complet, que ce qu'on enfeigne ordinaire-
„ ment, s'il eut voulu faire ufage de fon esprit
„ et de fon favoir avec plus d'application. ”

§. 5. „ Cependant, puisque nous n'avons
„ point d'autre ouvrage, tel que devroit être,
„ felon ce que je viens de dire, un bon fyfthè-
„ me de Droit Naturel; et que l'abrègé de PUF-
„ FENDORF est en ce genre le livre le plus
„ connu parmi nous; il est bon à mon avis,
„ de donner du moins quelques avis aux lec-
„ teurs ou aux auditeurs furtout au fujet des
„ principes dont on pourroit le plus abufer. Ce
„ qu'il y a ici de plus confidérable, c'est que
„ l'auteur femble n'avoir pas bien établi la fin
„ et l'objet du Droit Naturel, ni fa caufe effi-
„ ciente. ”

BARBEIRAC dépeint de la manière fuivante
l'état de la Jurisprudence naturelle, avant que
GROTIUS fe mit à l'établir fur des fondemens
folides.

„ Répréfentons-nous, dit-il, l'affreux cahos
„ ou étoient le Droit de la Nature et des Gens,
„ et les principes univerfels du Droit Public,
„ qui en font une dépendance manifeste. S'agis-
„ foit-il de décider quelque différent entre deux

P 5   „ na-

„ nations, ou entre le corps d'un peuple et son
„ Souverain? ou bien entre de fimples particu-
„ liers qui, étant fujets de différents états, n'ont
„ point de juge commun, qui puiffe prononcer
„ avec autorité fur leurs prétenfions? l'un ne
„ reconnoiffoit ici presque d'aütre droit que la
„ loi du plus fort, ou l'intérêt. L'autre alléguoit
„ la coûtume, principe, premièrement fort éloi-
„ gné de l'univerfalité, que doit avoir une rè-
„ gle commune à tous les hommes; le plus fou-
„ vent incertain, variable, fujet à mille faux
„ fuians, à mille embarras, enfin, qui peut au-
„ thorifer le mal comme le bien; qui l'a fou-
„ vent authorifé chez les nations les plus po-
„ lies; et qui, après tout lors - même qu'il a
„ force de loi, ne l'a point par lui - même; mais
„ en vertu de quelqu'autre chofe, dont l'effet
„ pouvoit aifément être éludé."

„ D'autres plus · Philofophes, mais prévenus
„ de bonne heure d'une admitation outrée pour
„ les anciens, felon qu'ils étoient entêtés d'un
„ PLATON, d'un ARISTOTE, ou de tel autre
„ homme divin à leur gré, vouloient, qu'on s'en
„ tint à fa doctrine, comme à celle d'un oracle,
„ et qu'on puifât uniquement dans fes écrits, la
„ plupart obfcurs ou confus, fuperficiels et im-
„ parfaits, pleins d'erreurs et de chimères, les
„ règles du Droit et de la Morale."

„ D'autres en appelloient au Droit Romain,
„ comme fi les Romains et leurs Jurisconfultes
„ avoient été, ou infaillibles ou envoyés du
„ ciel, pour préfcrire des loix à toutes les na-
„ tions, depuis même la ruïne totale de leur
„ empire; ou comme fi, fuppofé que leurs dé-
„ cifions duffent faire règle, il étoit fort facile
„ de

„ de démêler les principes de l'équité naturelle
„ au milieu d'une infinité de subtilités arbitrai-
„ res, où ils sont ensevelis."
„ Plusieurs faisoient un mélange bizarre de ces
„ principes, ou autres semblables, aussi difficiles
„ à accorder entr'eux, qu'avec le bon sens. Il n'y
„ avoit qu'une chose en quoi il convenoit tous,
„ c'est que le fondement de leurs décisions se
„ réduisoit ou directement, ou indirectement à
„ l'autorité. Comme elle s'étoit emparée de l'es-
„ prit avant l'examen, ou sans aucun examen des
„ choses mêmes, elle décidoit souverainement
„ de ce qui est du resfort de la raison toute
„ seule: il semble, qu'on eut perdu le goût de
„ ce qui est raisonnable, à force de ne se répai-
„ tre que d'opinion et d'exemple. En vain la
„ révélation de la loi divine de MOÏSE, et plus
„ encore celle du fils de Dieu avoient ouvert
„ les véritables sources du Droit: en vain, par
„ cela même, qu'elles les ouvroient seulement,
„ elles exhortoient les hommes à les creuser,
„ et à les suivre dans tous les ruisseaux qui en
„ découlent: on n'en a été guéres plus attentif
„ à profiter de ces avertissemens et de ses se-
„ cours. Bien loin de là: ce fut à la faveur de
„ la réligion la plus raisonnable et la plus sain-
„ te, que s'introduisirent les erreurs et les pra-
„ tiques le plus manifestement contraires et à la
„ réligion et à la raison. Selon les principes de
„ l'Evangile on ne peut plus douter, que ce
„ ne soit une souveraine injustice, de piller,
„ chasser, tourmenter, tuer ceux qui ne font
„ du mal à personne; il s'est trouvé néamoins,
„ et il n'y a encore que trop de gens qui, fai-
„ sant profession du Christianisme, ont témoigné
„ croi-

„ croire, et perfuadé enfuite au vulgaire igno-
„ rant, qui fait la plus grande partie de chaque
„ ordre et de chaque condition, que tout cela
„ est non-feulement permis, mais un devoir,
„ quand il s'agit de la plus grande gloire de
„ Dieu, qui confifte felon eux, à avancer de
„ quelque manière que ce foit, les intérêts d'u-
„ ne faction réligieufe."

„ C'étoit une maxime de Droit Public asfez
„ généralement reçue, que les fujets ne dépen-
„ dent que de leur fouverain: il fe forme dans
„ des fiècles ténébreux, une Puisfance Ecclé-
„ fiaftique qui, fe parant d'un titre ufurpé, vient
„ s'ériger en fouverain de tous les fouverains,
„ leur impofe des tributs à eux et à leurs fu-
„ jets, et abfout ceux-ci, quand bon lui fem-
„ ble, des fermens de fidèlité les plus folem-
„ nels; l'asfasfinat des Rois, qu'elle déclare héri-
„ tiques, c'est-à-dire, rébelles à fes loix et
„ peu dévoués à fes intérêts, est régardé com-
„ me une action héroïque, qui met au rang des
„ martyrs ceux, que l'on ofe punir, pour l'a-
„ voir commife."

„ On peut juger par-là, quels progrès doit
„ avoir fait l'étude du Droit de la Nature et
„ des Gens, entre les mains des fuppôts de
„ cette puisfance, qui fe l'approprioient, et
„ qui étoient fi fort intéresfez à étouffer entière-
„ ment les lumières les plus pures de la raifon.
„ Les fcholastiques introduifirent quelque efpèce
„ de méthode; mais ils ne firent d'ailleurs qu'a-
„ jouter au peu de folidité et de liaifon des prin-
„ cipes, un mélange affreux de féchcresfe, de
„ vaines fubtilités et de barbarie, feul capable
„ de dégoûter des meilleures chofes."

„ Les

„ Les réformateurs étoient trop occupés de con-
„ troverſes Théologiques, pour penſer ſérieuſe-
„ ment à une ſcience, comme celle, dont il s'agit;
„ quand même ils auroient eu d'ailleurs moins du
„ levain de l'école, qu'ils n'en conſervérent, et
„ les talens, ou les connoiſſances néceſſaires
„ pour une telle entrepriſe. "

„ Tel étoit l'état de cette première Jurispru-
„ dence, qui doit ſervir de fondement à toutes
„ les autres, lorsque GROTIUS conçut le noble
„ deſſein de la ramener à ſes principes propres,
„ et de la faire voir dans ſon naturel, dépouillée
„ des haillons, dont on l'avoit révetue. "

Vous voyez, mon ami, que Mr. BARBEI-
RAC parle de la manière dont la morale a été
traitée et enſeignée jusques au tems ou GROTIUS
s'y est livré, ainſi que je vous l'ai répréſenté; j'y
ajouterai maintenant, que ni cet illuſtre auteur, ni
aucun de ceux, qui ſe ſont appliqués à cette ſcience jusques au tems de WOLF, n'a rempli la tâche
qu'il leur impoſoit. GROTIUS a poſé pour principe la *ſociabilité*; mais il ne l'a point fait
comme un principe univerſel et ſatisfaiſant, pour
en déduire par un développement ſuivi, tous les
devoirs et les droits de l'homme dans l'état naturel. Il y a ajouté différens autres principes:
tels que les coûtumes réçuës par les nations:
les ſentimens des plus célèbres auteurs de l'antiquité, les préceptes répandus dans les ſaintes
écritures et dans les ouvrages profanes les plus
estimés.

PUFFENDORF imitant GROTIUS a pris auſſi
la *ſociabilité* pour principe de nos devoirs et de
nos droits naturels; mais quoi qu'il en ait fait
un uſage plus étendu que ſon prédéceſſeur, il
y

y a également employé d'autres principes; et
fon livre *du Droit de la Nature et des Gens*,
ainfi que l'abrégé, qu'il en a fait, forment moins
un fyſthème, qu'un asſemblage de raiſonnemens
vagues, éloignés de la méthode qu'exigeoit Mr.
DE LEIBNITZ, lorsqu'il dit, dans le §. 2. de
fon jugement, que je vous ai lu tantôt, commençant par ces mots: „ je fouhaiterois," (ci-
desſus p. 232.) „ qu'on eut quelque ouvrage
„ plus folide et plus fort, ou l'on trouvât des
„ définitions lumineuſes et fécondes; ou les con-
„ cluſions fusſent tirées de bons principes par (*a*)
„ une fuite non interrompue; où les fondemens
„ de toutes les aftions et de toutes les excep-
„ tions naturellement valides, fusſent établis
„ avec ordre, ou enfin l'on n'oubliat rien de ce
„ qu'il faut pour mettre ceux qui commencent à
„ étudier le Droit Naturel, en état de fuppléer
„ par eux-mêmes à ce qui peut avoir été omis,
„ et de décider par règles (*b*) et par princi-
„ pes les questions qui fe préſentent: car c'est
„ ce que l'on doit attendre d'un fyſthème com-
„ plet et régulier."

Notez encore que les ouvrages de PUFFEN-
DORF ont le défaut de ne pas donner de bonnes
définitions; défaut esſentiel, par lequel une doctrine reste toujours incertaine et peu inſtruétive.

Vous avez lu le livre de HEINECCIUS, intitulé: *Elementa Juris Naturalis et Gentium:*
qu'en dites vous?

M. J'ai commencé à le lire, et il m'a paru
fatisfaire, en quelque manière à la méthode fur
laquelle vous infiſtez, j'y trouve une marche règlée, des raiſonnemens fuivis, tirés des principes généralement adoptés, et liés par un déve-
lop-

loppement fort Méthodique: car les preuves, ou les démonſtrations, qu'il donne, ſont toujours fondées ſur des propoſitions antécédemment démontrées: de ſorte, que ſon livre me paroit contenir un véritable ſyſthème, tel que le demandent les réfléxions que vous m'avez communiquées ſur ce ſujet.

Cependant ſi ce n'eſt pas trop préſumer de moi-même, j'y trouverois a redire deux choſes:

1°. C'eſt que l'auteur prend pour principe premier et univerſel, la volonté de Dieu manifeſtée par *la ſaine raiſon*.

2°. Que ſes raiſonnemens ſont quelque fois un peu vagues, et, pris à la rigueur, peu démonſtratifs.

Or, quant à la première, vous m'avez fait obſerver, Monſieur, dans un de nos Entretiens précédens, que nous ne devons recourir à la volonté Divine, que lorsqu'il eſt question de l'exiſtence des choſes et de la manière dont elles exiſtent, et non point, lorsqu'on en contemple les effets. Alors nous devons conſidérer la manière dont elles exiſtent et ſe conſervent, pour en tirer les conſéquences, qui en réſultent. Vous m'avez fait obſerver, que tout ce qui exiſte et ſe conſerve, ſe conſerve et ſe ſoutient par l'harmonie: il ſuit de-là, que Dieu ayant donné l'exiſtence au monde, et ayant établi l'harmonie pour fondement de ſa conſervation, a voulu, que les Etres intelligens concouruſſent au maintien de cette harmonie, et qu'il leur a accordé leur Entendement pour cette fin. L'existence des choſes nous découvre et nous apprend à cet égard la volonté Divine; et par cela même, elle nous enſeigne, qu'il ne faut pas recourir immédiatement

à

à cette volonté dans des *cas particuliers*. Ces cas doivent trouver leur explication dans le principe général, qui les détermine: d'où je conclus, que Mr. HEINECCIUS n'auroit pas dû prendre la volonté Divine pour principe univerfel de nos devoirs et de nos actions.

J'ai dit en outre, que fes raifonnemens me paroiffent être quelque fois un peu vagues et peu démonftratifs, par exemple, Mr. HEINECCIUS dit dans le 1. §. *que l'on nomme bon ce qui conferve l'homme et le rend parfait: mal ce qui le détruit et le déteriore*, et de cette définition il conclut: *que toute action qui tend à la confervation et à la perfection de l'homme est bonne: et que celle qui le détruit et le rend imparfait, est mauvaife*, enfuite il dit, §. 2., *que l'on nomme par rapport à l'homme conferver, tout ce qui contribue à fa durée et à la continuation de fon état préfent: et perfectionner, ce qui augmente et étend toutes les chofes qui appartiennent à fon effence et à fon integrité*, et comme dit-il enfuite §. 3. *il est du caractère (indoles) de la volonté humaine de défirer le bien et de fuir le mal, il ne fe peut, que nous ne foyons toujours portés à faire les actions, qui tendent à notre confervation et à notre perfection.*

Il me paroit en premier lieu, que la définition de *bon*, est fujette à critique: car en général, on nomme *bon*, tout ce qui nous caufe de l'agrément, et *mal*, tout ce qui nous caufe de la peine; fi l'on doit entendre ici par *bon* ce qui est intrinféquement tel, fans avoir égard aux défirs de l'homme, alors *bon* est non feulement tout ce qui conferve et perfectionne l'homme;

me; mais encore ce qui le fait vivre agréablement, et surtout ce qui conserve l'harmonie dans le monde. En second lieu: le mot *conserver* désigne, à ce qui me semble, par rapport à l'homme, *non sa durée et la continuation de son état présent*; mais la continuation de l'état *successif* dans lequel il passe d'un moment à l'autre, et que l'on nomme *vivre:* ainsi que sa conservation est proprement le maintien de ses facultés, tant corporelles, qu'intellectuelles, dans la disposition qu'elles doivent avoir pour vivre. En troisième lieu, je crois remarquer dans le paragraphe 3e. un défaut de raisonnement. Car, quoiqu'il soit vrai, qu'en général l'homme désire le bien et fuit le mal, il n'est pas également vrai, que, dans des cas particuliers, il y soit porté, par le désir de se conserver et de se perfectionner. Quant à moi, Monsieur, je vous avoue ingenument, qu'avant les Entretiens, que vous avés bien voulu prendre la peine d'avoir avec moi, je n'ai jamais songé à faire mes actions dans la vue de me conserver et de me perfectionner: seulement, lorsque je me suis trouvé malade, j'ai pris des remèdes pour rétablir ma santé; encore moins ai-je pensé a faire mes actions, afin de me perfectionner: l'idée ne m'en est jamais venue. J'ai été à la chasse, à la pêche, à la promenade, à cheval, en voiture, je me suis appliqué aux sciences Mathématiques, je me suis livré à d'autres occupations; mais non, dans l'idée proprement dite, de me perfectionner. Je m'y suis livré par goût, par inclination, pour ne point passer mon tems à ne rien faire, pour acquérir des connoisances; pour m'instruire de ce à quoi ma curiosité me por-

portoit, ou pour apprendre des chofes, auxquelles mes parens defiroient que je m'occupas-
fe; mais jamais, je le répète, je ne l'ai fait dans
le desfein de me perfectionner, jamais on ne m'a
inculqué ce motif. J'ai pris mon déjeuné, mon
diné, mon fouper, aux heures réglées: quelque
fois j'ai mangé quelque chofe, foit que je me
fentisfe de l'appetit, ou que j'y fusfe excité
parceque l'on me préfentoit, ou par quelques
fruits que je trouvois dans un jardin. Le plaifir
de manger étoit le feul motif, qui m'y portoit:
j'étois bien éloigné de le faire pour me conferver. Ainfi je trouve, que Mr. HEINECCIUS
s'explique peu correctement en affirmant, *que
nous voulons toujours faire les actions, qui tendent à notre confervation.* Si au lieu de *voulons*
il eut dit *devons*, il auroit, ce me femble, parlé
plus vrai. Peut être qu'en examinant de prés
la conduite des hommes, on les trouveroit fort
éloignés de *vouloir* faire des actions par la raifon
qu'elles tendent à leur confervation et à leur perfection.

L. Avez-vous rémarqué en quoi pêche proprement le raifonnement de Mr. HEINECCIUS?

M. Je n'ai pu le démêler.

L. Le voici: HEINECCIUS, s'est mépris,
parce qu'il n'a pas diftingué le *défirable* du *dé-
firé*, le *rejettable* du *rejetté*. Il auroit du conclure de fa définition du bien et du mal, relativement à la confervation et à la perfection, que
ces deux états ou fituations font *défirables*, mais
non pas que les hommes font portés réëllement
à les rechercher; ou qu'ils font leurs actions par
ces motifs; car cela eft faux. Ils devroient et
doivent y être portés. Vous venez de l'infinuer,

en

en remarquant qu'il auroit du dire *devons*, là où il dit *voulons*.

La remarque que vous faites, sur ce qu'il prend la volonté divine pour premier principe de nos devoirs, est encore très-judicieuse; et ce n'est pas à tort, que vous observez, que l'idée de la volonté divine manifestée par la droite ou la saine raison, est des plus confuses. Vous devez être très satisfait, mon ami, de vous rencontrer si bien avec deux génies tels que LEIBNITZ et GROTIUS. Ces deux célébres savans s'en sont expliqués comme vous le faites.

Cette défectuosité dans l'étude de la Morale a toujours arrêté et égaré même ceux, qui s'y sont appliqués, et qui ont cru pouvoir instruire le monde. Leurs tentatives forment des espèces de labyrinthes, dans lesquels on ne sait, ni d'où l'on vient, ni où l'on va. Vous devez vous en être apperçu en lisant CICÉRON, et vous l'appercevrez encore dans les écrits de PLATON et d'autres anciens auteurs. Enfin ce défaut, que des esprits judicieux ne pouvoient manquer d'observer, a engagé plusieurs savans à chercher quelque principe; et il en est résulté ces différens sentimens dont nous avons parlé dans notre Entretien neuvième

PUFFENDORF a adopté d'après GROTIUS la *Sociabilité*; mais il n'en a ni fait l'usage ni tiré le parti qu'il auroit pu. Ses deux ouvrages sont plutôt propres à instruire la multitude, qu'à satisfaire ceux, qui demandent à être convaincus. Comme nous en avons suffisamment parlé, je passe à la contemplation de ce qui s'ensuit de nos devoirs.

Il est clair, que nous ne pouvons remplir nos

devoirs, si nous n'avons point le pouvoir de nous servir des moyens qui nous en rendent capables: il doit être libre à tout homme de faire usage des moyens, sans lesquels il ne peut satisfaire à ses obligations. C'est cette liberté que l'on nomme *faculté morale*, et que l'on désigne par le mot *droit*; quand on parle du droit que nous avons de faire une chose ou de l'omettre. Vous voyez par-là, mon ami, que le *droit* tire sa source d'une obligation passive; qu'il n'y auroit point de droit, s'il n'y avoit point d'obligation; et que la loi de la nature nous donne droit à tout ce sans quoi nous ne pourrions remplir nos obligations. Vous concevez donc, par ce que je viens de vous dire, qu'il est ridicule de parler des droits de l'homme, sans réfléchir en même tems sur ses obligations comme Etre moral, et qui résultent des rélations dans lesquelles il se trouve placé dans la société humaine.

Il suit de là, que, puisque nous sommes obligés de nous conserver, de nous perfectionner, de mettre de l'harmonie dans tout ce qui constitue notre Etre, nous avons le droit de nous défendre contre tout ce qui pourroit s'opposer à l'exercice de ce devoir, d'éloigner, d'écarter et de détruire ce qui pourroit porter atteinte à notre conservation; de nous opposer à toute violence, à tout acte, qui pourroit blesser notre réputation, enlever nos biens et nous troubler dans l'usage, que nous croyons pouvoir en faire; en un mot, d'employer nos forces, nos talens et notre industrie pour prévenir et réprimer tous les efforts, toutes les entreprises, qui pourroient mettre obstacle à l'exercice de nos devoirs. Ainsi, indiquer les devoirs de l'homme,

c'est

c'est par cela·même indiquer ses droits: ce que nous avons dit des devoirs auxquels il est tenu envers lui·même, suffit donc pour en déduire les droits qui en résultent à son égard. Il n'y a qu'a en suivre le développement. Ce développement vous confirmera à chaque pas que vous y fairés, que, pour avoir une connoissance solide de la Morale, elle doit être traitée systhématiquement.

QUINZIEME ENTRETIEN.

Sur la Sociabilité et les Sociétés en général.

L. Savez-vous, mon ami, ce que signifie le mot Société?

M. Après avoir un peu réfléchi, je crois qu'oui; c'est, quand deux ou plusieurs personnes se mettent ensemble pour agir de concert vers un certain but.

L. N'est-ce pas piutôt *former une société* que la Société même, que vous venez d'indiquer.

M. Vous avez raison, Monsieur; en y pensant d'avantage, je crois que Société est *l'état de ceux, qui se sont mis ensemble, pour agir de concert vers un certain but; rélativement à ce but.*

L. Ne faudroit-il pas y ajouter encore un mot? et dire: *c'est l'état de deux ou de plusieurs personnes, qui se sont mises ensemble pour*

agir

agir comme tels de concert vers un certain but, relativement à ce but.

M. Il me paroit qu'oui.

L. C'est donc l'union de deux, ou de plusieurs personnes, qui se mettent ensemble pour agir de concert vers un certain but, qui forment l'état de ces personnes par rapport à ce but.

M. Oui.

L. L'union, ou la réunion de ces personnes pour agir de concert vers un certain but, forme donc l'état que vous nommez Société?

M. Cela est vrai.

L. Il y aura donc partout une Société, là où il y aura une pareille union.

M. Cela s'en suit de soi-même.

L. Cette union, ou réunion de deux ou de plusieurs personnes, ne peut elle avoir lieu, que dans le seul cas, que deux, ou plusieurs se mettent ensemble, pour agir de concert vers un certain but? Ne pourroit-elle pas résulter de quelque autre cause?

M. Je ne puis, Monsieur, m'en imaginer aucune.

L. Faites-y attention, mon ami, une famille composée de mari, de femme et d'enfans, n'est elle pas une union de plusieurs personnes, mises ensemble pour agir de concert vers un même but? le bien être de la famille?

M. Il est vrai.

L. Ces personnes se sont-elles mises elles-mêmes dans cette union avec ce but?

M. Il me paroit que non, puisque c'est par la naissance, et par conséquent par l'ordre de la nature, qu'ils sont devenus membres de la famille.

L.

L. Vous concevez donc, qu'il peut y avoir une Société de perfonnes, fans qu'elles fe foyent mifes elles - mêmes dans cet état ; et qu'elles peuvent y être mifes par la nature : c'est - à - dire par le fimple effet de leur exiftence, ou, fi l'on aime mieux, par l'ordre, que la nature fuit dans la création et la confervation de l'efpèce humaine.

M. Cela me paroit très évident.

L. Vous voyez donc, mon ami, qu'il n'est pas nécesfaire, ni esfentiel, pour qu'il y ait une Société entre plufieurs perfonnes, qu'elles *fe mettent elles - mêmes* enfemble ; et qu'il fuffit, qu'elles y foyent mifes, ou qu'elles fe trouvent dans une réunion pour agir de concert vers un certain but : et par conféquent que l'acte de fe *mettre enfemble* n'est pas de l'esfence de l'état, que vous avez défigné par le mot de Société ; qu'il fuffit, que cet *enfemble*, cette union y foit ; n'importe de quelle manière elle y foit née.

M. Tout cela, Monfieur, ne fouffre aucun doute, à ce qu'il me paroit.

L. Pourfuivons notre contemplation, qui est un peu abftraite : des perfonnes unies pour agir de concert vers un certain but, doivent avoir rélativement à ce but la même volonté.

M. Cela est vrai, rélativement à la fin de l'obtenir ; mais non pas plus loin : par exemple deux ou trois perfonnes, fe mettent enfemble pour aller à la pêche : elles doivent donc avoir la même volonté, rélativement à faire la pêche enfemble ; mais non pas plus loin.

L. Il ne peut donc y avoir de Société fans une union, ou un accord de volontés, quelque foit le but qu'on fe propofe ?

M. Non.

Q 4

L.

L. L'union de volontés suffit-elle seule pour produire une société?

M. 'A ce qu'il me paroit, non. Plusieurs personnes peuvent aller à la pêche, avoir la volonté de pêcher, et faire la pêche effectivement, sans se mettre ensemble, et par conséquent sans former une Société. J'entends par ensemble, lorsqu'on agit de concert; par exemple comme font ceux, qui de concert élèvent un bloc et le font tomber sur un pilier, pour l'enfoncer dans la terre.

L. Il faut donc, outre la même volonté, un accord de volontés, pour faire conjointement une chose, à laquelle tous pourroient se porter séparément?

M. Oui.

L. Il faut donc que l'un veuille ce que l'autre veut?

M. Oui: l'expression de *concert* et celle *d'agir de concert* l'indiquent.

L. Comment nomme-t'-on ce vouloir ce qu'un autre veut.

M. Si je ne me trompe *consentement;* car on nomme *consentir*, vouloir, ou agréer, ce qu'un autre veut.

L. Cela étant, il faut que ceux qui se mettent ensemble, pour faire conjointement ce à quoi il pourroient se porter séparément, fassent d'avance une action, par laquelle ils s'assurent mutuellement de la volonté de chacun d'eux, c'est-à-dire de leur consentement.

M. Sans doute.

L. Il faut donc encore, qu'ils fassent connoître l'un à l'autre cette volonté accordante ou concourante, ou ce consentement.

M. Sans contredit.

L. Faire connoitre à quelqu'un, qu'on a une volonté, ne nomme t'-on pas cela *déclarer sa volonté*, et par conséquent faire connoitre son consentement.

M. Je crois qu'oui.

L. N'est-ce donc pas aussi déclarer son consentement, lorsqu'on fait connoitre mutuellement l'un à l'autre que l'on veut ce qu'un autre veut.

M. Sans-doute, Monsieur.

L. Et comment nomme-t'-on l'action par laquelle deux ou plusieurs personnes déclarent mutuellement leur consentement à une même fin.

M. Si je ne me trompe *convenir*.

L. Et l'effet qui en résulte?

M. Convention.

L. La convention est donc un consentement de deux ou de plusieurs personnes à un même désir, ou à une même fin.

M. Oui.

L. Est-il nécessaire que des personnes pour agir de concert, ayent la volonté de le faire d'un commun accord, et qu'elles en conviennent d'avance.

M. Il me paroit, Monsieur, aprés les reflêxions que vous m'avez fait faire sur ce que j'avois désigné par le mot Société; que des personnes pour agir de concert doivent avoir la même volonté par rapport au but, auquel elles doivent tendre; et par conséquent la volonté de le faire d'un commun accord; mais il ne me paroit pas, qu'elles en doivent convenir d'avance. Ceci n'est nécessaire, ce me semble, que dans le cas où elles se mettent elles-mêmes ensemble; mais non pas lorsqu'elles sont mises en cet état par quelqu'autre fait, ou événement. Par exemple, par rapport aux enfans qui naisfent, exemple, Monfieur, que vous m'avez all gué. Permettez, que j'y ajoute, celui des galériens, qui est à la vérité d'une nature bien différente, mais qui fait voir évidemment la même chofe. Des galériens agisfent de concert, mais ils ne conviennent pas d'avance qu'ils le feront par un accord de vo- lontés: ils le font, ils agisfent de concert, fans s'être mis enfemble; ausfi ne forment ils pas une Société, quoiqu'ils foyent mis enfemble, pour agir de concert vers une même fin, ils font com- me des boeufs attachés à une voiture.

L. Cet exemple prouveroit donc, qu'une réunion de travaux de plufieurs perfonnes ne fuf- fit pas pour produire une Société entre elles; mais qu'il y faut une réunion de volontés.

M. C'est cela même, Monfieur.

L. Penfez vous donc, qu'il foit esfentiel à la Société, ou qu'il foit de l'esfence d'une So- ciété, que ceux, qui la forment, s'y foyent mis enfemble et ayent fait pour cela une convention?

M. Asfurément je le penfe, dès que l'on par- le de perfonnes qui *fe font mifes elles-mêmes* en Société; car comment peut-on s'asfurer, que tous veulent ce qu'un d'eux veut, s'ils ne dé- clarent d'avance avoir la même volonté. Je penfe en outre, que cette déclaration d'une vo- lonté mutuelle et réciproque, ne doit pas feu- lement fervir à faire connoître purement et fim- plement qu'on a cette volonté au tems qu'on le déclare, mais encore en même tems à s'asfurer mutuellement et réciproquement, qu'on s'y con- duira en conféquence dans la fuite, et qu'on s'y conformera pleinement.

L. Vous voulez donc que cette déclaration
im-

impofe à chacun de ceux, qui la font, l'obligation d'y fatisfaire; et qu'elle tienne lieu de loi.

M. Sans-doute; car c'est dans cette vue,
que fe fait cette déclaration: à quoi ferviroit une
pareille déclaration, fi elle n'emportoit point cette obligation, fe mettre en Société veut dire
s'impofer l'obligation d'agir de concert.

L. L'obligation d'agir de concert est donc
proprement ce qui change en Société, l'état ifolé ou féparé; elle en fait donc le caractère di-
ftinctif?

M. Je le penfe ainfi.

L. Mais fi la convention doit fervir à impofer l'obligation d'agir de concert, ne faudroit-il
pas qu'elle contienne la manière, dont ce concert, ou cette union de volontés fera produit?

M. Asfurément.

L. Et comment on devra fe conduire, pour
que toutes les volontés foyent réduites à une
feule?

M. Oui Monfieur.

L. Mais, fi une convention est requife pour
faire naitre une fociété entre des perfonnes, qui
s'y mettent, s'enfuit-il, qu'une Société ne peut
n'aitre, ni avoir lieu fans une convention?

M. A la vérité cette conféquence n'en réfulte pas.

L. Si l'obligation d'avoir tous une même volonté pour une certaine fin, fi une volonté réu-
nie d'agir de concert y étoit, fans qu'il y eut
de convention, n'en feroit-il pas autant, que
s'il y avoit convention?

M. Oui, du moins cela me paroit ainfi.

L. Ainfi la convention feroit uniquement nécesfaire pour ceux, qui fe mettent en Société;

mas

mais non pas pour ceux, qui ne s'y mettent pas, mais qui y font.

M. Cela me paroit vrai, Monfieur, je m'é- tois ci-devant imaginé, qu'on ne pouvoit fe trou- ver dans une Société, fans s'y être mis foi-mê- me: l'exemple d'une famille, que vous m'avez al- legué tantôt, m'a desabufé.

L. Mais encore cette déclaration, que vous trouvez fi indifpenfable, est-elle bien *toujours* nécesfaire? Ne peut-on pas être asfuré de cet accord de volontés, de cette obligation, par d'autres moyens? Vous avez fait voir clairement, que ceux, qui fe mettent en Société doivent faire d'avance une convention: mais des perfon- nes ne peuvent elles pas fe trouver en Société fans s'y être mifes, comme dans l'exemple des enfans, dont je viens de parler. L'obligation d'agir de concert vers une même fin, ne peut- elle pas venir d'ailleurs en d'autres cas?

M. Je ne le vois pas.

L. Des enfans par exemple, qui fuccèdent à quelques biens, que leur Père leur à laisfés, des cohéritiers, auxquels quelques affaires, quel- ques biens font laisfés en héritage, à condition de les posfèder en Société, ne fe trouvent-ils pas en Société par le fait, qui leur transmet l'hé- ritage? Et ce fait ne leur impofe-t'-il pas l'o- bligation, qui y est attachée et en réfulte? En ce cas ce ne font pas des perfonnes ifoléçs, qui fe mettent en Société, et qui ont befoin de con- venir d'avance.

M. Je l'avoue, Monfieur, mais ne pourroit- on pas dire dans ces cas, que pour fatisfaire à la volonté du défunt, les enfans ou les héritiers doivent, avant d'être en Société, confentir à

prcnprendre l'héritage à cette fin ; que cela demande un acte de volonté de leur part, une déclaration de leur confentement, et que cela tient lieu de convention, ou en est effectivement une.

L. Parfaitement bien réfléchi ; mais, fi un héritage délaiffé est d'une telle nature que les héritiers doivent être en fociété, et qu'ils ne peuvent fe dispenfer d'être héritiers et de prendre l'héritage ; alors ils ne fe mettent pas en fociété ; mais fe trouvent en fociété par une volonté étrangère. Dès votre naiffance vous vous êtes trouvé membre d'une Société, favoir de la fociété civile, où vous avez commencé à voir le jour, vous n'y êtes pas entré de votre gré : vous n'y êtes point encore par la raifon, que vous vous y êtes placé.

M. Cela est vrai.

L. Vous voyez par-là, qu'on peut être dans une fociété, fans qu'on s'y foit mis, et fans qu'on ait fait d'avance une convention pour s'y trouver.

M. Cela me paroît encore vrai.

L. Vous vous trouvez dans une fociété civile, fans que vous vous y foyez mis : c'est votre naiffance, c'est l'ordre de la nature, qui vous en a fait membre, qui vous a foumis à fes loix, vous pouvez la quiter, l'abandonner et aller vivre ailleurs ; mais tant que vous y êtes, vous en êtes membre et tenu, comme tous les autres, à travailler de concert avec eux pour le bien être de la fociété. Or cette obligation générale de conttibuer félon votre état, vos facultés et vos forces à y maintenir l'harmonie, et par ce motif même de vous conformer aux loix et aux réglemens de votre pays ; cette obligation, ne pro-

produit-elle pas un accord de volontés à une même fin, puisque tous les individus doivent avoir celle d'obéïr et de se conformer aux loix?

M. Je pense qu'oui.

L. Vous voulez une convention, afin qu'il y ait un acte, par lequel naisse l'obligation de vouloir ce qu'un autre veut, c'est-à-dire de joindre les volontés de manière à en faire une seule, qui soit celle de la société: il faudra donc, que cette convention règle la manière dont cette union sera formée: elle exprimera par conséquent la volonté de tous ensemble: elle tiendra lieu de réglement obligatoire pour tous, n'est-il pas vrai?

M. - Oui, Monsieur.

L. Ces réglemens obligatoires, exprimés dans la convention, n'y donneront-ils pas la même force, qu'en à une loi, ou un ordre, ou un commandement, auquel on est tenu de satisfaire?

M. Sans-doute, Monsieur; car dès qu'on s'est imposé une obligation par une convention, on a fait la même chose, que si l'on s'étoit soumis à quelque loi.

L. Eh bien! Maurice, s'il y a des motifs asfés puisfans pour déterminer la volonté de plusieurs personnes à un même bût, pour les faire agir de concert ensemble vers un même bût, que le font ceux, qui réfultent d'une convention; ne pensez vous pas, qu'il puisse, et qu'il doive s'introduire des sociétés là, ou il y a de pareils motifs, et que ces motifs puissent et doivent quelque fois produire le même effet, que des conventions.

M. J'en fuis très fort convaincu.

L. Mais, si ces motifs font encore plus pres-

fans

fans que ceux qui viennent d'un fimple défir, d'un choix, ou de l'envie de fe procurer quelqu'avantage, ou quelque bien, ne penfez-vous pas, que leur force obligatoire furpasfera celle, qui nait d une convention ? c'est-à-dire qu'on pourra encore moins s'en écarter, ou y manquer, qu'aux obligations, qui naisfent d'une convention volontaire ?

M. Je le penfe bien ausfi.

L. Ne s'enfuit-il pas de là, que dès qu'il y a des motifs, qui impofent à certaines perfonnes l'obligation d'agir de concert entr'elles pour une même fin, elles devront fe trouver dans un accord de volontés, et vouloir toutes, ce que chacun d'eux veut, et que fi ces motifs contiennent et expriment la manière, dont il faut fe conduire pour unir toutes les volontés à une feule, ces perfonnes fe trouveront dans une fociété ? enfin, que ce qu'on fera alors, ne fe fera point en vertu d'une convention, faite d'avance, ni en vertu de fes réglemens; mais en vertu des motifs, qui nous convainquent de l'obligation d'unir nos volontés pour cette fin, et d'agir de concert pour le bût, auquel la fociété doit tendre.

M. Votre analyfe, Monfieur, va bien loin. Je vous avoue que j'ai de la peine à la fuivre.

L. Vous pourrez y méditer à loifir; je la pousfe fi loin, parce que, bien des favans ont enfeignés, que la fociété, est un contract, ou quafi contract, pour obtenir une fin propofée ou déterminée. . . . . . . En faifant confidérer la fociété comme un Pacte ou contract, ils p ent en fait, que toute fociété fuppofe un contract, et qu'il ne peut y avoir de fociété, qui ne foit fondée fur un contract.

M. Je

M. Je me l'étois ainsi imaginé, Monsieur, comme vous l'avez vu. Je reviens de mon opinion. Quant à la manière de produire l'union des volontés, je conçois, qu'il en faut une: qu'elle peut varier et être différente, suivant les motifs qui peuvent porter les individus à une union de volontés. Une convention peut établir un chef, dont la volonté tienne lieu de celle de tous et de chacun: elle peut-être déterminée, de manière, qu'elle imite le gouvernement de Lacedémone, ou d'Athéne, ou de Rome, ou celui de nos Compagnies des Indes et d'autres.

L. Ajoutez y, que, lorsqu'un pays est conquis, il en résulte une société, sans que ceux, qui la forment s'y mettent, fasfent une convention, ou s'arrangent pour l'établir.

Vous voyez donc, qu'aussi-tôt que des perfonnes se trouvent obligées d'agir selon des loix obligatoires pour toutes également, n'importe de quelle manière elles font tombées fous la puissance de ces loix, elles doivent être dans un accord de volontés, et vouloir toutes, ce que l'une d'elle veut; ainsi, par cela même, elles se trouvent véritablement en société. Au reste, l'analyse, qui me paroit vous avoir un peu fatigué, nous a conduit à reconnoitre, que le mot *société* est employé proprement pour désigner en général: *l'état, soit de deux, ou de plusieurs personnes, soit d'une multitude, obligée d'agir de concert ensemble pour une certaine fin*, et que par conséquent on doit entendre par société: *l'état de deux ou de plusieurs personnes, qui se trouvent, ou qui se font mises ensemble, pour agir comme tels de concert vers un certain but relativement à ce but.* Un Conquérant envahit un pays; y change l'adminiſtration, et porte des loix : il ne demande pas l'agrément de ceux qui l'habitent, il impoſe à tous la néceſſité de vouloir ce qu'il veut. Il tient les habitans dans une ſociété, que l'on nomme civile.

M. Je ſens cela, Monſieur, cependant il me ſemble, que je puis bien me conformer aux loix, ſans y applaudir et ſans que ma volonté s'accorde avec ces loix.

L. Cela est vrai; mais vous devez toujours avoir la volonté qu'elles ſoyent généralement exécutées et qu'on s'y conforme généralement, parceque vous ne pouvez jamais, dans quelqu'état que vous vous trouviez, vous écarter de la Loi de la Nature la plus univerſelle, et qui fait la baze de toutes les autres, ſavoir de concourir à la conſervation et au maintien de l'harmonie. Par cette raiſon, on doit vouloir même ce que les loix d'un Uſurpateur ordonnent, pourvu qu'elles ne bleſſent pas les loix Morales; car celles-ci ne peuvent jamais être enfreintes. Si on y est forcé, c'est un autre cas, dont nous nous entretiendrons, lorsque nous parlerons d'une Société Civile.

Vous voyez tous les jours des hommes, ayant famille, s'occupant, ſe tracaſſant, pour ſe procurer leurs beſoins, et même au-delà, echangéant, vendant, achettant, ſe rendant des ſervices mutuels, ſe faiſant d'un autre coté mutuellement tort, et vivant ſous l'autorité de quelques perſonnes, qui impoſant à cette multitude des loix, faites pour ſervir de règles à ſa conduite, et en même tems l'ordre à ſuivre dans l'adminiſtration des affaires, qui la concernent; vous avez tous les jours ces phénomènes ſous

Tom. I.   R   les

les yeux. mais, mon ami, vous êtes vous jamais repréfenté une multitude de perfonnes ayant famille, et n'en ayant point, qui fe rendent mutuellement fervice, tantôt gratuitement, tantôt fervice pour fervice; foit par des travaux, foit en fe réciproquant des bienfaits, ou fe fecourant dans des cas de néceffité, fans que cette multitude fe fût formée en un corps, ou eût des Magiftrats?

M. Non, Monfieur, ma vue, ou plutôt ma penfée ne s'est jamais tournée vers un pareil tableau.

L. Eh bien, mon ami, faites vous en donc un pareil, et figurez vous tous les habitans de la terre vivant chacun féparément, fans aucune liaifon particulière, mais fe reciproquant les fervices, foit par des travaux, foit par des dons, foit d'une autre façon, quelle idée cela vous feroit-il naitre?

M. Celle d'une multitude, menant une vie conforme à la Loi Naturelle.

L. Par confequent une vie à laquelle la Loi Naturelle nous impofe l'obligation.

M. Oui.

L. La Loi Naturelle impofant à tous les habitans du monde l'obligation de diriger leur conduite de façon à y conferver l'harmonie parmi l'espèce humaine, ne leur impofe-t-elle donc pas celle d'agir de concert entre eux pour une même fin? par confequent d'avoir tous la même volonté? mais l'état d'une multitude, dans lequel on agit de concert pour en entretenir l'harmonie, et pour la conferver, ne fera-ce pas une fociété? et une vie, dans laquelle on fe réciproque mutuellement des bienfaits & des

fer-

ſervices n'est-ce pas celle, qu'on nomme *So-
ciale.*

M. Je penſe qu'oui.

L. Et cette vie ne ſera-t-elle pas plus ou
moins ſociale à proportion que cette réciprocité
y regne?

M. Cela me paroit clair.

L. De là vous comprendrez, que la vie ſociale tend à un bût commun, celui de concourir mutuellement et réciproquement à ſon bien?

M. Je le comprends très · bien.

L. Puis donc qu'on ſe ſert du mot *ſociété*
pour déſigner l'état de pluſieurs perſonnes, obligées d'agir de concert pour un certain bût, il
s'enſuit, que l'état, dans lequel les habitans de
la terre ſe trouvent, est une ſociété, et que
c'est avec raiſon, qu'on nomme ſociété humaine
l'état de la multitude, qui compoſe le genre
humain.

M. Cependant une ſociété exige une ſeule
volonté déterminante de quelque façon que ce
ſoit, comme d'un chef, d'une asſemblée, ou
l'on conclut à la pluralité des voix. On ne voit
rien de cela dans la ſociété humaine; ainſi peut-
on bien donner le nom de ſociété à l'état du
genre humain tel qu'il est?

L. Obſervez, mon ami, que l'idée, ou la notion de la ſociété généralement priſe, renferme
ou préſente uniquement l'état de deux ou de
pluſieurs perſonnes réunies pour agir de concert
vers une même fin : que la volonté d'agir de
concert vers cette fin et l'action même peuvent
très bien être produites, ſans qu'il y ait d'autre
volonté déterminante, que celle, qui est produite
par ceux même, qui agisſent, comme il paroit à

R 2   l'exeml'exemple que vous avez cité de ces travailleurs, qui tirent un bloc en h\iut pour le faire retomber fur un pilier. La man·ère de produire une unité de volontés caractérife les espèces de fociétés, mais n'entre pas dans l'idée d'une fociété confiderée uniquement comme telle, abstraction faite de la forme particulière, que l'une ou l'autre peut avoir.

Nous avons vu à quel devoir la loi univerfelle de la nature nous oblige, et qu'elle nous impofe particulièrement de concourir mutuellement au bien-être les uns des autres, et nous avons vu aussi, quels font les droits, qui découlent de ces devoirs, or, comme l'on nomme fociété, l'état de plufieurs perfonnes tenues aux mêmes loix, et à diriger leurs actions vers un même but, et comme en vertû de la Loi Naturelle le but de nos actions doit tendre à notre bien-être et à celui de notre prochain, il est évident, que l'état du genre humain est une *Société* établie par fa nature.

Elle n'exige pas de chef qui produife une feule volonté déterminante; ou une asfemblée, qui fasfe connoitre celle de la multitude.

Cette volonté unique est déterminée par la Loi Naturelle, qui le préfcrit à tous également et indifféremment; cette loi est immuable, conftante, toujours la même et jamais fujette à des variations; de forte qu'un chef, une asfemblée, ou tel autre ordré, ou forme, fous laquelle on voudroit y introduire une volonté déterminante, ne pourroit rien y changer ou en altérer. Cela n'empêche pas, qu'on ne puisfe prendre des engagemens, qui tendent à déterminer plus particulièrement l'unité des volontés en s'expliquant,

en

en se déclarant sur ce que l'on veut faire de part et d'autre pour agir de concert.

La Société humaine n'en pêche pas, qu'on y fasse des Sociétés particulières, au contraire elle l'exige même ; parceque le but de la Société humaine, qui est général, en contient de particuliers, qui, pour être remplis, demandent une unité particulière de volontés et de forces. Considérez bien, mon ami, que le but de la Société humaine est général : qu'il comprend tout ce qui peut tendre à produire et à conserver l'harmonie, la perfection de l'univers, et qu'il renferme par-là tous les devoirs et droits, que précédement nous avons vu decouler de ces deux objets, considérés comme principes de nos actions morales. Vous voyez par-là, que ceux, qui ne suivent pas dans leurs actions ce qui est préscrit par la loi Morale, péchent contre la Société humaine, et que ceux, qui les enfreignent, troublent cette Société. Vous voyez encore pourquoi l'homme peut-être nommé un animal sociable, et pourquoi on peut dire, qu'il incline à se mettre en société.

Généralement les Savans ont nommé l'homme un animal sociable, expression qu'on attribue à ARISTOTE, et, dont on a conclu, que l'homme est enclin à vivre en société, et de là ils ont déduit l'origine des sociétés civiles ; d'autres n'ont point gouté cette conclusion : ils ont observé, et non pas sans raison, que l'expression *d'animal sociable* dénotoit, que l'homme étoit propre à vivre en société, mais non pas, qu'il y fut enclin, et moins encore, qu'il eut inclination à vivre dans une société civile et à abandonner son état naturel et sa liberté naturelle.

M. Il me semble, Monsieur, parce que vous

nez de me dire, qu'il faudroit entendre qar l'expression *d'animal sociable*, un animal, qui par sa naisfance et par sa nature est obligé de vivre en fociété, et que cette fociété fe trouvant etablie par rapport au genre humain, il faut des arrangemens particuliers, et des déclarations expresfes ou tacites des volontés de ceux, qui s'y mettent, ou qui s'y trouvent, pour former d'autres fociétés particulières.

L. Cela est très juste; mais il n'est pas necesfaire d'avoir recours à quelque acte particulier par lequel les hommes font convenus de fe mettre en fociété. Il fuffit d'obferver, que l'homme est obligé de vivre en fociété, afin de pouvoir fatisfaire à fes obligations, et que cette obligation tire fa fource de la nature de l'homme et des rélations dans lesquelles il fe trouve placé.

Elle refulte de la nature de l'homme en tant qu'il fe fent généralement une averfion pour la folitude; qu'il fe trouve dès fa naisfance, pendant tout le cours de fa vie et jusqu'à fa mort, presfé par des befoins continuels de différente nature, qui fe préfentent à fes fens et à fon entendement, et qu'il ne peut fouvent fe procurer, ni par fes forces corporelles, ni par les talens de fon esprit, ce qui lui fournit des motifs fuffifans pour préférer la vie fociale à la vie ifolée, et lui en impofe par conféquent l'obligation.

Elle provient ausfi de fes relations; pour en être convaincu, on n'a qu'a confiderer la fituation de l'homme, il fe voit entouré, dès qu'il commence à pouvoir s'aifir les objets, de créatures, qui lui resfemblent; avec lesquelles il acquiert infenfiblement des liaifons plus ou moins étroites, comme celle de Parens, de Frère, d'E

poux,

poux, d'Ami, d'où naiffent différens devoirs à
remplir, dont la negligence le prive des douceurs et des agrémens de la vie, comme au contraire l'attention à remplir les tendres foins, que
ces différens états exigent et l'obfervation des
devoirs, qui en réfultent, augmente la maffe de
fon bonheur.

Remarqués encore, mon ami, que le genre
humain n'a point été produit tout d'un coup;
mais qu'il s'eft augmenté fucceffivement; que
de la nature de l'homme et de fes différentes rélations font nées différentes obligations des uns
envers les autres, et que cela même a donné
l'exiftence à la vie fociale; que par conféquent
la fociété humaine a été établie par l'ordre même de la nature ou de la création; que l'intervention des hommes y a bien donné une certaine forme, qu'on a défigné par le nom de fociété civile, mais que tout ce qui est de l'effence de la fociété, favoir la concurrence de
deux ou de plufieurs perfonnes à une même fin,
avoit déjà lieu fans cette intervention.

Cette marche de la nature, l'exiftence fucceffive
du genre humain, et des obligations, qui en réfultent, prouvent donc évidemment, qu'il n'eft pas
néceffaire pour s'imaginer l'état focial des hommes, d'y faire intervenir une convention, foit
expreffe, foit tacite, foit préfumée, mais que
la focialité prend fa fource de l'ordre de la nature même, et de celle de l'homme; qu'ainfi l'o-
bligation de vivre en fociété fubfifte, fans que
quelqu'autre acte y intervienne, mais qu'elle eft
une fuite des loix Naturelles, qui obligent de
concourir à l'harmonie générale, et par-là au
bonheur du genre humain; que ces loix étant

R 4

im-

immuables et obligatoires par tout et en tout tems, on ne peut jamais cesser d'être membre de la société humaine et d'être soumis à ce qu'elle exige.

SEIZIEME ENTRETIEN.

De la société conjugale, ainsi que des devoirs et des droits qui y sont attachés.

Dans les Entretiens, que nous avons eu jusqu'à présent, nous avons toujours parlé, relativement à l'homme, comme si le genre humain ne comprenoit, que des individus d'une seule et même espèce; quoiqu'il soit en effet composé de mâles et de femelles, dont la constitution et les facultés sont très-différentes, bien qu'en général ils se ressemblent. Vous concevez, mon ami, que, ce que nous avons dit de l'homme, doit s'appliquer également à la femme, par les mêmes principes, les mêmes motifs, et les mêmes raisons, qui fixent et déterminent la conduite de l'homme; il n'est point à cet égard d'autre distinction, que celle, qu'indique la diversité de la constitution naturelle, et des facultés, qui distinguent les deux sexes. Parvenus à un certain âge, ils se sentent l'un et l'autre vivement excités aux attraits de la procréation: cette irritation leur est commune avec les brutes,

tes, que vous voyez chercher à s'accoupler, dès qu'elles se sentent excitées par ce désir. Delà naît une forte inclination, à ce que l'on nomme, commerce charnel, dont l'effet est, que la femme met des enfans au monde, l'homme devient père, et la femme devient mère. De ce nouveau titre il provient une rélation particulière entre les deux personnes, qu'un commerce charnel a réunis, et les enfans, qui sont nés de cette union.

Si maintenant vous réfléchissez à ce que nous avons dit du devoir de tenir l'harmonie pour la loi suprème de notre conduite, et de travailler à notre perfection, vous conviendrez, que l'homme et la femme, qui ont contracté cette rélation particulière, sont tenus à y mettre toute l'harmonie et la perfection, dont elle est susceptible; et il vous sera facile d'en déduire:

1°. Que l'homme ne doit s'attacher à cet égard qu'à une seule femme, et celle-ci à un seul homme; parce que l'affection de l'homme pour la femme, ou de la femme pour l'homme étant partagée, l'harmonie ne peut se maintenir telle, qu'elle doit-être, pour jouir d'une vie agréable au degré, qu'ils peuvent se procurer mutuellement.

2°. Que, pour consolider cette harmonie, et la rendre aussi parfaite qu'elle peut l'être, ils doivent contracter un lien et s'unir de telle manière, que leur état réciproque n'en fasse qu'un; qu'ils se communiquent tous leurs soins; que tous leurs travaux soyent en commun; enfin, qu'il y ait en tout une communauté, une réciprocité, qui fasse de leur état un seul objet; que toutes leurs actions tendent à un concours mutuel de services réciproques, à se conserver et à augmenter les douceurs de la vie, à en écarter les peines, à fe foulager de toutes les façons. C'est cet état d'un homme et d'une femme, que l'on nomme *état conjugal* ou *état du mariage*.

Vous concevez, mon ami, que l'effet le plus important de cet état, eft la propagation de l'espéce humaine. Ce defir de l'homme et de la femme de s'unir corps à corps et de concourir par là à la procréation, eft un effet de notre nature, fouvent ausfi presfant que le faim et la foif. Celles-ci nous impofent la néceffité de manger et de boire: nous ne pouvons refifter au défir, qui nous presfe de nous nourrir: nous ne pouvons nous conferver fans y fatisfaire; le defir de nous joindre à la femme, par le commerce charnel, eft de la même nature: il nous impofe le devoir de le remplir, non-feulement parce qu'il concourt à maintenir l'harmonie et la perfection de notre état, en général; mais parce qu'il entretient la fituation dans laquelle nous devons nous trouver pour vivre, et qu'il prévient les dérangemens et les incommodités, qui peuvent naitre de l'abftinence. Ces réflexions vous font voir, (pour rémarquer ceci en pasfant) que la vie monastique eft contraire à la nature de l'homme, et aux devoirs, qu'elle lui impofe par rapport à lui-même. Il nous eft imposfible de nous occuper, lorsque la faim ou la foif nous presfe: nous fommes également incapables de nous attacher à quelque occupation, lorsque nous fommes vivement incités par le défir de la copulation. Mais, comme par rapport à la faim et à la foif, nous devons nous abftenir de tout excès, de même nous devons
ap-

apporter le même foin à les eviter dans le commerce charnel. Les excès à cet égard ne nous font pas moins nuifibles, que ceux que nous commettons dans le boire et le manger, et dans tous les autres ufages, que nous faifons de nos facultés intellectuelles et corporelles. Ils énervent ces facultés, les dérangent, nous affoiblisfent, nous rendent impropres à toute occupation, minent notre fanté, et font naitre des principes de deftruction.

Vous concevez, mon ami, que l'état conjugal étant destiné, a fatisfaire aux aiguillons de l'amour, à la propagation de l'espèce humaine, à fe rendre tous les fervices mutuels, qui dependent de l'homme et de la femme, il est nécesfaire, qu'ils vivent et habitent enfemble, et qu'ils travaillent conjointement et de concert à conferver la vie de leurs enfans, à les rendre capables de pourvoir à leur fubfiftance, et à remplir les devoirs naturels de leur état. Il s'enfuit, que les Pères et les Mères doivent travailler à la perfection de leurs enfans, et remplir tout ce que nous avons dit ci-devant des obligations de l'homme par rapport aux habitudes, que l'on doit fe faire pour répondre à fa destination, et rélativement auxquelles vous avez rémarqué, que les enfans ne font point en état de fe conduire par eux-mêmes: par exemple, quant au genre d'occupation, qui leur convient le mieux, quant à la profeffion, qu'ils pourront embrasfer; etc.

On nomme *éducation*, les foins qu'on fe donne pour mettre les enfans en état de remplir les devoirs, que leur état pourra exiger d'eux. C'est donc au Père et à la Mère que ce foin appartient,

tient, et qu'il est impofé: c'est à eux d'élever leurs enfans.

On appelle *famille* la Société, qui fe forme par l'union de l'homme et de la femme, et membres d'une famille, les enfans, qui font le fruit de cette union. Comme nos attentions, nos foins, nos travaux, doivent tendre principalement à conferver l'harmonie, vous en deduirez aifément, que le premier devoir à remplir pour une famille, c'est d'y mettre et d'y conferver cette harmonie, d'en écarter et de prevenir tout ce qui peut la troubler: et vous ne manquerez pas de reconnoitre, que cela exige une régie propre à produire cet effet. Or, comme la nature nous apprend, qu'un accord ne peut être produit fans une action directrice et déterminante, vous en inférerez fans doute, qu'il doit y avoir dans une famille une direction de cette nature, que l'on nomme gouvernement; mais, comme celui-ci exige esfentiellement l'action d'un feul, vous fentez, qu'il faut, qu'il y ait dans chaque famille un chef, qui en détermine l'état, les mouvemens et les opérations, et de qui doit dependre en dernier resfort tout ce qui concerne la famille.

C'est-là, mon ami, la raifon pour laquelle le mari a une prééminence fur fa femme, et qu'elle lui doit être fubordonnée. S'ils avoient l'un, et l'autre un pouvoir égal, s'ils pouvoient fe croifer dans leurs vues, leurs intentions, leurs fentimens et leurs jugemens, quoiqu'animés du même esprit, dirigés par les mêmes motifs; il pourroit en réfulter de la difcorde, des disfenfions, qui altéreroient nécesfairement l'harmonie de leur état; et comme l'homme a naturellement et commumunement plus de force, plus d'intelligence, et comme ses facultés sont supérieures à celles de la femme, plus foible de sa nature, il est évident, que c'est à l'homme, qu'appartient le droit de gouverner une famille.

Il en résulte en particulier, qu'un Père est obligé plus particulièrement qu'une Mère à pourvoir aux besoins de leurs enfans communs; qu'il a par cela même plus particulièrement le droit de les gouverner, et de leur donner l'éducation, qu'il croit le mieux convenir à leurs facultés, à leurs penchans et à leurs dispositions naturelles; que les enfans doivent se soumettre à sa volonté, ainsi qu'a celle de leur Mère, dans tout ce qui concerne leur éducation. Cette obéissance, comme vous voyez, découle évidemment de la nécessité d'entretenir l'harmonie dans la famille, laquelle ne pourroit subsister, si les enfans avoient le droit d'être rénitans. Vous appercevez encore, que pour fonder ce droit du Père et ce devoir des enfans, il n'est pas nécessaire de recourir à un *consentement présumé* de la part des enfans, de se soumettre au pouvoir de leur Père; comme Mr. LOCKE l'a supposé, et encore moins à un *consentement tacite*, suivant la note de Mr. BARBEIRAC sur le §. 4. du Chap. II. du Liv. VI. *du Droit de la Nature et des Gens.* Si vous lisez ce que PUFFENDORF dit sur ce sujet dans son ouvrage de *Offic. Hom. et Civ.* Liv. II. Chap. III., vous verrez, mon ami, combien nous retirons de l'avantage de rechercher les vérités par des principes. Celui de l'harmonie nous indique, pourquoi l'autorité du Père et de la Mère ne sauroit être égale, et que la différence ne doit point être attribuée, com-

me

me le prétend PUFFENDORF, à l'état des Sociétés civiles: c'est une supposition gratuite de fa part, lorsqu'il allègue pour raison, que ces Sociétés civiles ont été formées par des hommes et non par des femmes, et que c'est à caufe de cela, que les premiers font les chefs de la famille. D'ailleurs, s'il étoit vrai, que les hommes, entant que chefs de famille, eusfent formé des fociétés civiles, cette qualité de chef auroit donc déjà exifté avant qu'ils fe réunisfent en fociétés civiles, et conféquemment ils auroient été déjà nantis, avant l'établisfement de ces fociétés, d'une authorité, fupérieure à celle de la mère, fur les enfans, membres de la famille. Cette fupériorité étant indispénfable pour maintenir l'harmonie, il ne faut que ce principe pour en faifir la vérité. Les raifonnemens de PUFFENDORF fur ce fujet peuvent encore fervir à vous convaincre, que l'on court risque de donner extrèmement à gauche, lorsque l'on s'abandonne à des contemplations vagues, au lieu de s'attacher à la fimplicité de la nature, qui nous indique des principes clairs, féconds, dont le développement conduit à une connoisfance pure et certaine des vérités, que l'on recherche et qu'il nous importe de favoir.

Au reste, vous n'aurez qu'a appliquer le principe de l'harmonie à toutes les fituations, dont parle PUFFENDORF, pour en tirer, par un développement fimple les vérités, qu'il expofe à cet égard: par exemple, les bornes du pouvoir paternel: car il est clair, que ce pouvoir ne peut aller au de-là de ce qu'exige l'harmonie, la perfeftion des enfans, et leur confervation; et à cet égard la diftinftion du pouvoir d'un

Pè-

Père, confidéré préçifement comme Père, et celui qu'il a, en tant que chef de famille, et les
autres distinctions, que ce favant y ajoute, font
très déplacées, ainfi que les raifonnemens, dont
il les fait fuivre. Vous en déduirez encore tout
ce qui doit avoir lieu dans les cas, qu'un Père
de famille entre dans un état civil; qu'un enfant quite la famille; qu'il recherche un mariage; ce que le Père doit obferver en confiant à
d'autres l'éducation de fes enfans, enfin tous les
autres devoirs et les autres droits que les Pères
peuvent et doivent exercer envers leurs enfans,
les maris envers leurs femmes, les femmes envers leurs maris, et les enfans envers ceux, à
qui ils doivent le jour.

En confidérant, que tous les devoirs et les
droits respectifs du Père et des enfans, fe dé-
duifent de la nature et de l'esfence de l'harmonie et de la perfection; il vous feroit aifé d'en
acquérir la connoisfance par le développement
de ces principes, cependant, pour aider à vos
méditations, j'y ajouterai deux obfervations générales. Rappellez-vous ce que nous avons dit
ci-devant, favoir que l'éducation des enfans devant fervir principalement à les rendre capables
de pourvoir par eux-mêmes et à leur confervation, et à l'accomplisfement des devoirs, que
leur impofe la nature, le devoir principal d'un
Père et d'une Mère doit être de travailler, en
vue du même objet, à perfectionner dans le plus
haut dégré posfible, toutes les facultés, tous les
talens, toutes les difpofitions, qui font propres,
ou naturelles, à leurs enfans. Or ces talens, ces
difpofitions, ces facultés étant ou corporelles,
c'est-à-dire, ayant rapport au corps; ou intel-
lec-

lectuelles, je. veux dire, rélatives à l'entendement, il est visible, qu'un Père et une Mère
ne doivent négliger le soin d'aucune d'elles, mais
en embrasser la culture sous ce double rapport.

Et d'abord quant aux facultés corporelles, vous
concevez aifément, que les parens doivent donner leurs soins à ce que leurs enfans ne contractent point de mauvais goûts, de mauvaises
habitudes, comme par exemple de préférer des
alimens mal sains, de manger, ou de boire avec
excès: de passer le tems dans la mollesse et loi-
siveté, ou à des amusemens frivoles, non-seulement il faut prévenir, ou corriger ces défauts;
mais il faut encore s'attacher à leur faire contracter des goûts et des habitudes contraires:
comme de se nourrir de mets simples et sains;
de ne manger et boire, qu'autant qu'il est nécessaire pour se subsanter, pour calmer la faim et
la soif, et non pas dans la vue d'en faire un
plaisir; ils doivent les accoûtumer à des exercices, qui affermissent le corps et ses membres;
qui puissent les rendre robustes, capables de soutenir la fatigue du cheval, de la chasse, de la
nage, et des autres fonctions de ce genre; vous
concevrez en un mot, qu'ils ne doivent rien
omettre, ou négliger de ce qui peut servir à
perfectionner le corps de leurs enfans.

Mais c'est surtout au soin de perfectionner
leurs facultés intellectuelles, qu'un Père et une
Mère doivent donner toute leur attention. A cet
effet ils leur apprendront de bonne heure à se
connoitre eux mêmes, à sentir leur foiblesse,
le besoin d'instruction, et à la désirer: à réprimer l'effervescence des passions, à modérer leurs
fantaisies, leurs caprices, leurs humeurs, ils

em-

empêcheront, qu'ils ne préfument trop de leur
état, ou de leurs avantages: ils les rendront foumis, obéisfans, patiens; il tacheront enfin de
les rendre propres à la profeffion, qu'ils em-
brasferont, et à remplir tous les devoirs que
leur état pourra exiger d'eux; j'en laiffe le détail aux lectures que vous pourrés en faire, et
plus encore, mon ami, à vos méditations, qui
vous les rétraceront mieux, que tous les ouvrages ne fauroient le faire; quoique je fois bien
éloigné de vouloir que vous n'y jettiez pas les
yeux. Ces ouvrages peuvent faire naitre des réflexions très utiles et très propres à vous en fuf-
citer de plus utiles encore.

DIXSEPTIEME ENTRETIEN.

*De la communauté et de la propriété des
chofes, dans l'état de nature.*

APrès nous être entretenus des devoirs auxquels l'homme est tenu envers lui-même, tant
dans l'état ifolé, fans aucune rélation particulière aux autres individus du genre humain, que
dans l'état conjugal, qui en fait naitre une étroi-
te entre lui, fa femme et fes enfans: l'ordre exigeroit, que nous paffaffions à la contemplation de fes devoirs envers les autres hommes;
mais, comme les Savans ont affez généralement

cru, que pour en trouver le fondement, il étoit nécesfaire de confulter l'homme dans fon état naturel, qu'ils y ont fuppofé entre tous les individus une communauté générale, de tout ce qui peut leur être utile ou nécesfaire, et qu'ils en ont dérivé les propriétés favoir *le mien et le tien;* il convient, mon ami, que nous nous arrêtions préalablement à cette idée, et que nous l'examinions avec exactitude.

Quelques-uns ont pris l'idée d'une communauté primitive pour une fiction, ou hypothèfe propre à expliquer l'origine des propriétés: d'autres l'ont taxée de fuppofition purement gratuite; d'autres enfin l'ont adoptée, comme une réalité, c'ést-à-dire, ils ont foutenu, qu'effectivement cette communauté a eu lieu dans les premiers tems de l'exiltence du genre humain; voyons donc, mon ami, ce qu'il en est de cette communauté que l'on nomme primitive.

Les Savans en ayant jugé différemment, et s'étant donné bien de la peine pour trouver un fondement, fur lequel ils pusfent établir le droit de propriété, je crois devoir, mon ami, ne pas vous laisfer ignorer le fyfthême, qu'ils ont fuivi à cet égard, et les raifons dont ils l'ont étayé.

On a fuppofé le genre humain primitivement dans un état, où toutes les chofes de la terre étoient communes à tous fes habitans, fans diltinction: aucun d'eux n'avoit rien à foi. Cette opinion paroit au premier énoncé, asfez extraordinaire. On ne conçoit pas, comment un homme peut exilter fans avoir quelque chofe en propre, ne fut-ce qu'une ligne pour pêcher, une lance pour jetter, ou un arc pour tirer. Quelque extraordinaire, dis-je, que cette idée

puisse paroitre, elle a trouvé plusieurs défen-
seurs; mais de tous ceux, qui l'ont adoptée, le
célèbre Mr. WOLFF est celui, qui l'a dévelop-
pée de la manière la plus claire, et, pour ainsi
dire, la plus démonstrative. Je vais vous exposer sa doctrine.

Après avoir démontré, que l'homme est tenu
de se conserver, de maintenir sa santé, d'user à
cette fin de mets, de boisson, de vêtemens, de
logemens: après avoir indiqué tous les soins,
qu'il est obligé de prendre pour sa conservation,
dans la signification la plus étendue, il déduit
de cette obligation même le droit à tout ce qui
tend à la remplir. Il demontre par une chaine
de raisonnemens, les propositions qu'il en tire.
Je vais vous les présenter de la manière qu'il le
fait lui-même; en m'écartant cependant du mo-
de d'argumentation, qui lui est propre et dont
il a cru devoir se servir, pour observer la marche didactique qu'il s'est proposé d'y conserver.
La loi de la nature, dit-il, nous donne droit à tout
ce, sans quoi nous ne pouvons satisfaire à notre devoir; ainsi elle nous donne droit à *l'usage*
des choses naturelles, sans lesquelles nous ne
pouvons y parvenir; de sorte que tous les hommes reçoivent de la même loi le droit de se
servir de toutes les choses, soit naturelles, soit
utiles, soit agréables, dont l'usage leur est ab-
solument nécessaire. Poussant ensuite ce raisonnement, il en déduit, que l'homme a le droit
de consumer les choses, qui se consument par
l'usage, de tuer par exemple les animaux pour
en tirer des alimens et des vêtemens; qu'il a le
droit de se pourvoir d'avance de ce qu'on ne
peut se procurer journellement, de recueillir

et d'amasfer ce dont il peut avoir befoin dans la fuite D'où il infére, que chacun est obligé de laisfer paifiblement jouir de cet ufage celui, qui l'aura fait, ou voudra le faire, de ne point lui oppofer d'obftacle et de s'en rapporter fur ce fait au jugement de celui, qui fe l'approprie.

Il tire encore de ce raifonnement la conclufion fuivante; favoir, que les hommes ayant naturellement des droits égaux, ils ont ausfi tous en général et chacun en particulier un droit égal à *l'ufage nécesfaire de toutes* les chofes naturelles, qui fe trouvent fur la terre; et que puisqu'on indique par le mot *commun* ce à quoi plufieurs ont une prétenfion égale, et que l'on nomme à caufe de cela *droit commun* celui qui appartient à plufieurs perfonnes par rapport à des chofes *communes*; l'on peut conclure, que les hommes ont un droit *commun* à l'ufage nécesfaire de toutes les chofes naturelles; de façon, que dans l'état de nature, ils ont tous un droit égal à l'ufage nécesfaire de tout ce qui fe trouve fur la terre.

M. Qu'entend-on par chofes naturelles?

L. Celles, qui exiftent par le cours de la nature feule, fans aucun concours de travail humain: par exemple, l'eau des rivières, les bois, l'air, la terre, les animaux, les fruits fauvages; en un mot, tout ce qui exifte fans que l'homme y prête la main.

Mr. WOLFF ne borne pourtant point cette communauté primitive aux chofes naturelles; il l'étend aux artificielles, c'est-à-dire à celles, qui exiftent, ou qui ont été produites par un concours du travail humain.

Tout habitant de la terre a, felon ce Savant, originairement le droit non feulement de chas-

fer, de pêcher, de fixer fa demeure ou bon lui
femble, d'y rester autant qu'il lui plait, de paffer par tels endroits qu'il jugera à propos, et
de chercher à s'y procurer les chofes, dont il
a befoin; mais encore de faire ufage des habitations inhabitées qu'il trouve en fon chemin,
ou dans lesquelles il y a place; attendu que la
communauté primitive rend communes les chofes artificielles ou d'induftrie, auffi bien que celles, que la nature feule produit. C'eft ainfi que
Mr. WOLFF, par un développement continu de
fa première propofition, passe de conféquence
en conféquence, pour prouver celles, qui en
découlent.

M. Il me femble, Monfieur, qu'il faut être
extrèmement attentif à ces raifonnemens, et au
fil dans lequel ils fe fuivent; fans quoi l'on
pourroit bien être féduit.

L. Votre réflexion eft jufte, elle prouve en
même tems, qu'il faut lire avec attention, furtout, quand on lit pour s'inftruire. Il eft bon même de s'y acoûtumer, parcequ'en lifant à la
hâte, ou à la légère, on prend fouvent les paroles ou les expreffions d'un auteur dans un tout
autre fens, qu'ils ne doivent être pris. De là
réfulte, que bien fouvent on attribue aux auteurs
des fentimens et des opinions, très différens de
ceux, qu'ils ont énoncés. L'on oppofe au *droit
commun* celui, que l'on nomme *droit propre*,
par lequel on entend celui, qui appartient à quelqu'un, ou à quelques-uns excluſivement à tout
autre: votre violon vous appartient en feul; mais
vous avez votre appartement en commun avec
Mr. votre frère Louis. Vous fentez, mon ami,
que dès que l'on établit, ou qu'on adopte, que

tou-

toutes les chofes font communes, dans l'état de
la *communauté primitive*, perfonne n'a aucun
droit *propre* à quoi que ce foit. On nomme *biens
de perfonne* ceux, qui n'appartiennent à perfonne : et *biens finguliers* ceux, qui appartiennent
à quelqu'un en particulier. D'ou il réfulte, que
fuivant la nature, il n'y a point de *biens finguliers ou particuliers*, dont on puisfe dire le
mien et le tien. Il y auroit même une contra-
diction manifeste à le foutenir; car en admettant, que toutes les chofes font communes par
la nature, il s'enfuit, qu'il n'en est point de particulières. D'ailleurs la nature de l'homme (c'est
ainfi que Mr. WOLFF raifonne enfuite) ne nous
fournit aucune raifon, pourquoi telle chofe ap-
partiendroit plûtôt à un tel qu'à tel autre, et
puisqu'on nomme *communauté négative* celle,
dans laquelle les chofes n'appartiennent à qui
que ce foit, c'est celle-ci que l'on défigne par
le mot *primitive*. On nomme *communauté pofitive*, celle dans laquelle les chofes appartiennent à plufieurs enfemble.

Pousfant toujours de conféquence en conféquence, il continue d'indiquer les droits de
l'homme dans l'état de la communauté primitive, en raifonnant de cette manière-ci. Si dans
cet état quelqu'un s'approprie l'ufage nécesfaire
de certaines chofes, ou qu'il les amasfe pour un
ufage futur, il fe fert d'un droit que la nature
lui a donné, et dans lequel perfonne ne peut
avoir celui de le troubler; l'ufage de ces chofes, qui ci-devant étoient à la difpofition de
tous, lui est par là devenu particulier, en les
faififfant, en les foumettant à fon pouvoir, avec
l'intention de les faire fervir à cette fin. Delà
est

est née la notion du *droit propre* dans une chofe, ou plûtôt par rapport à une chofe, ce que
les Jurisconfultes expriment en Latin par *Jus*
in re.

Nous avons vu, que dans l'état de nature,
chacun a le droit d'employer la violence contre
celui qui lèze fes droits; ainfi il n'est pas befoin d'une démonftration particulière, pour prouver, que l'on peut employer la force pour réfifter à quiconque voudroit nous troubler dans
l'exercice de ce droit. D'ou il paroit asfez évidemment, que dans la communauté primitive on
doit reconnoitre une jufte caufe de guerre contre celui, qui empêche, ou trouble quelqu'un
dans l'ufage qu'il fait, ou qu'il fe propofe de
faire d'une certaine chofe, et partant, que chacun en a le droit contre tout *perturbateur* de
l'ordre public; c'est-à-dire, quiconque par lui-
même, ou par des agens travaille à la fourdi-
ne, ou ufe de violence, pour empêcher qu'un
autre ne fasfe d'une chofe l'ufage, qu'il s'en
propofe.

Voilà, mon ami, un préçis de la doctrine fur
la *communauté primitive*, telle, que Mr. WOLFF
la donne. Si vous prenez la peine d'y confronter ce que PUFFENDORF et d'autres favans en
ont dit dans un plus grand détail, vous trouverez, je penfe, que leurs enfeignemens peuvent
tous être réduits aux notions générales, que le
célèbre Profesfeur WOLFF en donne dans l'a-
brégé de fon grand ouvrage *du Droit de la Na-*
ture, et qu'ils font bien éloignés d'être préfen-
tés avec cette clarté et cette évidence, qui ca-
ractérifent les démonftrations de ce dernier.

Vous pourrez peut-être vous étonner, que

S 4　　　　　ce

ce favant ait cru devoir fe donner la peine de
fournir des démonftrations fur quelques vérités
particulières, dont l'évidence faute aux yeux,
et qui par conféquent fembloient n'en point demander: comme le droit de tuer les animaux,
de manger de leur chair etc. on lui en a fait
fouvent un réproche; mais vous reviendrez de
votre furprife, lorsque vous faurez, qu'il n'a
pas cru devoir omettre les démonftrations des
propofitions les plus fimples et les plus éviden-
tes, parcequ'obligé de les faire fervir de fondement à d'autres propofitions, on auroit pu lui
contester l'emploi, qu'il en fait, fi elles n'a-
voient été démontrées antérieurement.

Par exemple, PUFFENDORFF, pour établir
une communauté primitive, fe contente de dire
§. 2. Ch. XII. Liv. I. ,, On conçoit que d'a-
,, bord Dieu donne tout en commun aux hom-
,, mes." Cet énoncé ne répofe fur aucun principe, et il est d'autant plus vicieux, qu'il fuppofe, que Dieu a créé à la fois une multitude
d'hommes: fuppofition gratuite et contraire à ce
que l'hiftoire nous enfeigne. En admettant même cette fuppofition, il feroit plus naturel d'a-
dopter l'idée, que Dieu n'auroit point donné tout
en commun à cette multitude; mais à chacun
ce qui auroit été le plus à fa portée; et dans
l'hypothéfe, que Dieu n'a créé d'abord qu'un
male et une femelle, ainfi que l'hiftoire fainte
nous l'apprend, il est encore moins naturel de
fuppofer une *communauté primitive*, entre des
hommes, qui n'exiftoient pas. Il feroit plus naturel de penfer, et plus conforme à l'hiftoire,
que les enfans de ces chefs du genre humain et
leurs descendans, en fe multipliant, font allés

fe

fe fixer-là, où ils croyoient pouvoir le mieux fubvenir à leur fubfiftance en s'appropriant l'ufage des
terres, où ils s'établifsoient, fans faire intervenir la nécefité *de régler entre eux l'ufage des
biens communs, felon que le démandoit la conftitution du genre humain, l'ordre de la fociété et le bien de la paix*, comme PUFFEN-
DORF le prétend. Ce font d'ailleurs des expres-
fions vagues, qui, comme vous voyez, ne dé-
notent rien de préçis, et n'aboutifsent qu'a faire
naitre des notions confufes, plus propres à nous
jetter dans l'erreur, qu'a éclairer notre entendement.

Au reste quoique la doctrine de Mr. WOLFF
fur ce fujet, et la manière dont il l'a traité, me
paroisfent préférables à ce que d'autres en ont
publié; j'y ai fait pourtant quelques rémarques,
que je ne veut pas vous laisfer ignorer.

Mr. WOLFF fonde le droit à l'ufage des chofes, dont nous avons befoin pour remplir nos
devoirs, fur ce devoir même; c'est-à-dire fur
le devoir général de remplir nos devoirs particuliers. Voici fon raifonnement, que je vais répéter: nous devons remplir nos devoirs; fi pour
cela il nous faut l'ufage nécesfaire des chofes
naturelles, nous avons le droit de nous approprier cet ufage. Cette conclufion est-elle bien
abfolument et univerfellement vraie? Si l'ufage
nécesfaire, qu'exige le devoir de remplir notre
obligation, fe trouve en conflict avec celui, qu'un
autre est nécesfité d'en faire, lequel des deux
prévaudra?

Mr. WOLFF limite le droit d'ufage à *un
ufage nécesfaire;* mais la nature ne donne-t'-
elle pas également droit à un ufage utile et agréable?

ble? la nature veut que nous nous confervions et que nous vivions commodément et agréablement: elle donne donc aux hommes en commun l'ufage des chofes, qui, quoique non abfolument nécesfaires, font néamoins utiles ou agréables; mais donne-t'-elle le même droit à l'ufage de *toutes* les chofes, qui fe trouvent fur la terre univerfellement et indiftinctement?

Mr. WOLFF l'affirme, et pour le prouver, il prend pour fondement le devoir de fe conferver; parceque ce devoir (dit-il) donne droit à l'ufage *de tout ce fans quoi il ne peut-être rempli.* Cette conclufion ne cloche-t'-elle pas? Si notre confervation exige l'ufage de telle ou telle chofe, et fi par-là nous avons droit à l'ufage de cette chofe, il ne s'enfuit pas, que nous ayons un droit *univerfel et illimité* à l'ufage de *toutes* les chofes, qui fe trouvent fur la terre; il en refulteroit uniquement, que nous avons droit, à l'ufage d'une chofe, qui dans ce cas nous est nécesfaire: il me femble que ce feroit faire un argument vicieux que de dire: *j'ai droit à l'ufage de toutes les chofes, fans lesquelles je ne puis remplir mon devoir: donc j'ai droit à l'ufage nécesfaire de toutes chofes naturelles qui fe trouvent fur la terre.* La conclufion contient plus qu'il n'est énoncé dans les prémisfes: celle-ci femble n'en permettre d'autre que la fuivante: *donc j'ai droit à l'ufage nécesfaire des chofes fans lesquelles je ne faurois remplir mon devoir.*

M. Qu'est ce que vous entendez, Monfieur, par les prémisfes.

L. Tous nos raifonnemens, mon ami, peuvent être réduits à un argument compofé de

deux

deux propofitions, dont on tire une conclufion:
par exemple:

    „ Tout Etre créé est imparfait;

    „ Je fuis un Etre créé:

    „ Donc je fuis imparfait."

Voilà un argument. La propofition *tout Etre créé est imparfait* et celle qui la fuit, *je fuis un Etre créé*, fe nomment *prémisfes*; et la troifième, que l'on en déduit, s'appelle *conclufion*. Vous appercevez fans-doute, que la conclufion de l'argument, que je viens de faire, s'accorde avec les *prémisfes:* elle n'y répondroit pas, fi elle difoit: *donc je fuis fans talens:* elle contiendroit plus que n'énoncent les prémisfes; parceque l'on peut avoir des talens, bien que l'on foit imparfait. Mettons en argument le raifonnement de Mr. WOLFF, vous en appercevrez le vice d'une manière plus fenfible: il revient à celui-ci:

    „ Tout homme a droit à l'ufage de ce qui
    „ lui eft nécesfaire pour remplir fon de-
    „ voir;

    „ Or le devoir de fe conferver, exige,
    „ qu'il fasfe ufage des chofes qui lui font
    „ nécesfaires pour fa confervation:

    „ Donc tout homme a droit à l'ufage de
    „ *toutes les chofes* qui fe trouvent fur la
    „ terre."

Les prémisfes de cet argument n'indiquent, comme vous voyez, qu'un ufage des chofes *nécesfaires* à fa confervation; en l'étendant à celui *de tout ce qui fe trouve fur la terre*, la conclufion contient plus, que ne contiennent les deux propofitions, dont elle est tirée.

  M. Je m'en apperçois, Monfieur, très-dis-

tinc-

tinctement ; et je comprends également, que Mr. WOLFF auroit dû borner le droit de communauté pour tout homme à l'ufage des chofes naturelles, dont chacun en particulier peut avoir befoin.

L. Il auroit pû l'étendre d'une autre manière ; s'il avoit pris pour fa première propofition, celle-ci :

    „ Tout homme a droit à l'ufage des cho-
    „ fes, qui lui font néceffaires pour rem-
    „ plir fon devoir ; "

et enfuite pour la feconde :

    „ Or le devoir de fe conferver, de fe per-
    „ fectionner, de concourir à l'harmonie,
    „ qui doit regner dans l'univers, exige,
    „ qu'il puiffe faire ufage de toutes les
    „ chofes qui fe trouvent fur la terre ; "

et qu'il en eut tiré la conclufion fuivante :

    „ Donc il a droit à cet ufage. "

De cette façon la conclufion auroit été d'accord avec les prémiffes ; mais la feconde, que l'on nomme *mineure*, ne pourroit paffer ; on feroit fondé à en contefter la vérité ; parce qu'il n'est pas exactement vrai, que le devoir de fe conferver, de fe perfectionner, de concourir à l'harmonie, qui doit regner dans l'univers, exige, que tout homme puiffe faire ufage de *toutes les chofes* qui fe trouvent dans l'univers ; il faudroit toujours y ajouter cette limitation : *et dont il ne peut fe paffer pour remplir le devoir énoncé.*

M. Je comprends tout cela, et j'admire, Monfieur, la clarté que vous faite naitre dans mon esprit. Je ne puis asfez reconnoitre le fervice que vous me rendez par-là. Je rémarque
qu'en

qu'en réduifant un raifonnement en argument, on peut en démêler le vrai et le faux, et découvrir en quoi un discours pèche. Je voudrois me trouver en état de le faire.

L. Vous pourrez, mon ami, l'apprendre aifément, en vous appliquant un peu à l'étude d'un art, qui peut vous y former.

M. Quel est cet art.

L. La Logique.

M. Comment, Monfieur, la Logique? cet art m'a toujous été répréfenté comme un pur verbiage, plus propre à nous gâter le jugement, qu'a l'éclairer. Il y a quelque tems que nous eumes à diner un Profesfeur en Droit dans une Univerfité très diftinguée. En difcourant fur les études, que les jeunes gens, qui fe deftinent au barreau, fairoient bien de ne pas omettre, quelqu'un de la compagnie récommanda la Logique. Le profesfeur ouvrit de grands yeux et foutint avec asfez de vivacité, que tous les hommes avoient une Logique naturelle, fuffifante pour les inftruire et les guider: que la Logique artificielle gâtoit l'esprit, enfantoit le gout de la chicane, et n'étoit dans le fonds, que l'art d'employer des fophismes; c'est-à-dire, ainfi qu'il l'expliquoit, l'art de préfenter le faux fous une apparence de vérité: que les anciens s'étoient torturé l'esprit pour donner des règles de raifonner avec juftesfe; et que les fcholaftiques avoient ausfi beaucoup travaillé fur cette vaine fcience; mais qu'aujourd'hui on étoit revenu de cet enthoufiasme, que cet art étoit géneralement méprifé, à caufe des mauvais effets qu'on en avoit obfervé; et s'addresfant à mon père, en finisfant, je vous confeille, Monfieur, lui

dit-

dit - il, de ne pas faire prendre à vos enfans des leçons de Logique.

Oh! Monfieur, lui répondit mon Père, je m'en garderai bien pour de très bonnes raifons: car j'ai appris par expérience l'avantage, que cet art donne à ceux, qui la poffédent, en leur procurant l'apparence d'avoir la raifon pour eux tandis qu'ils en font bien éloignés; que d'ailleurs cet art ne fert qu'a nous entrainer dans un labirinthe dont on ne peut fortir et donne occafion à bien des erreurs.

L. Eh bien, mon ami, nous en ferons le fujet de notre premier entretien; il est néceffaire, que vous foyez dèsabufé fur un point esfentiel de ce qui peut nous donner de la certitude; je me flatte, que je n'aurai aucune peine à y réuffir. Cela pourra faire une petite diverfion aux objets fur lesquels nos Entretiens doivent rouler principalement, mais n'y porteront aucun préjudice.

DIXHUITIEME ENTRETIEN.

Sur l'utilité de la Logique.

A peine avois-je commencé à m'entretenir de la Logique avec mon Elève, pour lui donner une idée de cet art, qu'un ami de la maifon vint nous furprendre dans le cabinet, ou je

me

me trouvois avec mon disciple. Si je vous dérange, Messieurs, dit-il, je me retire, — point
du tout, lui repondis-je; nous commençons à
discourir sur l'utilité de la Logique. Mr. Maurice vient de me dire que Mr. son Père en des-
approuve l'étude.

Il a dit vrai, Monsieur, et moi-même je suis
grand ennemi de cet *art*, ou de cette science,
comme il vous plaira de la nommer. Me seroit-
il permis, Monsieur, lui dis-je, de vous en demander la raison? — très-fort, me repondit-il:
je vous en donnerai plus d'une; sur cela nous
entrames en matière. Je fus charmé de trouver
une occasion de discuter en présence de mon
élève, sur un sujet, dont j'avois parlé avec son
père; et j'y revins avec d'autant plus de plaisir, que je me figurois, que *Maurice* enten-
droit les plus fortes raisons, que l'on allegue
ordinairement contre l'utilité de la Logique.
Monsr. *Tadée* (c'étoit le nom de celui avec lequel j'allois entrer en lice) commenca ainsi le
discours.

Tadée. Je n'ai point appris la *Logique*, et
je fais mes affaires avec succès, j'ai entendu si
souvent parler de cette science, comme étant
non seulement inutile, mais même pernicieuse,
que je l'ai réprouvée: j'ai eu un parent, qui
avoit la réputation d'être excellent Logicien, et
qui, lorsque nous entrions ensemble en discussion, me reduisoit toujours à l'impuissance de
lui prouver la fausseté de ses raisonnemens. Il
les arrangeoit de façon, qu'il m'otoit le moyen
d'y repondre, quoique je m'apperçusse, qu'il
y avoit quelque chose de défectueux.

L. N'auriez-vous pas eu, Monsieur, quelque

que satisfaction, si vous eussiez pu appercevoir en quoi pèchoient les raisonnemens de votre parent, et le lui montrer.

T. Oui, je l'avoue.

L. Or, si la Logique nous donne la facilité de réconnoitre en quoi un raisonnement est vicieux, et d'en montrer le vice, pourra-t-elle être taxée d'inutilité?

T. Non.

L. Ne seroit-elle pas utile du moins à un certain égard?

T. Oui, je l'avoue.

L. N'est-ce pas un très-grand avantage de pouvoir reconnoitre, quand on entend raisonner quelqu'un, ou qu'on lit quelque ouvrage, si les raisonnemens qu'on entend, ou qu'on lit, sont justes ou non, et de pouvoir en démêler et indiquer les défauts et les vices?

T. Je réponds encore affirmativement.

L. Or, si la Logique nous met en état de bien discerner le vrai et le faux d'un raisonnement, ne donne-t-elle pas à celui, qui la possède, un avantage très grand et utile?

T. Cela est vrai; mais elle donne aussi le moyen de s'en servir d'une manière très nuisible, soit en traitant certains objets, soit en voulant gagner les esprits, captiver le peuple, repandre des erreurs, surprendre la bonne foi, et diriger les opinions.

L. Je n'en disconviendrai point, Monsieur; mais vous me permettrez d'observer, que cette rémarque ne prouve pas l'inutilité de la connoissance de la Logique, ce qui faisoit précisément le sujet de notre discussion; elle nous authorise uniquement à conclure, que cette science, comme
bien

bien d'autres connoissances, peut faire du bien et du mal; l'abus que l'on fait, ou que l'on peut faire de son savoir, n'est pas, (vous le savez, Monsieur,) une raison valable, pour proscire le savoir même; vous ne voudriez certainement pas rejetter l'étude du droit, parce qu'on abuse souvent de la connoissance, qu'on en a pour commettre des injustices? un homme, qui sait, combien il est difficile de prouver en justice un fait, et sur tout un dol, s'en prévaudra pour vous tromper: s'ensuit-il, que l'étude du droit ne doit pas être cultivée? on abuse souvent du don de la parole: une femme vous en impose souvent par son caquet; et il n'est pas rare qu'un flux de paroles attire l'attention des auditeurs, et l'emporte sur un discours bien arrangé: s'ensuivroit-il, qu'il faudroit négliger le don de parler avec facilité? Vous savez sans-doute, Monsieur, les maux, que la fausse éloquence a produits, dans les assemblées populaires, surtout à Athènes: voudriez-vous pour cela bannir l'étude de l'éloquence? il n'est aucune science, aucun art, dont on ne puisse abuser, ou dont on n'abuse en effet; et, si cela pouvoit servir de raison pour en exclure l'étude et la culture, il ne faudroit en souffrir aucun: et il en résulteroit, que l'ignorance seroit préféable aux connoissances.

T. 'A vous parler franchement, je suis assez porté à cette opinion: car, dès que l'abus d'une chose cause plus de mal que son usage ne fait du bien, il me semble, qu'il vaut infiniment mieux en réjetter l'usage, que de s'exposer aux inconveniens de l'abus. Vous n'ignorez pas, Mon-

Tom. I.Tsieur,

fieur, que l'on défend fouvent certaines chofes dans les états, parce que l'on peut en abufer.

L. Je le fais, Monfieur : mais qu'il me foit permis de vous obferver, que ces défences ont ordinairement des faits pour objet. On défend par exemple, de porter des armes, parceque ceux qui en porteroient, pourroient en faire un mauvais ufage, et donner lieu à des rapines, à des meurtres, etc. mais on ne défend point les exercices militaires, on les ordonne, on les entretient, on les encourage, quoique l'on puiffe en abufer. Si vous rencontriez en votre chemin un brutal, qui vous infultat, qui vous attaquat, vous ne feriez, je crois, point faché d'avoir appris à vous fervir de votre canne, de votre épée, de vos bras, enfin de toutes vos facultés, qui dans ce cas vous donneroient de l'avantage fur votre ennemi. Confidérez d'ailleurs, que fi l'on doit rénoncer aux études et aux exercices, dont l'abus est nuifible, notre inhabilité et notre ignorance, nous expoferoient à dévenir les victimes de ceux, qui ne les auroient point négligées; car à moins, que votre opinion ne fut généralement goûtée et fuivie, il y auroit toujours des gens, qui en fairoient les objets de leurs occupations; et l'on fe trouveroit vis-a-vis d'eux, comme une troupe de foldats non exercés, mal disciplinés, commandés par un chef inepte, contre une armée bien exercée, bien disciplinée et commandée par un général habile. Cet exemple est, je crois, affez frappant pour vous convaincre, que l'abus d'une fcience n'est pas une raifon valable pour n'en pas faire une étude. Je dis plus: je foutiens, que dans ce cas-ci, l'a-

bus,

bus, que l'on fait de la Logique, est un motif,
qui doit nous porter à l'étudier.

T. Ce que vous dite là, Monſieur, me ſemble un paradoxe.

L. Rien de plus vrai cependant, que cette
propoſition · ci : l'abus qu'on peut faire d'une
choſe, est un motif de plus pour nous exciter à
en connoitre le bon uſage. Si un conquérant abu-
ſe de ſes connoiſſances militaires, pour ſubju-
guer des pays, ſur lesquels il n'a aucun droit,
cet abus même ne doit il pas être un motif
pour étudier la ſcience militaire ? Je n'ai pas
beſoin, Monſieur, de vous rappeller les événemens, qui atteſtent le malheur, que les peuples
ſe ſont attirés pour avoir négligé l'étude des
connoiſſances néceſſaires à leur repos et à leur
ſécurité: celles en particulier, qui les auroient
mis à même de tenir tête à un ennemi, qui ſeroit venu les asſaillir. A L E X A N D R E n'auroit
pas ſubjugué tant de peuples: les Romains n'auroient pas été les conquérans de l'univers; ſi
le premier eut trouvé les Perſes moins efſémi-
nés et plus aguerris; et ſi les derniers eusſent
toujours eu à combattre des phalanges Macédon-
niennes, des Annibals et des Mithridates. Par la
ſupériorité de leur diſcipline, et de leurs connoiſſances militaires, les Romains devoient rem-
porter la victoire ſur des peuples, qui avoient
négligé l'art de la guerre, et qui par cela ſeul
leur étoient de beaucoup inférieurs.

Remarquez en paſſant, Monſieur, que nous
nous ſommes un peu écartés de l'état de notre
queſtion. L'objet en étoit non ſeulement l'inutilité de la Logique, mais encore ſa malignité, ou
ſa perverſité. Vous la fondiez ſur l'abus qu'on

en fait. Après avoir réfléchi, que l'abus d'une
fcience n'eft point un titre pour en condamner
l'ufage, vous avez obfervé, que lorfque cet abus
entraine plus de mal que l'ufage ne fait du bien,
il faut réjetter ce dernier. La queftion ayant été
réduite à cela, il refteroit à difcuter, fi, dans
le fait, l'abus de la Logique occafionne plus de
mal, que fon ufage ne fait du bien; je crois,
que fur ce point la négative doit l'emporter. Je
dois vous faire obferver encore, Monfieur, que
la queftion, qui à donné fujet à l'entretien, que
j'ai l'honneur d'avoir avec vous, n'eft pas proprement de favoir fi en *général*, l'abus, que
l'on fait d'une chofe, eft une raifon fuffifante
pour en condamner l'ufage; ni, fi l'ufage de certaines chofes doit être profcrit à caufe de l'abus
que l'on peut en faire; mais qu'il s'agiffoit uniquement et fpécialement de voir, *fi l'étude de
la Logique en particulier ne doit pas être cultivée, parceque l'on peut abufer, et que l'on
abufe en effet des connoiffances et de l'habilité,
qu'elle nous donne.*

Prenons encore, pour réfoudre cette queftion,
l'exemple de l'art militaire, dont je viens de me
fervir et à l'aide duquel j'ai conclu, que l'abus
même, que l'on peut faire d'un art, ou d'une
fcience, doit nous engager à en chercher la connoiffance, afin de vous convaincre par rapport à
la Logique, que l'abus, que l'on en fait, ou que
l'on peut en faire, doit nous porter à en défirer la connoiffance, tout comme un général d'armée défireroit de poffeder celle de l'ennemi,
qu'il auroit à combattre, et, qui à cet égard,
lui feroit fupérieur. Cependant, Monfieur, comme nous aurions tort, ce me femble, de con-
ti-

tinuer cette discussion avant de nous expliquer, et de nous accorder sur le sens, dans lequel nous prenons le mot *Logique*, expliquons
et accordons-nous sur ce point. Qu'entendez-
vous par ce mot?

T. J'entens par *Logique* un certain art, qui
nous met en état de défendre nos opinions et
de combattre celles des autres, par un certain
arrangement régulier de mots et de phrases.

L. Je sais, Monsieur, que vulgairement on
attache cette signification au mot *Logique:* et
quoiqu'elle ne soit pas celle, que je lui attribue, je l'adopterai pour un moment. Supposez
donc des personnes instruites de cet art aux
prises avec d'autres, qui ne le posfédent point;
de quel côté doit être l'avantage? sûrement du
côté des personnes qui auront étudié la Logique. Les autres se trouveront dans le cas, où
vous avez été par rapport à ce logicien, qui
vous mettoit hors d'état de lui repondre, bien
que vous visfiez des défauts dans les raifonnemens. Vous ne pourrez donc pas disconvenir,
que, si la Logique est l'art de combattre les
opinions des autres, elle est non - feulement
utile; mais même nécesfaire dans les cas où l'on
dispute fur une opinion. Vous ne disconvien-
drez pas non plus, que, pour pouvoir combattre une opinion, il faut favoir réfuter les raifonnemens d'un adverfaire, comme on repousfe
les attaques d'un ennemi; et qu'on ne fauroit
les réfuter, si l'on ne fait en démêler le fort
et le foible; ainsi qu'un général doit favoir faifir l'habilité ou la foiblesfe des opérations de
fon ennemi, s'il veut les rendre infructueufes;
fi maintenant la logique nous met en état de

T 3

trou.

trouver et d'indiquer les défauts et les vices d'un raisonnement, et de le réfuter, vous serez forcé de convenir aussi, qu'elle est d'une grande utilité, tant pour combattre des opinions dangereuses et des erreurs nuisibles, que pour accréditer des opinions salutaires et des vérités importantes : et par conséquent vous avouerez, que l'étude et la connoissance de cet art sont nécessaires à tout homme, qui a quelqu'intérêt à empêcher d'un côté, que des opinions dangéreuses et nuisibles ne se répandent et ne gagnent les esprits, et que, d'un autre ; les opinions vraies et salutaires triomphent des erreurs.

T. Je dois convenir de tout ce que vous venez de m'exposer ; aussi le fais-je de très-bon coeur. Je sens que lorsque deux Athlètes vont se battre, celui des deux, qui n'est point fait à cet exercice, doit être terrassé par celui, qui en possède la connoissance.

L. Voilà l'image du défaut de logique pour quiconque dépourvu de cette arme, se hazarde à entrer dans un combat de raisonnemens, avec quelqu'un qui la possède et en connoit le maniëment. Il est vrai, qu'il y a des personnes, qui ont naturellement l'esprit si juste, et la perception si éclairée, qu'elles peuvent sans le sécours de la logique, soutenir le choc d'un adversaire, qui auroit l'avantage de la posséder ; mais outre que ces cas sont rares, il faut ici, pour juger sainement, supposer deux athlètes dont l'un soit armé de la Logique, et l'autre dépourvu de cette arme, toutes choses d'ailleurs égales ; et alors on n'hésitera pas de convenir, que le dernier doit succomber.

T. Je ne me fais aucune peine d'en convenir.

nir: bien plus, Monſieur, je vous avoue ingénûment, que je n'ai jamais porté mes réflexions
ſi loin ſur l'utilité de cette ſcience: j'entends les
vôtres avec un extrème plaiſir, et vous m'en
ſairez un plus grand encore, ſi vous voulez bien
continuer à m'éclairer ſur cet objet. Je ne ſuis
pas de l'ordre des ſavans: je ne forme point
de prétenſions: je crois avoir un peu de bon
ſens; et comme depuis ma jeuneſſe on m'a con-
ſtamment asſuré, que j'avois naturellement l'esprit asſé juſte, pour pouvoir me paſſer de la
Logique; que l'on m'a dépeinte cette ſcience
comme inutile et dangereuſe, et comme je n'ai
jamais été dans le cas de remarquer le beſoin
que j'en avois; tout cela, Monſieur, m'a entretenu dans l'idée, que cet art ne valoit pas la
peine, que j'y donnasſe mon tems; d'ailleurs la
façon, dont mon ami, qui étoit homme de lettres, me tournoit par ſes raiſonnemens, me dé-
plût ſi fort, que je conçus du dégoût et même
de l'averſion pour les études ſpéculatives ou ab-
ſtraites, auxquelles j'attribuois l'art, qu'il employoit envers moi. Je m'affermisſois dans cette
prévention, à méſure, que j'entendois dire tous
les jours, que les ſciences ſpéculatives étoient
incertaines: qu'on n'y alloit qu'a tâtons; qu'on
pouvoit y ſoutenir le pour et le contre avec le
même degré de vraiſemblance; que la ſecte des
Pirrhonniens, celle d'Epicure et des Stoïciens,
en étoient une preuve; enfin, Monſieur, j'ai
été entrainé par de pareils discours à me contenter de ce que ma raiſon et ma Logique naturelle pouvoient m'enſeigner. Mais comme,
parceque vous venez de me dire, je vois, que
la Logique artificielle peut épurer celle, qu'on

T 4

pos-

posséde naturellement, et perfectionner la raison, je vous aurois une grande obligation, Monsieur, si vous vouliez bien m'accorder encore
quelques momens d'entretien sur un sujet, rélativement auquel je m'apperçois avoir toujours
été dans l'erreur. Peut-être en demandé-je trop,
je crains déjà d'avoir dérangé vos occupations,
en interrompant votre conversation avec Mr.
Maurice, je vous en fais mes excuses : dite-
moi, Monsieur, franchement ce qui en est : car
si mes craintes sont fondées, je me rétire à l'instant, et je me bornerai à vous prier de vouloir
bien dans un moment de vos loisirs achever de me
faire connoitre tout ce que la Logique a d'utile.

L. Bien loin d'avoir dérangé nos occupations, Monsieur, vous y avez ajouté un petit
aliment. Nous étions, Mr. *Maurice* et moi, à
nous entretenir de la Logique; je m'étois proposé de lui donner une idée générale ou une
légère teinture de cette science, et de lui en
faire appercevoir l'utilité. La petite discussion,
que nous avons eue vous et moi, Monsieur, y
répond parfaitement, nous la continuerons, si
vous le désirez, et nous fairons Mr. *Maurice*
juge de la conclusion, qu'il en faudra tirer.

T. Bien volontiers, je consens que Mr. *Maurice* soit notre juge.

M. Moi juge, Monsieur, je ne suis qu'un
apprentif.

L. Doucement, mon ami ! il est des vérités
dont un apprentif peut juger aussi facilement
qu'un maitre de l'art. Vous n'êtes pas Musi-
cien, cependant vous avez assez d'oreille, pour
juger si un ton est pur ou faux : si un coup
d'archet est bien ou mal conduit.

M. Ce-

M. Cela est vrai.

L. Il n'y a donc aucun inconvénient à ce que vous acceptiez la qualité de juge, que Mr. et moi, vous donnons ici. Si après nous avoir entendus, vous vous trouvez hors d'état de prononcer, vous n'aurez qu'a le dire, et nous communiquer les difficultés, qui vous arrêteront.

M. Fort bien, Monfieur, je me foumet à votre défir.

L. Continuons notre Entretien. Je vais le prendre là où nous l'avions interrompu: nous étions d'accord Mr. *Tadle* et moi, que fuivant la fignification qu'il donnoit au mot *Logique*, la connoisfance et l'ufage de cet art pouvoient être utiles et même nécesfaires, lorsqu'il étoit question de défendre fes opinions, et de combattre et réfuter celles d'autrui.

T. Cela est vrai, Monfieur.

L. Permettez moi, maintenant de vous faire rémarquer, que la fignification, que vous avez donnée au mot *Logique*, ne contient qu'une partie de ce qu'il exprime. Ce mot défigne non feulement l'art de défendre fes opinions, et de combattre celles d'autrui; mais en général celui de perfectionner l'entendement humain, de le guider dans la recherche des vérités, de manière à pouvoir les découvrir, les réconnoitre, les discerner et les démontrer: à distinguer le vrai du faux, le réël de l'apparent; à éviter les écarts, les illufions et les erreurs, auxquelles nous fommes fans cesfe expofés de nous livrer, foit par précipitation, par manque de réflexion, foit par d'autres défauts, auxquels l'entendement humain est fújet.

T. Si le mot *Logique* emporte cette fignifi-

ca-

cation, je conviens, que cet art est très-utile et même très-nécessaire; mais est-ce bien-là la véritable signification de ce mot?   -

L. Les Savans et les Philosophes les plus distingués, l'ont désigné et enseigné dans ce sens.

T. Mais comment s'est-il donc fait, qu'on l'a limité à celui, que j'y ai attaché?

L. C'est parceque quelques-uns de ceux, qui se sont occupés de cette science, l'ont envisagée sous le point de vue, qui les attiroit et les fixoit le plus. Appercevant l'utilité, qu'on paroit en rétirer, en donnant aux raisonnemens certaines formes, et en les distinguant, soit pour mieux s'assurer des vérités, soit pour les démontrer, soit pour découvrir les erreurs, les faire connoitre et en convaincre ceux, qui les soutenoient, ils ont limité la Logique à l'art d'employer ces formes; perdant ainsi de vue le véritable but de cette science, qui dans le fonds n'est autre, que celui de perfectionner l'entendement humain.

C'est en vertu de cette dernière signification, que quelques Savans ont nommé la *Logique*, l'art de *penser:* prenant le mot *penser* pour *bien penser.* Rien n'empêche au reste, qu'il ne soit pris dans ce sens; car, si sous le mot *penser* on comprend toutes les opérations de l'entendement, il est clair, que l'art de les bien faire, sera le résultat du dégré de perfection, auquel auront été portées les facultés, dont notre entendement est doué et dont j'ai fait, tout a l'heure, une petite énumération. On peut ajouter, que la Logique est encore l'art de fortifier la mémoire, de prévenir les écarts de l'imagination,

tion, de lui donner l'esfort convenable, de réprimer la trop grande vivacité des fens, d'empêcher, qu'on ne s'en laisfe furprendre, et plufieurs autres propriétés de cette nature. Voilà, Monfieur, à quoi la Logique est deftinée: voilà le but, auquel elle doit tendre. Si dans la pratique on en fait un autre ufage, fi on la fait fervir à de mauvaifes fins, ce n'est point à cette fcience, qu'il faut attribuer les pernicieux effets, qu'elle produit alors; mais à ceux, qui employent mal cet excellent fécours, pour perfectionner nos facultés intellectuelles, ce précieux préfervatif contre le danger de tomber dans des erreurs.

L'abus de la Logique ne fe manifeste jamais d'avantage que dans les controverfes. Les écrits, qui fe publient et fe répandent aujourd'hui en portent les caractères les plus frappans, foit par ignorance, ou par caprice, foit par esprit de parti, ou par envie de briller en publiant ce que l'on nomme des *penfées hardies*, des *idées neuves*, foit par une démangeaifon de déraifonner, ou par la manière de fe faire une réputation, à l'aide de quelques extravagances fingulières, foit enfin par telle autre caufe, que vous voudrez. La presfe inonde le public de productions de toute espèce dans lesquelles on attaque les vérités les plus fenfibles et les plus inconteftables, où l'on foutient les erreurs les plus grosfières et les plus pernicieufes. Vous voyez ces infurrections littéraires fe faire de différentes façons: en vers, en profe, par des discours férieux, par des plaifanteries, par le ridicule, enfin par tous les différens moyens, que les esprits fertiles favent y employer. Or croyez-

vous,

vous, Monſieur, que ſi l'étude de la Logique étoit par tout negligée et bannie, ces esprits dangereux n'auroient pas un grand avantage ſur tous les autres?

T. Je le crois.

L. Nous n'avons qu'a jetter les yeux ſur ce qui ſe paſſe autour de nous. Les ſciences, qui ont particulièrement rapport à l'entendement humain, et que l'on déſigne par le nom de *Méthaphyſique*, ces ſciences, dis-je, et la Logique en particulier, ſont négligées, mépriſées, réjettées; et quels ſont les fruits de ce mépris et de cet abandon? Une perverſité, qui déſole le genre humain, et qui produit dans le monde moral les phénomenes les plus monſtrueux. De là on a vu ſubſtituer à l'art de convaincre les esprits, celui de les exalter; le goût des écrits d'amuſement, des lectures frivoles a pris la place des ouvrages ſolides; les opinions les plus révoltantes et les plus pernicieuſes prennent le deſſus, ſont miſes en vogue, accueillies avec empreſſement, accréditées avec un espèce d'enthouſiasme. Chacun croit y trouver ſon compte; parce que les hommes en général ſont plus enclins à ſe laiſſer entrainer par les impreſſions du moment, que par des réflexions ſur l'avenir. Ne faut-il pas, Monſieur, que ce fléau, qui afflige l'espèce humaine, ſe perpétue et prenne tous les jours de nouveaux accroiſſemens, ſi l'on ne fait des efforts pour le détruire? mais comment y réusſir, ſi l'on n'uſe des moyens propres à guérir le genre humain de ſes préjugés, de ſes fausſes opinions? et comment obtenir cette guériſon, ſi l'on ne posſède point l'art de découvrir et d'indiquer les ſources des égaremens,

mens, qui font la caufe du mal? c'est-à-dire, fi l'on ne peut montrer la fausfeté et les vices des raifonnemens, qui entrainent la multitude, parce que celle-ci n'en apperçoit pas les illufions. Sans cela, la chofe étant imposfible, vous devez convenir, ce me femble, qu'un art, qui vous aide à difcerner le vrai du faux, fur des objets fi importans, est un art précieux, dont on ne peut asfez récommander la culture; et que tous les hommes ont intérêt de posféder, même à caufe de l'abus, qu'on peut en faire, et qu'on en fait réellement.

T. Je me rends, Monfieur, dès que la Logique est destinée à l'ufage, que vous venez de décrire; mais dites-moi, je vous prie, s'il est nécesfaire pour cela qu'on ne raifonne, qu'on ne difcute qu'en argumentant? Je vous avoue, que je ne foutiendrois pas longtems une converfation, une dispute de ce genre.

L. C'est encore une de ces inculpations dont on charge la Logique; mais fort imprudemment.

Cette fcience nous enfeigne, à la vérité, comment les raifonnemens, que l'on fait et les discours, que l'on tient, peuvent être réduits en argumens, et comment on peut par-là les apprécier fur le vrai et le faux; mais s'enfuit-il, qu'il ne faut discourir qu'en argumentant dans les formes, fous lesquelles on peut diftinguer les différentes façons de raifonner? les anciens Logiciens ont imaginé ces diftinctions, pour indiquer, les différens caractères des opérations de l'Entendement, afin que l'on eut des regles certaines pour juger de l'exactitude, ou du vice d'un raifonnement, foit, qu'on le fasfe foi même, foit, qu'on l'entende de la part d'un autre.

Pour

Pour en éloigner tous les doutes et y mettre une plus grande évidence, je vais, Monsieur, vous le faire voir parceque qui a été dit entre nous. Le discours a roulé sur l'utilité et l'inutilité de la Logique. Vous avez soutenu l'inutilité de cette science, et le danger de la cultiver. L'abus qu'on en fait, est le fondement sur lequel vous avez établi votre opinion, n'est-il pas vrai?

T. J'en conviens.

L. Eh bien, nous avons discouru, et nous n'avons point argumenté.

T. Cela est vrai.

L. Reduisons maintenant en un argument les raisons que vous avez alléguées. N'est-il pas vrai, que vous avez trouvé la Logique inutile et même pernicieuse, parcequ'elle ne nous apportoit aucun avantage, et qu'on l'employoit à soutenir des erreurs, à combattre des vérités, à établir des opinions erronnées et à surprendre notre jugement par des illusions?

T. C'est cela même.

L. Ainsi vous avez fait implicitement cet argument-ci:

> Toute science, qui ne nous apporte aucun avantage; que l'on employe pour soutenir des erreurs, combattre des vérités, établir des opinions erronnées, et surprendre notre jugement par des illusions, est une science inutile et même pernicieuse;
>
> Or la Logique ne nous apporte aucun avantage, elle est employée etc.

Donc la Logique est inutile et même pernicieuse.

Remarquez, Monsieur, que l'on pourra vous ac-

accorder la majeure de cet argument; mais on vous en niera la mineure. Vous ne ferez point en état de la prouver, et l'on vous démontrera le contraire, ainfi que je l'ai déjà fait.

Allons plus loin, et réduifons vos raifonnemens à un argument plus fimple. N'eft il pas vrai que vons réjettez l'étude de la Logique, parceque elle peut être nuifible?

T. Oui.

L. Voici donc votre argument:

 Toute étude, qui peut être nuifible, doit être réjettée;

 L'étude de la Logique peut être nuifible:

 Donc cette étude doit être réjettée.

or on vous niera la majeure de cet argument, parceque les études, commes bien d'autres chofes, peuvent être nuifibles d'un coté, et falutaires de l'autre. Il en eft des études, commes des alimens: ceux-ci font falutaires tant qu'ils font bien employés, et ne deviennent nuifibles, que par l'abus qu'on en fait. Si donc les excès, que l'on commet en mangeant et en buvant, devoient nous empêcher de manger et de boire, il faudroit fe laisfer mourir de faim et de foif; de même, fi les études des fciences devoient être réjettées, parcequ'on peut en abufer, il faudroit nous abrutir, et rénoncer à toutes les connoisfances nécesfaires à notre fubfiftance; car il n'en eft aucune, dont on ne puisfe abufer. Vous voyez par-là, Monfieur, que l'étude d'une fcience ne doit pas être réjettée, par cela feul, qu'étant mal employée, elle peut-être nuifible: l'argument tiré de votre raifonnement, doit vous le faire fentir d'un manière évidente

Je viens de vous montrer, Monfieur, qne l'art

d'ard'argumenter, qui fait un partie de la Logique, a fon utilité; mais ce n'eft pas (ainfi que je le difoit tantôt,) à cet art feul, qu'elle fe borne, quoique les anciens en ayent fait un grand cas, à raifon de l'avantage qu'on en rétire pour s'accutumer à raifonner jufte et à découvrir le vice des raifonnemens fpécieux.

La Logique ayant proprement pour bût de diriger la marche de l'entendement humain dans toutes fes opérations, foit pour lui faire connoitre les moyens de les employer et de les régler, foit pour découvrir les vérités, foit pour éviter les erreurs, foit pour affermir la mémoire, foit enfin pour perfectionner les différentes facultés, qui lui font propres; elle fait la baze de toutes les autres. Si l'entendement demeure brut et fans culture, toutes les connoiffances, qu'on acquérrera, devront néceffairement fe reffentir de ce défaut. Il en fera de l'entendement, comme des enfans, qu'on aura laiffés fans éducation, et abandonnés à leurs inclinations, à leurs penchans, à leurs caprices et à leurs paffions.

T. Cette comparaifon eft asfez frappante. Je la faifis, et je comprends, que pour bien déployer les facultés de l'entendement humain et en faire le meilleur ufage poffible, il lui faut, comme à toutes nos autres facultés, à nos autres talens, une efpèce d'éducation et de culture. Dorénavant je me garderai bien d'attribuer à la Logique, ce que je trouverai de défectueux dans les raifonnemens, que j'entendrai faire, ou que je rencontrerai dans mes lectures.

L. Obfervez encore, qu'un faux raifonneur, ou tel autre déclamateur, qui avance des pro-

po-

pofitions fauffes et les étaye de raifonnemens, agit
ainfi, ou bien parce qu'il manque de fagacité,
de lumières et d'intelligence, en un mot par
incapacité; ou bien, par un mauvais ufage de
fes connoiffances.

Auffi vous pouvez être affuré, Monfieur, que
lorsqu'en lifant quelqu'ouvrage, ou entendant
quelque discours, vous y rémarquerez des raifonnemens, qui vous répugneront; le défaut ne
s'en trouve pas en vous, mais dans celui qui
raifonne; que c'est, parcequ'il a l'esprit faux,
mal endoctriné et peu éclairé, qu'il tient des
discours capables de vous en impofer et d'of-
fusquer votre raifon; ou bien, parceque de
propos déliberé, il fe fert de l'art de raifonner
pour vous induire en erreur par des raifonnemens fpécieux. Je pourrois vous fournir nombre d'exemples de ces deux espèces de raifon-
neurs parmi les écrivains modernes, dont les ouvrages ont été bien accueillis, et qui fe font acquis une grande reputation. Ils ne l'auroient
certainement pas obtenue, fi la Logique étoit
généralement plus cultivée et mife en pratique.
Quand on lit, ou qu'on entend quelqu'un qui
a des talens, ou de la réputation, on ne s'avife
guères de réfléchir à la manière, dont les raifonnemens font conçus; on n'éxamine guères, s'ils
font en règle et conféquens; on adopte les conclufions qu'il en tire, fans aller plus loin; l'on
est communement affez dispofé à s'attribuer à
foi-même un défaut de lumières, lorsqu'on y
trouve quelque chofe qui heurte, ou qu'on ne
faifit point. Ce ne font que les perfonnes, dont
l'Entendement a été cultivé et qui fe font faites
une habitude d'examiner les raifons qu'on allè-

gue, qui s'apperçoivent d'abord de l'exactitude et de l'inexactitude d'un raisonnement.

Rien de plus utile par conséquent, pour éviter d'être la dupe, ou de la fausse éloquence, ou des discoureurs, ou des charlatans littéraires, que l'habitude de reduire leurs raisonnemens en argument, lorsqu'on en suspectera l'exactitude. De cette manière on s'appercevra tout de suite, si ce qui arrête et fait naitre des doutes, doit être attribué à une supercherie, ou inexactitude de leur part, ou bien à un manque de pénétration de notre coté.

Ce n'est pas néamoins uniquement dans les livres, qui se publient, ou dans des discours, que l'on tient, que le défaut de Logique se fait rémarquer. Le commerce journalier en offre des exemples à chaque instant, et il importe, puisque nous sommes sur ce sujet de nous y arrêter un peu.

Un homme très-poli, très-affable vous faira les avances les plus insinuantes d'amitié: vous vous y prêterez, parce qu'à ses discours et à l'air dont il les accompagne, vous jugerez, qu'il parle sincèrement, et que vous pouvez faire fonds sur ce qu'il vous dit. Mettez en argument le raisonnement, que vous faites alors implicitement, & qui vous porte à ajouter foi à ses protestations; il reviendra à celui-ci:

> Un homme, qui se présente d'une manière si affable, qui me parle sur un ton si officieux, qui fait paroitre tant de bonnes qualités, mérite que j'ajoute foi à ses assurances;

> Or, telle est la manière, dont cet homme se présente et me parle,

Donc,

Donc, je puis ajouter foi à ſes aſſurances.

Examinez maintenant la majeure de cet argument, et vous verrez qu'elle eſt fauſſe: il n'eſt pas univerſellement vrai, que tout homme poli, affable, et qui fait les avances d'amitié les plus inſinuantes, mérite qu'on ajoute foi à ſes aſſurances. Cela eſt ſi peu vrai, que nous apprénons par expérience, qu'ordinairement ceux, qui nous font le meilleur accueil et qui paroiſſent les plus officieux, ſont ceux, auxquels ont peut le moins ſe fier.

Vous vous rébuterez d'un homme froid, dont les manières n'ont rien de prévenant, et qui ne s'empreſſera pas de vous donner des témoignages d'affection; quel eſt alors le raiſonnement implicite, qui vous engage à ne pas rechercher ſa connoiſſance? le voici réduit en argument:

> Un homme froid, dont les manières n'ont rien de prévenant, qui ne donne point des témoignages d'affection, eſt un homme dont on ne doit pas rechercher la connoiſſance;
> Or cet homme-là eſt tel; donc je ne dois point rechercher ſa connoiſſance

La majeure de cet argument eſt encore fauſſe, parce qu'il n'eſt pas univerſellement vrai, qu'un homme froid, dont les manières n'ont rien de prévenant, qui ne donne point des témoignages d'affection, ſoit un homme, dont on ne doit pas rechercher la connoiſſance. L'expérience prouve le contraire. Ordinairement ce ne ſont pas ceux, qui paroiſſent les plus chauds à rendre ſervice, qui s'y prêtent dans le beſoin; mais plutôt ceux, qui paroiſſent en être éloig-

nés.

nés. Je ne doute pas, Monſieur, que vous n'a-
yez été dans le cas de vous convaincre de cette vérité.

Vous compterez ſur l'aſſiſtance d'une perſonne à qui vous aurez rendu un ſervice important,
et en réfléchiſſant au devoir de la reconnoiſſan-
ce, vous vous confirmerez dans cette opinion,
vous fairez alors en vous même un raiſonnement, qui, mis en argument, ſe réduira à celui-ci:

Tout homme, qui a réçu un ſervice important, est diſpoſé à donner de l'aſſiſtance à ſon bienfaiteur;
J'ai rendu un ſervice important à N. . .
Donc N. . . est diſpoſé à me donner de
l'aſſiſtance.

L'expérience prouve journellement la fauſſeté
de la première propoſition; le monde est rempli
d'ingrats.

Il n'y a point d'acte de notre volonté, qui
ne ſoit précédé par un raiſonnement, dont nous
ne nous appercevons que très-rarement, et que
l'on peut à cauſe de cela nommer *implicite*, ce
raiſonnement ſe borne à une concluſion, que
l'on infére d'une propoſition, ſans examiner, ſi
elle en réſulte effectivement ou non; j'ai rendu
ſervice: donc celui à qui je l'ai rendu, me don-
nera de l'aſſiſtance.

Cet homme est ſi jovial, ſi poli, ſi affable,
il me fait tant de proteſtations d'amitié, que j'aurois tort de ne pas faire ſa connoiſſance et me
lier avec lui. Voilà, Monſieur, de ces ſortes de
raiſonnemens, que l'on entend faire tous les jours.
Lorsqu'enſuite on reconnoit avoir mal calculé,
on dit: cet homme m'a trompé. Point du tout,

ce

ce n'est pas lui; mais votre faux raifonnement,
qui vous a jetté dans l'erreur.

Un de vos amis vous récommandera un rémède, parce que ce rémède lui aura fait du bien;
fa recommandation portera fur ce raifonnement-
ci: ce rémède m'a fait du bien; donc il en faira à mon ami, il ne faira pas attention, que fon
raifonnement fuppofe la vérité d'une propofition
évidemment fausfe, favoir: ce rémède m'a fait
du bien: donc il doit en faire à mon ami; il
révient à cet argument-ci:

> Tout rémède qui me fait du bien, doit en
> faire à mon ami;
> Celui que je lui recommande m'a fait du
> bien;
> Par conféquent il doit lui en faire aufsi.

Soyez quelque tems dans la chambre d'un malade, vous n'y verrez perfonne, qui ne propofe quelque rémède et qui n'y ajoute, qu'il a gué-
ri tel et tel. Preuve bien évidente de l'imbécilli-
té de notre Logique naturelle.

Les hommes fe laisfent entrainer par des exemples; et c'est un des plus grands défauts de leur
conduite, parce qu'il est très-rare, que les circonftances de leur état foient égales. CLEON
fait une fortune immenfe par le commerce; LY-
SANDRE le prend pour modèle, et fe ruine.
Ce cas n'est point extraordinaire, et il n'est pas
rare non plus, que l'on deftine et qu'on applique les jeunes gens à une profeffion, pour laquelle ils n'ont point de talens. J'attribue tout
cela à un défaut de jugement, et le défaut de
jugement, que l'on rémarque continuellement
dans le choix, que les hommes font dans leurs
actions, je l'attribue à un manque de Logique. -

V 3   Eclai-

Eclairés par cette fcience, fa lumière leur indiqueroit la véritable voye, et leur fairoit éviter
les écueils, contre lesquels il ne peuvent manquer d'échouer, s'ils s'y hazardent fans ce flam-
beau.

T. 'A vous entendre, Monfieur, l'étude de
la Logique ne feroit pas feulement utile; mais
même néceffaire.

L. J'en fuis convaincu, Monfieur. Je fuis
certain, que, fi l'on appliquoit la jeuneffe à l'é-
tude de cette fcience, la Société humaine n'en
iroit que mieux. La raifon en est naturelle.
Les bonnes habitudes ne fauroient être prifes trop
tôt; accoutumer les enfans à raifonner juste et
à s'appercevoir des défauts d'un raifonnement,
qui n'est point exact, c'est leur faire contracter
une habitude, qui, s'affermiffant à méfure qu'ils
avancent en age, leur devient fi propre, qu'il
leur fera impoffible de s'en écarter, lorsqu'ils feront parvenus à l'age mur. Elle leur restera
toute leur vie, comme bien d'autres habitudes,
prifes dans l'enfance, dont l'homme ne peut fe
défaire malgré fes efforts pour les vaincre. Dou-
terez vous, Monfieur, que ce ne fut un grand
avantage pour la Société humaine, fi ceux, qui
la compofent, étoient dans l'habitude et avoient
le talent de raifonner juste, de difcerner le vrai
du faux, et de fe conduire en conféquence? Car
vous obferverez, s'il vous plaît, que la volonté fuit le jugement, et que celle-là fe détermine, fur ce que celle-ci lui répréfente de bien
ou de mal.

T. Je fuis bien éloigné de vous contefter
l'avantage, que la fociété rétireroit d'une fituation fi favorable à fon bien être; car une pareille

reille habitude dans ceux, qui font à la tête de
l'adminiſtration publique, préviendroit ſans - doute bien des méprifes, des écarts et de faux arrangemens, auxquels ils ne ſe laisfent que trop
ſouvent entrainer. Je vous avoue, Monſieur,
qu'actuellement je ſuis fort tenté d'attribuer les
écarts qui ſe commettent dans les adminiſtrations
à un défaut de Logique, plutôt qu'a un manque de bonne volonté. Je conçois, qu'il feroit,
ſi non néceſsaire, du moins très - utile, que ceux,
qui ſont destinés à tenir les rênes d'un gouvernement public, ou d'en adminiſtrer une partie,
eusfent l'habitude, dont vous venez de me parler, et qu'on la leur eut fait prendre, afin de
s'y trouver d'autant plus affermis: car je ſens
très - bien, que s'ils ne voyent pas bien les objets de leur adminiſtration, s'il n'en portent pas
des jugemens juſtes, et s'ils ſe méprennent ſur
les moyens, qui doivent être employés, enfin,
s'ils ſe laisfent emporter par de faux raiſorne-
mens, l'état ne pourra que s'en resfentir.

L. Il feroit a déſirer, que non - ſeulement
ceux, qui gouvernent un pais, fusfent bon Logiciens, mais qu'en général tous les hommes le
fusfent plus ou moins; et ſur tout, que ceux, qui
ſe font voués à quelque ſcience, ſoit Théologiens, Juriſconſultes ou Médecins, le fusfent
parfaitement. Ne voit-on pas tous les jours
des tribunaux, même les plus respectables porter des ſentences, par lesquelles ceux, qui ont
le droit de leur côté, perdent leur caufe et des
innocens font condamnés au ſupplice? ne voit-
on pas des Médecins ſe tromper ſur l'état d'un
malade, et faire de fausfes applications de leur
théorie. 'A quels excès les Théologiens ne ſe

font-il pas laisſés aller, à quels excès ne ſe li-
vrent-ils pas encore aujourd'hui par un zéle
outré pour leur croiance? Vous ſavez, Monſieur, les maux, qu'a cauſé, la maxime ,, con-
,, trains les d'entrer,'' adoptée et miſe en pratique avec une fureur et une perſévérance, qui
ſeroit inconcevables, ſi l'on ignoroit à quel point
de démence les erreurs peuvent porter les hommes. 'A quels excès ne s'abandonnent-ils pas,
lorsque l'enthouſiasme s'est une fois emparé de
leur esprit? Jetté les yeux ſur ce qui s'est paſſé
dans le monde et ſur ce qui s'y paſſe encore.
Sur les révolutions, qui ont anéanti les païs les
plus beaux, les plus floriſſans, et les Royau-
mes les plus puiſſans de la terre; vous en trouverez la ſource dans un défaut de Logique.

T. Je ne comprends pas trop bien cela. Je
me ſuis toujours imaginé, que c'étoit aux paſſions humaines, qu'il falloit attribuer les maux,
qui ont détruit les nations.

L. Vous n'en avez point mal jugé; mais
conſidérez en même tems, que ſi les paſſions
nous emportent, ce n'est qu'autant qu'elles ne
ſont point réprimées par l'Entendement. Pour
vous en convaincre, vous n'avez qu'a comparer
l'état civil des peuples, pendant qu'ils ſe ſont
élèvés, avec celui dans lequel ils ſe ſont trouvés, lors de leur décadence. Vous y obſerverez, que les premiers établiſſemens ont été for-
més ſur des plans réglés par un jugement ſain;
que la corruption s'y est introduite dès que le
jugement à commencé à ſe pervertir. Le déré-
glement des moeurs est une ſuite de la dépra-
vation de notre intelligence; dès que celle-ci
ceſſe de nous éclairer et de nous garantir des

pres-

prestiges, nous fommes à la merci des paffions, qui s'étant une fois emparées de nos fens, ne nous laiffent plus de moyens, pour nous affranchir de leur joug. Pourriez-vous après cela douter encore de la nécesfité, de travailler à former l'entendement des jeunes gens dès leur bas age, et de leur apprendre à raifonner avec juftesfe fur les moyens, qui peuvent fervir, foit à leur confervation, foit à leur faire pasfer leur vie agréablement?

T. Je fens, Monfieur, qu'il feroit très-utile de ne pas négliger cette partie de leur éducation: et que fi la raifon veut, que l'on ait foin de fortifier leurs membres, et d'empêcher, qu'ils ne contractent de mauvaifes habitudes rélativement à leurs corps; elle exige, que l'on n'ait pas moins de foin de çe qui concerne leur Entendement. Cependant il me reste encore une difficulté. De bonne foi, Monfieur, croyez-vous que l'enfance foit un age propre à être initié dans l'art de la Logique?

L. Eh! pourquoi non? un enfant n'apprend-il pas à lire, à combiner des lettres à en former des mots? à fe faire des repréfentations de ce que ces mots défignent? n'apprend-il pas à chifrer? n'apprend-il pas d'autres fciences élémentaires? et pour qu'elle raifon ne pourroit-il pas ausfi bien être initié dans la Logique? Tout depend de la méthode; et la méthode doit être différente, fuivant la différence des difpofitions de ceux, que l'on veut inftruire; mais en général il fe préfentent journellement mille circonftances, qui peuvent fervir d'occafion de donner à un enfant quelque léçon de Logique, même en l'amufant. Car il ne s'agit pas de lui mettre un cathéchisme entre les mains : de lui faire apprendre par coeur des démandes et des réponses, et de le fixer à des méditations au desfus de fa portéé ; des entretiens occafionels suffiront. Si un enfant, par exemple, est égratigné par un chat, ou mordu par un chien : ne lui dites pas *fi le vilain animal*; mais dites lui : vous n'avez pas cru que l'animal vous fairoit du mal. Vous vous êtes trompé. Il faut apprendre à connoitre les objets : il faut être prudent. S'il s'amufe à une lanterne magique ; faites lui rémarquer les illufions des repréfentations; fi vous vous promenez avec lui, portez fon attention fur l'éloignement des objets, et fur les effets qui en réfultent; s'il a voulu grimper, et qu'il fe foit laisfé tomber; faites-lui connoître, qu'il a mal jugé de fes forces, ou de la facilité, qu'il a cru trouver à grimper. Ainfi l'on peut toujours fe prévaloir de fes actions pour l'accoutumer à les rapporter à fon entendement, et à ne pas fe déterminer inconfidérément. Plus il s'y formera, plus on étendra ces inftructions familières; et parvenu à un certain dégré de connoisfances, on pourra lui récommander quelque bon ouvrage de Logique, qui achevera de le perfectionner. Je pourrois, Monfieur, m'étendre beaucoup fur ce fujet; mais cela nous meneroit trop loin. D'ailleurs, j'entens, qu'on nous appelle pour diner; et je crois en avoir asfez dit pour lever le doute, que vous aviez fur l'utilité de l'étude de la Logique. Vous n'êtes pas, Monfieur, le feul que j'ai rencontré prevenu contre elle. Il en eft, qui ne réviennent pas de leur prevention, qui ne veulent pas même fe donner la peine d'en faire l'examen, et qui, pour ne point

en-

encourir le blame d'une ignorance honteuſe, ne
ceſſent de déclamer contre l'utilité de cette
ſcience. Il est d'autres ſavans, érudits, ou gens
de lettres, qui en décrient l'étude, parce qu'ils
ont un intérêt particulier à ce qu'elle ne ſoit
pas cultivée. Ces perſonnes, et ſurtout les ſoi-
diſans philoſophes de nos jours, craignent, qu'eux
et leurs productions, ne ſoient attaqués d'une
manière à les rendre généralement ridicules et
mépriſables.

T. Cette dernière raiſon me paroit asſez vrai-
ſemblable. Agréez, Monſieur, mes rémercimens
pour les éclaircisſemens, que vous avez bien
voulu me donner ſur un ſujet, que je n'avois jamais enviſagé ſous le point de vuë, ſous lequel
vous me l'avez préſénté; vous avez fait en moi
un proſelyte, et je vous en témoigne m'à ré-
connoisſance. Nous allames joindre la famille,
qui étoit déjà à table avec une compagnie asſez
nombreuſe. Vous vous êtes fait un peu attendre, dit le maître du logis à ſon fils, apparemment vous en étiez à un ſujet bien intéresſant?
Monſieurs *L* et *T.* répondit le fils, etoient à
diſcuter ſur l'utilité de la Logique, encore de
la Logique! réprit le père; nous allons argumenter des dents, cela vaut beaucoup mieux.
Nous ſommes maintenant des votres, dis-je à
celui-ci; et il ne-fut plus queſtion dans nos
diſcours, que des nouvelles du temps. En ſor-
tant de table, je dis à mon éléve, vous avez
maintenant de quoi réfléchir et méditer. Je vous
en laisſerai le temps, nous profiterons des agre-
mens de la compagnie pour nous diſtraire, après
quoi je vais faire une viſite à Monſieur D....
chez qui je fairai un petit ſejour.

DIX-

DIXNEUVIEME ENTRETIEN.

*Continuation du Dix-Septième Entretien
sur la communauté primitive et de l'o-
rigine des domaines.*

Après avoir pasfé quelque jours à une campagne voifine, je revins à celle de Mr. . . . . .
J'en laisfais écouler encore quelques-uns fans réprendre avec mon disciple le cours de nos converfations ordinaires. M'ayant dit, qu'il avoit
mis par écrit celles, que nous avions eues, et
me les ayant communiquées, je fus charmé de
n'y trouver que quelques fautes très-légères,
que je lui fit corriger. Je lui fit connoitre, qu'il
ne fairoit point mal de rélire de tems en tems
fon manufcrit, tant pour fe rafraichir la mémoire, que pour méditer fur les idées, que cette
lecture pourroit lui faire naitre. Je lui avois
fixé le tems, où je pourrois être à lui; et à
cette époque il m'aborda d'une manière fort gaye;
et me ferrant la main, Monfieur, me dit-il,
j'ai fuivi votre avis: j'ai récapitulé vos leçons,
je me les fuis imprimées dans la tête; je les ai
comparées à la manière dont quelques favans
ont parlé fur les mêmes fujets et je ne me fens
pas de joye, d'éprouver, que vos enfeignemens
éclairent plus mon entendement, que ne l'eut
pû

pû faire la lecture des ouvrages de PUFFEN-
DORF de HEINECCIUS, et de quelques autres
auteurs, que je me fuis mis à feuilletter. J'ai
lû les préfaces que BARBEIRAC à mifes à la
tête de fes traductions *du droit de la nature
et des gens par* PUFFENDORFF, ainfi que *du
droit de la guerre et de la paix par* GRO-
TIUS, je les ai trouvées très-inftructives, tout
comme les prolegomènes, ou avant propos, que
GROTIUS lui-même à placés avant le corps de
fon ouvrage. J'ai voulu commencer la lecture
de celui-ci; mais je me fuis d'abord apperçu,
que cela alloit un peu au-delà de mes forces;
j'ai cru, que je fairois mieux, d'attendre qu'elles
fe fuffent un peu accruës, avant de m'y remettre.

Vous avez très-bien fait, mon ami, lui dis-
je, on court risque de fe casfer les jambes en
voulant fauter de trop haut; et dans les études
il n'y a rien de plus mauvais, que de fe donner aux parties d'une fcience fans s'être auparavant attaché aux élémens et fans les posféder
parfaitement. Avez vous, continuai-je, un
peu medité fur l'utilité de la Logique?

Non, me répondit-il, je me fuis contenté
d'en avoir été convaincu par la discusfion que
vous avez eue à ce fujet avec Mr. *T.* J'ai craint,
qu'en m'y livrant, je ne préjudiciasfe à ce qui
m'occupe actuellement, aux progrès, que ie me
flatte de faire dans les connoisfances des objets,
fur lesquels vous m'avez entretenu jusqu'à préfent: j'ai craint de rompre le fil de vos inftructions et de jetter de la confufion dans mes idées,
d'ailleurs, j'ai penfé, qu'il me convenoit d'attendre, que vons m'eusfiez indiqué la voye de
de m'inftruire de la Logique, fi vous jugiez
con-

convenable, que je m'y appliquasſe. En revanche, j'ai beaucoup médité ſur la communauté primitive; et le reſultat de ces méditations a été, que je me ſuis convaincu, qu'il n'y a jamais eu réëllement *une communauté primitive* à l'uſage de *toutes les choſes qui ſe trouvent ſur la terre*: que de quelque manière qu'on ſuppoſe, que le genre humain a commencé à exiſter, les individus ont eu le droit de ſe ſervir des choſes dont l'uſage leur étoit nécesſaire, ou convenable pour remplir leur devoir, et qu'a cette même fin ils pouvoient ſe les approprier; qu'ainſi la communauté primitive, ne pouvoit être admiſe, que par rapport aux choſes, qui ſont de nature à devoir rester en commun. J'ai cru, qu'en limitant ainſi la communauté primitive, je pourrois en déduire les devoirs et les droits que les ſavans en déduiſent; j'en ai fait l'esſai, je l'ai mis ſur le papier, je vous le communiquerai, ſi vous le trouvez bon; vous m'obligerez encore beaucoup, Monſieur, ſi vous voulez bien prendre la peine de corriger les fautes, que je pourrai y avoir commiſes. — De tout mon coeur, lui répondis-je; ſur cela il me remit ſon esſai en me diſant: vous verrez, Monſieur, que j'ai ſuivi le fil des raiſonnemens, que Mr. WOLFF fait dans ſes inſtitutions; depuis le §. 183. J'en fis la lecture avec lui; le voici:

§. I.

La Loi Naturelle nous obligeant à nous conſerver, à nous perfectionner, à rendre notre vié agréable, à cimenter et à entretenir l'harmonie

dans

dans tout ce qui a quelque rapport à nous: il s'enfuit, que cette même loi nous donne droit à tout ce fans quoi nous ne pouvons remplir ce devoir, et dont nous pouvons faire ufage fans bleſfer le droit d'un autre.

§. II.

Nous pouvons donc détruire les choſes, dont nous ne pouvons faire ufage fans les confumer: tuer les animaux, par exemple, pour nous nourrir de leur chair, et nous faire des vêtemens de leur peau.

§. III.

Et comme nous ne pouvons pas avoir à chaque tems les choſes dont l'uſage nous est néceſſaire, qu'il faut fonger au futur, et imiter la fourmi, il est clair, que nous avons le droit de faire un amas des choſes, dont l'uſage peut nous devenir néceſſaire dans la ſuite.

§. IV.

De ce droit il réſulte, que chacun doit nous en laiſſer jouir paiſiblement, ne pas nous troubler dans l'exercice que nous en faiſons, et ne pas nous ôter les choſes, que nous pourrions avoir amaſſées; vu, que l'harmonie ſeroit troublée, ſi d'autres avoient le droit de porter atteinte à celui que nous exerçons.

§. V.

§. V.

Il en réfulte encore, qu'il faut laiffer au jugement de chacun à déterminer ce dont il peut avoir befoin, à s'en pourvoir et à en faire amas; car, fi cela pouvoit dependre du jugement de quelqu'autre, ce feroit à cet autre, et non à nous à juger de notre obligation, des objets, qui font néceffaires pour la remplir, et des moyens d'y fatisfaire; ce qui feroit intervertir l'ordre de la nature et détruire l'harmonie.

§. VI.

Comme les hommes ont naturellement les mêmes devoirs à remplir, et par conféquent les mêmes droits; il s'enfuit, que tous ont un droit égal, et que chacun a celui de faire ufage des chofes, que fes befoins exigent: et par conféquent, qu'aucun d'eux ne peut fe les approprier exclufivement: on nomme *droit commun* celui, qui appartient à plufieurs enfemble; et à caufe de cela, *chofes communes* celles, auxquelles plufieurs ont le même droit; il s'enfuit, que naturellement les hommes ont un *droit commun* à l'ufage des chofes naturelles et que toutes chofes font *communes* naturellement: or l'on appelle *communauté primitive* le droit, que les hommes ont naturellement à l'ufage néceffaire des chofes naturelles quelconques; et par le mot *communauté* feul, ou *communauté des chofes*, le même droit, que plufieurs ont fur les mêmes chofes, par exemple, celui de naviguer fur une rivière, de fe fervir d'un puits, de paffer par quelque chemin.

§. VII.

§. VII.

Il paroit encore par-là, que, si après avoir
fait usage d'une chose, on trouve n'en avoir plus
besoin, tout autre doit pouvoir s'en servir à son
tour; et que si une même chose peut servir à
la fois à d'autres, il ne faut pas y mettre obstacle, par exemple, si pour passer une rivière, ou
quelque canal, on a construit un pont volant,
ou une barque de passage, celui, qui s'en est
servi, doit pareillement en laisser l'usage à tous
ceux, qui voudront s'en servir pour passer la
rivière; et par conséquent il ne lui est pas permis de les détruire: de même, si plusieurs peuvent participer à la fois à l'usage d'une même
chose, cette participation doit rester intacte et
libre indifféremment à tous ceux qui le veulent, par exemple, de fréquenter les chemins,
de naviguer, de chasser etc.

§. VIII.

Le devoir de nous conserver exige que nous
ayons soin d'avoir toujours de quoi fournir à
nos besoins, et nous impose par-là l'obligation
de faire en sorte, qu'on soit toujours pourvu des
choses, qui y sont nécessaires. Ainsi chacun doit
travailler de son coté et pour cet effet choisir
le genre d'occupation, qui lui convient le mieux,
pour remplir ce but; il s'ensuit encore, que naturellement les hommes doivent réunir leurs travaux pour concourir mutuellement à leur subsistance et aux agrémens de leur vie.

§. IX.

L'homme ayant droit de faire ufage des chofes, qui lui font nécesfaires pour fa confervation, il est clair, qu'il a celui de faire toutes les actions fans lesquelles il ne peut acquérir cet ufage: par exemple d'aller à la chasfe, à la pêche, de cueillir des fruits, de labourer la terre, de couper du bois etc. pourvu néamoins, qu'il refpecte le droit, qu'un autre peut avoir par rapport à ee même ufage, fi par exemple un homme pourfuit un lièvre, un autre ne doit pas venir le traverfer dans cette pourfuite.

§. X.

Il en est du droit d'habiter, comme de celui de fe procurer des alimens. L'ufage de la terre en général étant commun à tous les hommes, il en réfulte, que tout homme peut habiter là où il lui plait, y conftruire des habitations, y rester, ou les abandonner et fe porter ailleurs: refpectant néamoins les terres déjà occupées par d'autres.

§. XI.

Toutes les chofes de la terre étant originairement communes, il s'enfuit, qu'il n'y a originairement *ni tien ni mien;* favoir des chofes qui appartiennent exclufivement à un feul, ou à quelques-uns, et que l'on nomme *biens propres,* tandis que l'on appelle chofes à perfonne, celles, qui n'appartiennent à qui que ce foit. La communauté, dans laquelle les chofes

n'ap-

n'appartiennent à perſonne en particulier, mais
ſont à la diſpoſition de tous, s'appelle *communauté négative;* ainſi, par exemple, ſont les
mets dresſés ſur une table, ou différentes perſonnes ſe mettent à manger et prénent hors des
plats ce qu'ils jugent à propos. Cette communauté négative est celle, que l'on conçoit avoir
dû exiſter dans les premiers tems, où la terre
à été habitée, et que pour cela l'on appelle
primitive.

§. XII.

De ce que chacun a le droit de ſe procurer
ce qui lui est néceſſaire et d'en faire amas, il
s'enſuit, qu'il a celui de ſe les approprier, et que
perſonne ne peut avoir celui de les lui ravir:
ainſi l'uſage d'une choſe et la choſe même, qui
originairement appartenoient à tous en communauté, déviennent des biens propres de ceux
qui s'en ſaiſisſent, pour les faire ſervir à leur
uſage particulier. Il en est de même des choſes, qui ſe conſument et de celles, qui ne ſe
conſument point par l'uſage qu'on en fait. L'i-
dée d'un droit propre ſur une choſe est née de
cette ſituation rélative des hommes entr'eux;
car l'idée de pouvoir s'emparer d'une choſe, et
celle d'une obligation de la part de tous les autres à m'en laiſſer jouïr, emporte celle d'avoir
quelque choſe qui m'appartienne: *un mien.*

§. XIII.

Puisque dans la communauté primitive chacun
a le droit de faire uſage de ce qu'il croit lui
convenir et de ſe l'approprier, ſi déjà la pro-

X 2   prié-

priété n'en a pas été saisie; il est clair, qu'aucun autre ne peut avoir celui de s'y oppoſer, ou d'en troubler l'exercice; et que chacun a le droit de s'oppoſer aux atteintes, qu'on y porteroit, de quelque manière que ce fut; de réprimer les violences, que l'on pourroit exercer; et qu'en général chacun a le droit de ſoutenir ſon droit d'uſage contre quiconque viendroit l'y troubler, or, comme l'on nomme perturbateur de la communauté primitive celui, qui tache, ou par lui-même, ou par d'autres, d'empêcher quelqu'un par violence, de faire uſage des choſes, dont il croit avoir beſoin; il s'enſuit, que chacun a le droit de lui réſiſter, et par conſéquent de lui faire la guerre; ce mot déſignant l'uſage de la force pour s'oppoſer à la violence et la réprimer.

§. XIV.

Il est bien clair, que le genre humain ſe multipliant, la communauté primitive (ſi elle a jamais eu lieu) n'a pû ſubſiſter longtems; et que par conſéquent il doit s'être introduit une diviſion de choſes communes, propres, et n'appartenant à perſonne: de façon, que celui, qui s'est acquis une choſe en propre, a acquis par cela même le droit d'en diſpoſer à ſon gré. On nomme ce droit *domaine*, et celui, qui le poſſède *maitre*, en latin *dominus*. Il est évident par-là, que le maitre d'une choſe peut exclure chacun de tous les droits, qui lui appartiennent ſur cette choſe, en vertu du domaine; que ſans ſa volonté, le domaine ne peut paſſer à un autre, et conſéquemment, qu'il a le droit d'interdire

dire à tout autre tout acte permis en vertu du domaine, et de ne pas souffrir, que quelque autre en exerce aucun malgré lui; d'où il suit encore, que tous les actes contraires au domaine d'un autre font *illicites*, vû que l'on nomme *illicite* tout ce qui blesse les droits d'un autre.

§. XV.

Ainsi qu'une seule personne peut avoir quelque chose en propre, de même plusieurs personnes peuvent conjointement avoir quelque chose, qui leur appartienne à l'exclusion de tout autre. Si plusieurs ont conjointement, et chacun pour foi une certaine portion du domaine d'une chose non divisée, ou qui leur appartienne par indivis, comme quand une maison, ou un champ, une hoirie, un héritage, ou telle autre chose que vous voudrez, appartient à plusieurs personnes à la fois; ces personnes, prises ensemble, sont moralement considérées comme ne formant qu'une seule personne, que l'on nomme à cause de leur réunion par rapport à cet objet, *personne morale:* leur communauté rélativement à cet objet est une *communauté positive;* il en résulte, que ce que l'on attribue à une seule personne, par rapport aux choses qui lui appartiennent en propre, doit également être attribué à ceux, qui forment une personne Morale.

§. XVI.

Lorsque plusieurs personnes, réunies en un corps, ou associées pour une certaine fin; mais, qui toutes n'ont qu'individuellement le droit à l'usage des chofes qui leur appartiennent, felon que chacun en a befoin, et non point pour une certaine portion: en ce cas, la communauté est nommée mixte, parce qu'elle tient de la *pofitive* et de la *negative:* comme dans un monastère, ou communauté de réligieux, qui tous enfemble posfédent en propre des biens, dont ils peuvent disposer, mais dans laquelle il est laisfé à chaque membre d'en ufer fuivant fes befoins. Ceux, qui font dans une communauté mixte, excluent du domaine du corps tous ceux, qui n'en font point membres; mais par rapport à chacun de ceux qui le font, les chofes font cenfées n'être à perfonne, et par rapport à l'ufage, communes à tous.

§. XVII.

Le domaine comprend un triple droit; la faculté de disposer de la fubftance d'une chofe, celle de disposer de fon ufage, et celle de disposer de fon fruit. La première fe nomme *propriété;* la feconde *droit à l'ufage;* la troifième *droit de jouir;* les deux dernières jointes enfemble s'appellent *droit d'ufufruit,* fi le domaine n'est reftreint par quelque droit qui y foit attaché, il s'appelle *domaine plein,* ou entier; fans quoi on le nomme *moins plein* ou *imparfait,* par exemple, fi quelqu'un a une maifon, qui lui appartienne et dont il peut faire ce qu'il veut, il en a le domaine plein; mais fon domaine n'est qu'imparfait, s'il ne lui est pas permis d'y placer des fénêtres à fon gré, d'en changer une muraille à fa volonté. D'où l'on

voit

voit que les domaines *non pleins* ou imparfaits, peuvent différer d'une infinité de manières, tandis qu'il n'en est qu'un seul, qu'on puisse nommer plein; savoir, lorsqu'on a la faculté de disposer d'une chose sans aucune limitation quelconque.

Celui, qui a la propriété d'une chose, s'appelle *propriétaire:* la chose lui appartenant en propre, quoi qu'un autre en ait l'usage, ou les fruits, il ne cesse pas d'en être appellé le maitre; le droit de propriété étant pris pour la partie la plus estentielle du Domaine; on appelle *fruits,* ce qui vient d'une chose, soit par elle-même, soit par le concours d'une culture: ainsi les veaux sont les fruits des vaches, les bleds sont les fruits de la terre, les poissons sont les fruits des eaux etc.

§. XVIII.

Celui, qui a le Domaine d'une chose, ayant droit d'en disposer à son gré, il est aisé de voir, que, par cela même, il peut permettre à d'autres, les actes qui appartiennent à l'exercice du domaine, et que ceux, qui en obtiennent la permission, ont le droit de les exercer; mais d'un autre côté, il n'est pas moins évident, que celui, à qui cette permission n'est pas donnée, ne peut disposer en rien de ce qui est à autrui, soit par rapport à la substance de la chose, ou à son usage, ou au fruit qu'elle rapporte.

§. XIX.

Quand quelqu'un rétient une chose comme lui appartenant, soit qu'elle lui appartienne réël-

le-

lement, foit qu'il croie, qu'elle est effectivement à lui, foit qu'il veuille feulement la tenir comme telle et que les autres fe l'imaginent, on le nomme *Posfesfeur* : et l'on nomme *posfesfion* l'acte par lequel elle est détenue.

On dit qu'une chose est en notre puisance, lorsque nous avons le pouvoir phyfique d'en difpofer à notre gré; c'est par la *posfesfion* qu'une chofe est mife en notre puisance, ainfi le domaine ne peut s'exercer fans la posfesfion: d'où il fuit, que celui, à qui appartient le domaine d'une chofe, a le droit de la posféder; comme la *posfesfion* défigne la *détention* d'une chofe, que l'on est certain être à foi, ou que l'on veut s'approprier, et qu'on défire, que d'autres régardent comme telle, il est manifeste, que l'on ne posfede pas véritablement; mais qu'on *détient* feulement une chofe, lorsqu'on la détient comme un bien d'autrui, ou comme une chofe qui n'est à perfonne. Si celui, qui la détient, croit, que la chofe est à lui, on l'appelle *posfesfeur de bonne foi*, et l'on l'appelle *posfesfeur de mauvaife foi*, s'il n'ignore pas que la chofe ne lui appartient point; et s'il veut pourtant qu'elle foit regardée comme telle. Le posfesfeur de bonne foi devient donc posfesfeur de mauvaife foi, ausfi tôt qu'il fait, que la chofe qu'il posféde est à autrui; il paroit de plus, que le droit de posféder appartenant à celui à qui appartient le domaine, tout posfesfeur d'une chofe, qu'il fait appartenir à autrui, doit la faire pasfer en la puisance de celui qui en a le domaine: que s'il garde la chofe, foit comme posfesfeur de bonne foi, foit comme posfesfeur de mauvaife foi, il la posféde fans aucun droit,

et

et n'ayant pas celui d'en disposer à son gré, ou de quelque manière que ce soit, tous les actes qu'il fait appartenant à l'exercice du domaine, sont illicites et font un tort fait au maître de la chose; ce tort ne doit pourtant pas être imputé au posfesfeur de bonne foi, vû l'ignorance dans laquelle il se trouve à cet égard.

§. XX.

Par le mot *biens* on désigne communément toutes les chofes prifes en masfe, qui appartiennent à quelqu'un. L'ufage qu'on en fait conformément à fes devoirs, s'appelle *bon ufage*: et par oppofition on nomme *abus* un ufage contraire: aucune de nos actions ne devant être contraire à nos devoirs, il est clair, que celui, à qui une chofe appartient, ne doit pas ufer d'une façon, qui répugne à fes devoirs; l'abus, quel qu'il foit, en est illicite, bien que perfonne n'en fouffre en fes droits et n'ait celui de vous en empécher. Lyfandre a du vin, il en boit trop et s'enivre, il abufe de ce qui lui appartient, il comme une action illicite; mais un autre n'a pas le droit de l'en empécher.

§. XXI.

On nomme *abandon* d'une chofe, lorsque quelqu'un manifeste la volonté de ne plus la tenir comme lui appartenant. Celui, qui abandonne une chofe, cesfe par conféquent d'en être le maitre, et par là cette chofe retombe dans la clasfe des chofes, qui ne font à perfonne: mais tant qu'il n'a pas manifesté la volonté

 de

de ne plus l'avoir, bien qu'il cesfe de la détenir, il en reste le maitre, elle continue de lui appartenir.

Si fans être forcé, ou presfé par quelque devoir, fans nécesfité, fans utilité, on abandonne une chofe, cela fe nomme *la jetter*, en latin, *jaÛam facere*, or comme il n'est pas à préfumer, que quelqu'un de bon fens, ait l'envie de fe défaire de ce qui est à lui; et qu'au contraire chacun est porté naturellement à garder ce qui lui appartient, et à ne pas le faire pasfer à un autre, on voit, que dans les cas douteux, perfonne ne peut être préfumé de jetter ce qui lui appartient.

§. XXII.

La perte de la posfesfion étant uniquement par rapport à celui, à qui elle appartient, une fimple perte de détention, en forte qu'il ne peut peut en exercer le domaine, l'on voit, que cette perte ne prouve pas, qu'il ne veuille plus que la chofe foit à lui: ainfi la perte de la posfesfion n'entraine pas celle du domaine: on conferve celui-ci par la feule intention de le rétenir, et par conféquent on conferve ausfi *le droit de la posfesfion*.

§. XXIII.

S'il est vrai, que chacun peut difpofer à volonté des chofes corporelles, qui font à lui, il ne l'est pas moins, qu'il peut le faire également des chofes incorporelles, qui lui appartiennent: telles que font les droits de chasfe, de
pê-

pêche, et autres: les chofes incorporelles peuvent donc également être en domaine, et lui être foumifes: elles peuvent par conféquent être appellées *nôtres*, ausfi bien que les corporélles, et les mêmes régles, qui ont lieu par rapport à celles ci, en vertu du domaine, doivent s'appliquer à celles-là. Les chofes, qui appartiennent à quelqu'un, confidérées en masfe, fans faire attention à leurs différences, s'appellent en général *biens*. On peut compter parmi nos biens les chofes incorporelles, ou nos droits, et même les chofes qui nous font duës par d'autres, il n'en eft pas de même des chofes d'autrui, qui fe trouvent dans le nombre des nôtres; et fi nous avons des dettes, on n'entend par nos biens, que la masfe de ce qui nous reste, après en avoir déduit nos dettes. La totalité de nos biens fe nomme *patrimoine*: on le nomme grand ou petit, ample ou mince, felon qu'il contient beaucoup ou peu de biens.

§. XXIV.

Étant obligés à perfectionner notre état extérieur, autant qu'il est en nous, et les biens que nous avons appartenant à notre état extérieur, il est évident, que nous fommes obligés de conferver notre patrimoine, et de l'augmenter autant que nous le pouvons, et qu'il nous est défendu par la loi naturelle de le disfiper, de le diminuer mal à-propos, ou de dilapider nos biens. Nous voyons, que celui-là même, qui a un ample patrimoine, ne doit pas rester abfolument dans l'oifiveté. Il reste foumis à l'obligation naturelle, qui impofe à tous les hommes la nécesfité de travailler, et n'accorde à perfonne la liberté d'être fainéant; l'immutabilité de cette obligation le fait encore fentir. De ce que l'abandon et la déprédation de fon bien font contraires à l'obligation de conferver fon patrimoine, il est très fenfible, que ces deux actes ne font point conformes à la loi naturelle.

Voilà, me dit *Maurice*, ce que j'ai pris des Inftitutions du célèbre Profefleur de *Halle*, Mr. WOLFF; je crois l'avoir fuivi très exactement, quoique je me fois permis de le faire dans un ftile moins argumentatif; car je vous avoue Monfieur, que fa marche, à cet égard, me gène un peu, bien que l'ordre, dans lequel il met fes argumens, me paroifle extrèmement choifi: tout découle d'une fource.

L. Vous avez bien fait, mon ami, d'y aller fuivant votre gout. N'importe la manière dont les idées font préfentées, pourvû qu'elles le foyent avec ordre, qu'elles foyent claires, nettes, diftinctes et liées, de façon, qu'elles faffent connoitre les vérités, et que celles-ci s'y manifeftent, fans aucun mélange d'obfcurités, qui font naitre des doutes. Cependant je dois vous avertir, qu'il y a une grande différence à obferver dans la compofition des ouvrages. Ceux, qu'on deftine à l'ufage du vulgaire, doivent être accommodés au gout et à la capacité de la multitude; ceux, qui font deftinés a l'ufage d'une certaine clafle de perfonnes, doivent être compofés de manière à leur donner l'envie de les lire; mais lorsqu'il est question de donner des inftructions à ceux, qui fe vouent aux fciences, d'y former les jeunes gens, furtout, lorsqu'il s'agit de donner des leçons académiques, ou fcholaftiques, alors on ne peut trop rigou-
reu-

reufement s'en tenir à une méthode didactique
et démonftrative, quelque rébutante, ou peu
agréable qu'elle puiſe être, ou paroitre. Mr.
WOLFF a compoſé fes ouvrages, non pas pour
l'utilité du vulgaire, ni pour ceux, qui ne peuvent fupporter une marche rigide, fèche, et fouvent pénible; mais pour ceux, qui fe mettent
aux études, dans le desfein de s'y appliquer formellement; afin d'acquérir des connoiſances,
d'une manière, qu'il puisfent fe promettre de
posſéder une ſcience: voilà le but que Monſieur
WOLFF a eu en compoſant ſes ouvrages, qui,
par la façon dont ils font écrits, déplaiſent ſi fort
à ceux, qui veulent par tout des agrémens propres à flatter leur gout. Voyez maintenant, mon
ami, ſi vous voulez vous ſoumettre, au joug
que vous impoſe la nécesſité d'acquerir ſolide-
ment une ſcience; je crois, qu'en commençant
la Géometrie, la ſècheresſe, vous en a déplû
plus d'une fois, et que maintenant vous vous y
plaiſez beaucoup.

M. Je vous avoue, Monſieur, que cela est
vrai: je ſens la vérité de ce que vous me ré-
montrez, je tâcherai de furmonter l'ennui que
me cauſe la répetition continuelle de *quod, ſi*
ergo — ſi donc, puisque c'est, pourquoi, par
conſéquent, enfin de toutes ces *locutions argu-*
mentatives, auxquelles j'aurois bien envie d'appliquer *le mal né pour les oreilles* de BOILEAU.

L. Conſiderez, mon ami, qu'elles ne font
pas *mal nées* pour l'esprit et le jugement, et
que ſi elles fatiguent un peu l'attention, elles
portent un fruit ſalutaire dans l'Entendement; et
ceci est, ce me ſemble, une compenſation asſez
douce et asſez utile, pour ne pas régretter de

la posséder au prix, auquel on peut l'acquerir. Repassons ce que vous avez couché sur le papier: peut-être cela donnera-t-il lieu à quelques observations, je vois, que vous avez fait usage de celles, que je vous ai communiquées dans notre précédent Entretien; car dans votre §. 1. vous limitez le droit d'usage aux choses nécessaires pour remplir nos devoirs à celui, qu'on peut en faire sans *blesser le droit d'un autre.*

Je vois que vous avez omis dans votre Paragraphe 9e. ce que Mr. WOLFF dit ensuite dans son paragraphe 188, après avoir enseigné, que les hommes doivent travailler à ne pas manquer d'une quantité suffisante des choses nécessaires, utiles, et agréables, soit d'industrie, soit artificielles etc. „ *donc dans la multiplication des* „ *choses d'industrie et artificielles, on ne peut* „ *tant que la communauté primitive subsiste,* „ *se proposer d'autre but que l'usage commun* „ *de tous: et par conséquent, les choses d'in-* „ *dustrie et les choses artificielles doivent être* „ *communes, aussi bien que les choses natu-* „ *relles.*" Vous n'aurez sans-doute pas fait cette omission sans quelque raison.

M. J'en ai eu plus d'une. D'abord j'ai réfléchi, que la communauté primitive se borne au droit *d'user* des choses naturelles, qui se trouvent à notre portée, ou auxquelles nous pouvons nous porter, sauf le droit qu'un autre peut déjà avoir à cet *usage;* et qu'aucun membre de la société humaine n'a le droit de prétendre à *l'usage* des choses, qui doivent leur existence à mon industrie: celles-ci du moins doivent être regardées comme n'ayant jamais été mises en

com-

commun. 2°. je trouve, qu'on ne peut en aucune façon fuppofer, que quelqu'un en travaillant ne fe propofe *d'autre but que l'ufage commun de tous;* cela répugne, ce me femble, à la nature de l'homme, car la pente, qui le porte à fa confervation, à jouir d'une vie commode et agréable, exclut la volonté de travailler pour tous les autres en commun. 3°. Il ne me paroit pas raifonnable, ni conforme à l'état naturel du genre humain, que les uns profitent du labeur, des foins et de l'induftrie de ceux, qui employeroient leurs talens et leurs facultés, à fe procurer de la nourriture, des aifances, des agrémens; il me paroit beaucoup plus naturel d'établir pour principe dans la communauté primitive, que ce que les hommes fe procurent par leur travail, est à eux, tout comme les enfans, auxquels ils donnent la naisfance.

Mr. WOLFF lui-même femble revenir fur fes pas lorsqu'il dit: „ Si quelqu'un cependant s'est „ procuré *pour fon ufage* des chofes d'induftrie „ ou artificielles, un autre ne peut s'en fervir, „ qu'autant que ces chofes ne fe confument pas „ par l'ufage, ou qu'il fe trouveroit, qu'on ne „ s'en fert pas actuellement, ou qu'un autre peut „ s'en fervir en même tems." Car il me femble premièrement, que l'on doit toujours préfumer, que, fi quelqu'un fe procure des chofes d'induftrie ou artificielles, il le fait pour fon ufage: 2°. que celui, qui s'empare de l'ufage de ce qu'un autre s'est procuré à lui-même, il le lui ravit, l'en déftitue, et le met hors d'état de s'en fervir au moment même, qu'il feroit presfé de l'avoir; de ce qu'en ne fe fervant pas actuellement d'une chofe, il ne fe s'enfuit

pas, qu'on ne puiſe en avoir beſoin un moment après: cela arrive continuellement. J'ai un
canif, je ne m'en ſers pas actuellement: quelqu'un le prend pour en faire uſage; un moment
après je ſuis à écrire: je veux tailler ma plume, je ne le peux; mon canif eſt entre les
mains d'un autre. Cela ne répond pas trop, ce
me ſemble, à l'harmonie qui doit règner dans
les actions et la conduite du genre humain, il
me paroit, Monſieur, qu'il feroit beaucoup plus
naturel et plus conforme à l'idée qu'on ſe fait
de l'harmonie et du devoir de concourir mutuellement à ſe perfectionner, à s'aider, à ſe
procurer des aiſances, d'en conclure, que dans
les opérations générales des individus, chacun
travaille proprement pour ſoi, et dans la vuë et
la ferme perſuaſion, que ce qui provient de ſon
induſtrie et de ſon labeur, lui appartient privativement et excluſivement en propre, afin d'en
faire uſage, ſoit pour le préſent, ſoit pour l'a-
venir: et que tout ce que l'on peut ſuppoſer à
cet égard dans la vue que les hommes doivent
ſe propoſer, en faiſant ces acquiſitions d'induſtrie, et artificielles, c'eſt d'y faire participer
ceux, qui pourroient en avoir beſoin, en déſirer l'uſage et le leur démander. Mais on ne peut
pas, ce me ſemble, en conclure, que chacun
eſt obligé de *prêter* à un autre l'uſage des choſes d'induſtrie et artificielles, s'il peut s'en paſſer, et ſans appréhender qu'elles ſoient détério-
rées, et qu'on faſſe dépendre du jugement de
celui, qui démande la choſe, ſi celui, qui la poſſède, doit ou peut la prêter, et à qui il peut la
réfuſer. J'ai dresſé un cheval pour mon uſage;
je ne m'en ſers pas aujourd'hui: un autre, ab-

ſolu-

folument ignorant dans l'art de l'équitation,
a-t'-il le droit de venir prendre mon cheval dans
mon écurie, ou de prétendre que je lui en céde
l'ufage, fous prétexte, que les chofes naturelles,
d'induftrie et artificielles font en communauté?

L. Vos réflexions ne font point mal fondées:
vous voudriez donc faire un petit changement
au pasfage que vous venez de citer, et mettre,
au lieu de ces mots: *un autre ne peut s'en fer-*
vir qu'autant que ces chofes ne fe confument
pas par l'ufage, or un autre ne peut s'en fer-
vir qu'autant que celui qui fe les ait procu-
rées, lui en accorde l'ufage.

M. Oui, Monfieur; car c'est proprement
de la volonté de celui ci, que cela doit dépendre; puisque lui feul peut juger s'il peut fe
pasfer de l'ufage de cette chofe, et s'il lui convient de l'accorder à celui, qui le follicite.

L. Vous avez, fans doute encore fait attention, qu'il ne faut pas feulement que la chofe
ne fe *confume* pas; qu'il faut de plus qu'elle
ne fe *détériore* pas, la même raifon, qui dicte,
que la chofe ne doit pas être *confumée*, veut
qu'elle ne foit pas *détériorée* par celui, qui
en a obtenu l'ufage.

M. J'y ai fait réflexion, Monfieur,

L. C'est apparemment pour la même raifon
que vous avez omis dans votre §. 10., ce qui
fe trouve dans le §. 190. *des inftitutions de*
Mr. WOLFF, en ces mots: „ et même puisque
„ les chofes artificielles font communes ausfi;
„ s'il fe trouve quelque part une maifon inha-
„ bitée, où que plufieurs peuvent habiter à la
„ fois, chacun a droit d'y habiter ausfi long-
„ tems qu'il lui plaira."

M. Oui, Monſieur, en réjettant ſl'opinion de Mr, WOLFF, par rapport à l'uſage commun des choſes d'induſtrie et artificielles, je ne pouvois admettre ce qu'il dit de l'habitation; car en trouvant une maiſon inhabitée dans le moment que j'y viens, il n'en réſulte pas, que ceux qui l'ont conſtruite, ne s'en ſoient réſervé l'habitation, et n'ayent la volonté d'y venir inceſſamment; et qui jugera de la quantité de perſonnes *à laquelle elle ſeroit ſuffiſante pour y démeurer?* Si un homme, ayant famille, a bati une maiſon, l'a partagée en différens appartemens, pour s'y trouver lui et ſa famille plus à ſon aiſe, d'autres auront ils le droit d'en occuper une partie, ſous prétexte qu'elle est asſez ſpatieuſe pour y démeurer tous enſemble? Cela me paroit bien étrange. Et ſi celui, qui a bati cette maiſon, l'a rendue ſi vaste pour pouvoir y récevoir et loger ſes amis, le prémier venu pourra-t-il le fruſtrer de cet agrément, en occupant ce qu'il trouvera, ou ce qu'il croira n'être pas habité? et pourra-t-il également s'approprier un uſage commun de tous les meubles et uſtenciles, qu'il trouvera à ſa bienſéance, en vertu du droit, que lui en donneroit la communauté primitive? Je vous avoue, Monſieur, que ces idées ne m'accomodent pas, et qu'elles contribuent beaucoup à me faire régarder *la communauté primitive*, dont il est ici queſtion, comme une fiction, qui entraine de grandes inconſéquences.

L. Vous n'en jugez point mal; nous pourrons en faire un jour ou l'autre un ſujet particulier de nos Entretiens: je vais continuer maintenant le réſumé que nous avons commencé de ce que vous avez mis ſur le papier,

Je

Je trouve que Mr. WOLFF affirme dans son §. 191. *qu'il n'y a en effet dans la nature de l'homme aucune raison pour laquelle une chose doive être à l'un plutôt qu'à l'autre*: croyez vous que cela soit vrai?

M. J'en doute: et c'est pour cela, que j'ai cru mieux faire d'omettre cette assertion que de l'adopter; mais je n'ai pu me convaincre qu'elle est erronnée.

L. Voyons, mon ami, ce qui en est. D'un côté il est vrai, que vous chercherez en vain dans la nature de l'homme, considérée purement et simplement en elle-même, sans aucun raport à quoi que ce soit, une raison pour laquelle une chose dévroit être plutôt à celui-ci qu'à celui-là; mais d'un autre côté, lorsqu'on considère l'homme dans un état de communauté avec d'autres hommes, il ne faut pas le considérer simplement dans sa nature; mais dans les différentes rélations dans lesquelles il se trouve, par raport à cette communauté. Or, en vous la représentant, vous y trouverez, que les hommes sont dans differentes situations, qui donnent aux uns une rélation plus particulière à l'usage de certaines choses, qu'à d'autres; quand ce ne seroit que la proximité; je me suis fait, par exemple: une habitation dans un endroit, où se trouvent des terres fertiles; cette circonstance contient une raison pour laquelle l'usage de ces terres et la chose même doivent être plutôt à moi qu'à un autre, l'égalité de rélations ne subsiste plus entre les autres et moi, rélativement à cette terre, pour l'usage de laquelle ils ne peuvent entrer en concurrence avec moi. Quelques familles vont s'établir sur les bords d'une

rivière, ou fur les côtes de la mer. Cette fituation les met, rélativement à l'ufage des bords
de la rivière, ou des côtes de la mer, dans
une pofition, qui leur donne préférablement à
tous l'ufage de la pêche, qui peut y être faite.
L'habitation feule fournit une raifon fuffifante
pour adjuger à l'un plutôt qu'à l'autre l'ufage
de certaines contrées. Si des émigrans fe fixent
dans certains endroits, ils ne le font pas pour
eux feuls, mais pour leurs défcendans; et par conféquent il y a une raifon particulière, pour laquelle l'ufage des terres, qui environnent leurs
démeures et les terres même doivent être plutôt
à l'un qu'à l'autre. Des béfoins particuliers peuvent encore contenir une raifon de préférence:
celui, qui a du bétail, a un motif de plus d'occuper des terres propres au pâturage, et celui,
qui s'adonne à la culture, de s'approprier celles,
qui y font le plus convénables. Ainfi le droit à
l'ufage des chofes naturelles n'eft pas égal pour
tous; mais il fe trouve limité par la pofition et
les circonftances, dans lesquelles fe feroient
trouvés ceux, qui ont vécu dans la communauté primitive, fuppofé que cette communauté
ait jamais eu lieu.

Repréfentez vous plufieurs perfonnes asfifes
à table, fur laquelle on a fervi un plat de
bouillon, de légumes, ou d'autres mets, et
dans lequel chacun prend fon manger, comme
on le voit chez les païfans, qui mangent en
famille avec leurs domeftiques et leurs travailleurs; en puifant dans le plat, l'un ne prendra
point ce qui eft plus à la portée d'un autre,
chacun fe portera à ce qui eft le plus près de
lui, et s'il y a quelque chofe, qui convienne

plu-

plutôt à celui-ci qu'à celui-là, soit pour cause
d'indisposition, ou pour tout autre motif, on
la lui offrira. De sorte que la communauté primitive donne bien un droit à l'usage des chofes naturelles de la terre, mais non pas un droit
illimité. Vous avez bien fait d'y ajouter, *sauf le
droit d'un tiers.* En lisant l'histoire, mon ami,
vous pourrez-y trouver nombre d'exemples qui
éclairciront ce que nous venons d'observer. Vous
y verrez des émigrations nombreufes, des hordes
entiéres abandonnant un païs pour aller occuper ailleur des terres déjà occupées, ou encore défertes; ce Païs-ci, à ce que l'histoire ra-
porte, à été primitivement occupé par une peu-
plade venue du côté de la Hesfe. Son établis-
il fement dans ces contrées-ci ne vous fournit il
pas une raifon capable de vous convaincre, que
l'ufage des eaux, des terres, des bois, qui for-
merent le païs, devoit être à elle plutôt qu'à
tout autre, et qu'il devoit conféquemment lui
être laisfé. La raifon en est fi fimple, que vous
trouverez, en lifant l'histoire, que les peuples
fe font toujours récriés contre les invafions;
et que les fauvages même refpectent les propriétés

L'opinion de Mr. WOLFF est d'ailleurs dan-
gereufe: fous prétexte de la *communauté primitive* une nation n'a qu'à fe porter dans des
Païs peu cultivés, ou il reste des terres incul-
tes, s'y établir, fans avoir égard aux droits que
les habitans de ces mêmes terres ont à leur ufage préférablement à elle.

Vous favez les découvertes que les Espagnols et les Portugais ont fait dans les deux
Indes, et les conquêtes qui s'en font fuivies.

 'A la

'A la vérité ils n'ont pas allégué *la communauté primitive* pour justifiér ces envahisſemens,
ils ont pris pour cela l'intérêt de la vraie Reli-
gion. Mais, ſi l'on doit admettre la communauté primitive dans le ſens de Mr. WOLFF, ils
auroient pû ſe dispenſer de récourir à la propagation de la foi: ce motif prouvoit bien,
qu'ils n'en avoient aucun, pour justifier leur
conduite; ils n'auroient eu qu'à s'étayer du prétendu droit de l'uſage commun de toutes les
choſes naturelles, ainſi que de celles d'induſtrie
et artificièlles.

On ſent le foible de l'hipotèſe, que nous
confidérons, par ce que ce ſavant dit dans le §.
ſuivant en ces mots: ,, l'uſage d'une choſe, qui
,, auparavant étoit permis à tous indifféremment,
,, dévient propre à celui; qui, *dans le desſein
,, de ſe ſervir de cette choſe,* la met en ſon
,, pouvoir ou la réduit en tel état qu'il peut
,, s'en ſervir." Or je demande, ſi vous pouvez
vous repréſenter une multitude de gens, qui ne
s'approprient l'uſage de certaines choſes, qu'ils
trouvent à leur bienſéance et dont ils ne s'emparent. Les plus petits enfans en manifestent la
volonté, de façon que le déſir de la propriété, naiſſant avec le genre humain, il n'est pas
poſſible de ſe faire une idée de celui-ci, ſans
y admettre celui d'une propriété d'uſage parce
qu'il est impoſſible de concevoir des hommes,
qui n'ayent pas *le desſein de ſe ſervir de certaines choſes dont ils s'emparent, de les mettre en leur pouvoir, ou de les réduire en tel
état, qu'il puisſent s'en ſervir, et ſe les approprier,* et puisque alors tous les autres doivent reſpecter cette ſaiſie d'un uſage ou d'une

cho-

chofe, il paroit, par ce que ce favant enfeigne
de l'abolition de la communauté primitive, du
domaine et de fes effets, que la communauté
primitive n'auroit eu lieu, que pour en fortir
tout de fuite, et parrant qu'elle ne peut jamais avoir existé; favoir dans le fens que Mr.
WOLFF en traite.

Revenons-y un moment, mon Ami, recapi-
tulons la doctrine de ce celèbre Philofophe, et
voyons fi nous ne trouverons pas dans le fil de
fes argumens une fubreption presqu'imperceptible, qui peut jetter dans l'erreur.

Faifons en l'analyfe. Les hommes, (dit-il)
ont tous également le droit à l'ufage des chofes, qui leur font néceffaires, pour s'acquiter
de leurs devoirs.

Ce droit est par conféquent un droit commun à tous.

Ce droit s'étend à tout ce qui est fur la terre.

Ainfi les hommes ont un droit égal et commun à l'ufage de tout ce qu'il y a fur la terre
et dont l'ufage leur est néceffaire.

Donc chacun peut s'approprier cet ufage.

Vous voyez, mon ami, que l'Auteur deduit
ici d'un droit, pris en général, que tous les
hommes ont également un droit particulier pour
chacun, relativement aux autres. Cela est-il
exact?

Il confidère d'abord les hommes pris enfemble en général et il en fait une application à chacun en particulier, ce raifonnement n'est pas jufte.

Lorsque plufieurs perfonnes ont un droit égal
à l'ufage de certaines chofes, qu'elles ne peuvent l'exercer toutes à la fois; et que l'ufage de
ces chofes ne peut s'en faire que par une feule;

alors

alors chacune d'elles ne peut avoir en son particulier celui d'en faire usage, ou de s'en approprier l'usage parce que ce droit repugne à celui que les autres ont, et les en exclut.

Tous, corps à corps, ont un droit à l'usage qui leur est necessaire d'une chose; mais ils n'en ont pas le droit, dès qu'un autre, qui en a le même droit, l'exerce: l'emploi, qu'un autre en fait, ou le saisissement d'un usage par l'un exclut tout autre de l'usage et du droit à l'usage, tant que celui, qui l'a saisi, le conserve.

Il faudroit donc dire, que tous les hommes ont un égal droit à l'usage des choses, qui leur sont nécessaires et dont l'usage est *vuide*, le mot *vuide* pris ici dans le sens *de non occupé*, non saisi.

Par exemple: une douzaine de personnes ont un droit commun et égal à l'usage d'un fleuve pour y pêcher; mais quoi qu'elles ayent par là le droit à l'usage de la pêche dans tous les endroits du fleuve, elles ne l'ont pas relativement à un endroit, dans lequel une d'elles, ayant le même droit, seroit occupée à pêcher, aussi long-tems que celle-ci fairoit usage de son droit: L'usage de la pêche à cet endroit n'est plus à la disposition de celle, qui auroit intérêt d'y pêcher. Car, quoiqu'il soit vrai, que la Loi Naturelle nous donne droit à tout ce sans quoi nous ne pouvons remplir nos devoirs, ce droit est toujours restreint à la condition, si le droit d'un autre n'y est contraire.

On peut nier, que la proposition: *que tous les hommes ont par la nature un droit égal à l'usage de toutes les choses, sans lesquelles elles ne peuvent s'acquiter de leurs devoirs*, soit universel.

verſellement vraie, dans tous les cas, dans lesquels un homme peut ſe trouver: elle est vraie uniquement dans les cas où l'uſage est à leur dispoſition.

M. Si la Loi Naturelle me donne droit à l'uſage des choſes, ne les met elle pas par cela même, à ma dispoſition: Il me ſemble, que l'un s'enſuit de l'autre.

L. Oui, ſi la Loi Naturelle vous donne droit à vous en particulier à l'uſage d'une choſe, elle met cette choſe à votre dispoſition; mais elle ne fait pas ceci lorsqu'elle donne le droit non pas à vous ſeul, mais en même tems à pluſieurs autres; alors elle ne la met pas à la dispoſition particulière de ceux auxquels elle a donné le droit, mais à tous collectivement.

Tous les hommes ont par la nature droit à l'uſage de toutes choſes, de quelque nature qu'elles ſoyent, dès qu'ils en ont beſoin, ſoit pour leurs néceſſités, ſoit pour leur utilitè, ſoit pour leur agrément, et que l'uſage en est vuide, ou non ſaiſi.

M. Cependant, Monſieur, Monſr. WOLFF n'auroit il pas pu enviſagé la choſe de cette façon·ci. Les hommes conſiderés ſimplement comme tels et ſans aucun engagement les uns envers les autres, ſont dans une parfaite égalité de droits et devoirs: donc leurs droits ſont naturellement égaux, rélativement à tout ce qui exiſte, donc ce qui exiſte leur appartient en commun: donc ils ont tous un égal droit à l'uſage de tout ce qui ſe trouve ſur la terre, et cette contemplation, (abſtraction faite de toutes les relations et de tous les raports, qui ont lieu entre les hommes,) n'a-t'-elle pas dû les porter à prendre l'égalité établie originairement entre les hommes, pour baze des droits et des devoirs reciproques entre eux, qu'il en deduit?

L. Mr. WOLFF a pú non feulement fe ré-préfenter le genre humain fous ce point de vue; mais il paroit bien qu'il l'a fait, et il s'agit de confidérer, s'il n'a pas manqué, en le faifant, le véritable point de vue fous lequel les hommes, ou pour mieux dire, le genre humain doit être envifagé lorsqu'on veut rechercher les droits et les devoirs, que la nature établit entre eux, auxquels elle les asfujettit d'une part, et qu'elle leur accorde d'un autre côté.

Cet illuftre Savant confidère la chofe, comme ni la nature, ni l'hiftoire du genre humain l'y authorifent. Car fa fuppofition ne peut convenir qu'a une multitude fimultanée d'hommes, parvenus tous à la fois à une exiftence dans un même endroit, fans avoir aucune relation entre eux; dès que vous admettez une création fuccesfive d'êtres, vous ne pouvez le faire fans admettre les raports et les rélations, qui naisfent avec eux, et qui tiennent à leur nature.

Remarquez, mon ami, et faites y bien attention, que le raifonnement de ce profond Philofophe pofe fur une hipotéfe: favoir, que le genre humain s'est originairement trouvé dans la fituation, que tous les individus de la multitude qui la compofoit, fe font vûs dans une parfaite égalité, rélativement à tout ce qui exifte: de façon, que l'un n'avoit pas plus de droit à l'ufage de telle ou telle chofe que l'autre. Il a pris cette fituation d'une égalité parfaite pour pouvoir en deduire comment, en s'écartant de cette fituation, les hommes ont pu acquerir des proprié-

tés

tés, des biens en propre, des ufages des chofes exclufifs, ainfi qu'il le fait très bien, en fuivant fon hipotèfe.

On peut éclaircir cette hipotèfe par ce que les tables d'hôtes nous font voir journellement. 'A l'heure du diné, l'hôte fait mettre les mets fur la table, et ceux, qui y font venus, ou y viennent pour manger, s'y mettent. Tous ont un droit égal à tous les mets: ils fe trouvent tous dans le cas de devoir manger; mais chacun d'eux a-t'-il le droit de fe faifir privativement de tel ou tel plat, ou d'enlever à un autre la portion, qu'il auroit prife pour lui? Prenez une table de cinquante couverts, et qu'un de ceux, qui s'y trouve à un bout, voye à un autre bout, un mets, qu'il préfére à tout autre, ou qu'il juge pouvoir lui être falutaire, croyez vous qu'il ait le droit de fe lever et d'aller enlever ce mets?

M. Non, Monfieur, celui qui fe trouveroit à cet autre bout pourroit le lui difputer et le retenir, d'autres pourroient prétendre à une portion. Il en naitroit des conteftations, et l'harmonie feroit bientôt banie de la compagnie.

L. Vous voyez donc, mon ami, que l'hipotèfe de Mr. WOLFF ne convient pas à la nature de l'objet, auquel il l'applique, et que l'égalité qu'il fuppofe, repugne même à la confequence qu'il en tire, attendu qu'un droit égal à une chofe ou à l'ufage d'une chofe exclut celui de fe l'approprier, et n'en affigne qu'une part ou une portion à ceux, qui ont le même droit. L'hipotèfe de ce Philofophe ne convenant donc point à l'objet, auquel il l'applique, elle ne fauroit être admife: toute hipotèfe, imaginée pour expliquer un fujet, doit convenir au fujet auquel

on

on la rapporte. Mr. WOLFF s'est fervi de celle, que nous venons d'examiner, pour indiquer l'origine des propriétés, ainfi que des droits et des devoirs qui en réfultent. Après avoir fuivi fa doctrine, nous verrons, s'il n'y a pas une fource plus naturelle et plus féconde.

Remarquez encore, que pour pouvoir exercer un droit, il faut, que celui qui l'a, puisfe en avoir l'exercice, il faut, que l'exercice en foit posfible, par raport à lui. Ainfi pour asfigner à tous les hommes un droit égal à l'ufage nécesfaire de toutes les chofes, qui font fur la terre, il faudroit que l'exercice leur en fut également posfible. Or l'idée, que vous, qui êtes en Hollande, auriés un droit égal à l'ufage des fruits, qui croisfent aux Indes, avec les habitans des lieux ou ils viennent, ne vous repugne-t'-elle pas?

M. Vraiment oui, Monfieur; je ne vois pas comment je pourrais avoir droit à l'ufage d'une chofe, qu'il n'est pas à ma portée de faifir et qui l'est à celle d'une infinité d'autres.

L. Cela doit vous faire reconnoitre, qu'il y a dans la Nature des raports et des relations, qui excluent cette prétendue égalité naturelle, que Mr. WOLFF prend pour baze d'une égalité de droits. Notre naisfance ne fe fait pas fans nous mettre dans des raports et des relations avec les objets, qui nous entourent, de quelque nature, qu'ils puisfent être. La proximité d'un endroit fait naitre une différence de droit par raport à tel ou tel objet. Celui, qui a un plat devant lui, peut y mettre le premier la main: nous fommes cinquantes: nous avons droit de pasfer par une porte; celui qui en est le plus près, pasfe le premier.

L'é-

L'égalité d'ufage ne s'enfuit pas de la communauté, et partant elle ne peut jamais avoir exifté,
favoir dans le fens que Mr. WOLFF en traite.

M. Mais, Monfieur, permettez-moi de vous
demander, s'il n'est pas un peu minutieux d'entrer dans un fi grand détail de vérités, qui, ce
me femble, doivent être reconnues, dès qu'on
les entend enoncer, et n'est ce pas poufler la
délicatesfe fur nos certitudes un peu trop loin
de s'aftreindre à les demontrer fi méthodique-
ment que le fait ce celebre Philofophe Allemand
dans celles, que j'ai prifes de lui? Il me femble, qu'il auroit pu fe pafer de prendre cette
peine et s'en tenir à un fimple énoncé. Il ne
me paroit pas que fes démonftrations foyent d'u-
ne grande utilité, et même à ne rien vous dis-
fimuler et à vois dire naivement ce que j'ai fur
le coeur, je ne vois rien d'utile dans toutes
les propofitions qu'il a expofées ici avec tant de
detours: car enfin, que m'importe, fi dans la
communauté primitive, en cas qu'elle ait réëllement exifté, chacun avoit un droit égal à toutes
les chofes naturelles qui fe trouvent fur la terre, à celles d'induftrie et artificielles même, et
tout ce que Mr. WOLFF deduit de cette affer-
tion? Ne fuffit-il pas que je fache, qu'il y a
des *biens communs* des *biens propres* et faut il,
que j'apprenne par demonftrations, que je puis
difpofer, de ce qui est à moi. Le bon fens
nous l'apprend: perfonne n'en doute: ce font
autant d'axiomes de Morale, et les axiomes ne
fe demontrent pas.

L. J'ai déjà repondu à une bonne partie de
ces réflexions dans un de nos Entretiens précédens, et je vous fatisferai pleinement dans la
pre*

premiere converſation que nous aurons enſemble. En attendant vous pouvez y méditer un
peu.

VINGTIEME ENTRETIEN.

Sur la méthode d'enſeigner, employée par
Mr. WOLFF.

L. Nous nous ſommes déjà beaucoup entretenu de la méthode de traiter les ſciences & de
les enſeigner, en particulier de celle que l'on
nomme ſcientifique ou démonſtrative et que Mr.
WOLFF à introduite dans l'étude des ſciences
morales et communement appellées Métàphyſi-
ques. Il ne ſera pas neceſſaire de vous rappeller tout ce que nous en avons dit, et de vous
faire resſouvenir de la comparaiſon que j'ai faite de l'étude de la Morale à celle de la Géométrie pour vous convaincre, que ce que l'on
trouve de minutieux dans la méthode de Mr.
WOLFF, ne l'eſt pas plus, que ne le font les
premieres propoſitions du premier livre d'Euclide. En commençant à apprendre l'Arithme-
tique, on vous à fait connoitre les chiffres, à
les nombrer, à dire qu'un et un font deux. Vous
avez appris à multiplier, à ſouſtraire, à diviſer,
avant de faire des calculs.

Tout cela, mon ami, étoit autant de prépa-
ratifs, dont vous avez réconnu l'utilité à meſure

re que vous vous êtes formé au calcul. Il en est de même des propofitions, ou dès vérités que Mr. WOLFF enfeigne dans le commencement de fon livre intitulé: *du Droit de la Nature et des Gens*, remplisfant huit gros volumes in quarto, et dont l'abregé, d'où vous avez tiré quelques paragraphes, est proprement le precis ou la quintesfence.

Pasfant graduellement des propofitions qui font les plus fimples, et que vous taxez de minutieufes, à celles, qui font plus compliquées; n'en voulant point admettre fans les avoir prouvées, afin de ne pas s'écarter de l'ordre rigide, qu'il s'étoit fait une Loi d'obferver, il a dû et n'à pu s'empêcher de donner les démonftrations, que fuivant vous il auroit pu et dû omettre.

Vous verrez, mon ami, fi nous continuons de nous entretenir fur les objets dont nous parlons maintenant, que ce qui à cet heure vous paroit minutieux et inutile, ne l'est pas, mais au contraire très necesfaire.

Rémarquez encore, que dans le Chapitre que vous avez extrait, l'auteur n'à eû d'autre but, que de *faire connoître* ce que l'on nomme, ou ce que l'on doit entendre par *communauté primitive*, ainfi que les dévoirs et les droits, qui en réfultent. A-t'-il répondu à ce but par raport à vous? Savez vous ce que l'on défigne par *communauté primitive*, et qu'els font les droits et les dévoirs qu'elle fait naitre parmi les hommes.

M. Asfurément, Monfieur, j'en ai acquis une connoisfance, que je n'avois pas, et il est vrai, que je n'en aurois pas fait le dévélopement que j'en ai couché fur le papier, fi je n'avois pas eû Mr. WOLFF pour guide.

Je

Je conviens encore, que malgré les endroits,
dans lesquels je n'ai pu gouter les idées de ce
grand Philofophe, j'ai trouvé dans le reste toute la conviction que je pouvois défirer.

L. C'est là, mon ami, le grand article et
vous verrez en continuant cette marche, comment la conviction des vérités élementaires, que
vous avez acquife, faira naître par leur dévélopement et leur application, celle des vérités
dont elles font les fourçes.

Pour vous mettre en état d'apprécier au jufte
la raifon, pour laquelle vous trouvez dans cet
abregé des détails, qui vous paroiffent minutieux, je dois encore vous inftruire du motif
qui y a porté ce Philofophe.

Convaincu, tant par fes méditations, que par
expérience, que rien ne nuit plus à la récherche de la vérité, ainfi qu'aux progrès des fciences et à la certitude qu'on défire d'y trouver,
que les fens equivoques des mots, qu'on y employe, et réfléchisfant d'ailleurs, que l'ufage des
mots d'une fignification vague et non déterminée donne fans cesfe lieu, même dans la vie
privée, à des mal entendus, à des méprifes, à
des conteftations fans fin, il s'est impofé la loi
de définir exactement tous les mots, qu'il fe
verroit obligé d'employer; et en cela il a évité
la cenfure, que vous avez faite du défaut, que
vous avez trouvé à cet égard dans le Traité de
CICÉRON des *Offices.*

Il a fait ce que CICÉRON a recommandé
de faire et qu'il à manqué de faire; WOLFF dit,
qu'il entend par le mot *officium*, que nous nommons en Français *devoir, une action déterminée fuivant la Loi autant qu'on est obligé de*
la

la déterminer ainſi, c'est-à-dire, lorsqu'il y a une Loi, qui nous ordonne de mettre une lànterne à nôtre porte lorsqu'il fait nuit, l'action par laquelle on y met cette Lanterne est appellée un devoir et on dit, que celui, qui fait cette action en *vertu de la loi*, a rempli ſon devoir.

WOLFF définit par la même raiſon ce qu'il veut qu'on entende dans ſes enſeignemens par *uſage*, *abuſer*, *une action bonne*, *mauvaiſe*, *licite*, et mille autres, qu'on croiroit peu néceſfaires et qu'on ſuppoſe, que tout le monde entende, de façon, qu'on conſidere comme ridicule le ſoin d'en donner une définition.

En ceci il ſuit la méthode des Géométres. Vous ſavez, que ceux-çi n'oublient jamais de donner les définitions des mots, par lesquels ils deſignent des objets, dont ils vont traiter, afin qu'on ne ſe méprenne pas ſur le ſens, dans lequel, ils le conſidèrent, ou l'employent, quoique le ſens en puiſſe être généralement réconnu.

Pour ſentir évidemment le tort qu'on a fait à ce grand Philoſophe en le blamant d'avoir imité les Géométres ſur ce point, vous n'avez qu'à faire attention à ce qui ſe paſſe journellement ſous vos yeux. Vous y verrez naitre des diſputes et des conteſtations continuelles, occaſionées par des *mal entendu*s, auxquels le ſens indéterminé des mots à donné lieu.

En mille occaſions vous entendrez dire: vous *n'y penſez pas, vous ne voulez pas entendre raiſon, vous abuſez de m'a confiance, vous ne me rendez pas juſtice; je vous parle franchement;* et mille expreſſions de ce genre. On les entend, on leur donne un ſens: mais ce

Tom. I.   Z   ſens

sens est vague et laisse dans l'application, toujours lieu à des contestations, sur tout lorsqu'on a des différens à des tribunaux. J'ai travaillé en un procès dans lequel un associé de commerce, ayant pretendu l'accès au comptoir et la vision des livres et papiers, qui y étoient relatifs, en avoit été privé pendant deux ans & au delà; sa partie adverse soutenant qu'elle ne refusoit pas de la lui donner, mais ne l'accordant que de maniére, que son associé ne pouvoit en faire l'usage necessaire.

Il a fallu composer et remettre aux juges un memoire assez étendu pour les instruire de ce que l'on entend en jurisprudence par l'expression d'avoir *accès et vision.*

Ces sortes de cas arrivent journellement et vous ne sauriez imaginer à combien de meprises et d'erreurs et même d'injustices, l'incertitude des termes et du sens des mots employés, expose les tribunaux les plus respectables : souvent on y confond le *meurtre* avec *l'homicide :* le *rapt* avec *l'enlevement :* combien de fois ne prend on pas dans la vie commune *l'hipocrisie* pour *piété :* et qu'entend on, aujourd'hui par les mots de *liberté* et *d'égalité* ? Vous savez mon ami avec quelle véhémence les savans se sont souvent disputés sur certains points de science, et qu'après s'être beaucoup échauffés, donné beaucoup de tems à leurs contestations et y avoir, mis bien de l'aigreur et de l'indécence ont été obligés de reconnoitre, que leur contestation n'avoit été qu'une dispute de mots, une pure logomachie, c'est-à-dire une dispute sur des propofitions enoncées par des mots, auxquels de part et d'autre on n'attache pas la même signi-

ni-

nification. Ce n'est bien souvent qu'après avoir disputé, qu'on s'apercoit de cette meprife et qu'on revient à *l'entendons nous*, c'est-à-dire à l'explication du fens des mots, par lesquels la propofition, qui a fait l'objet de la dispute a été enoncée.

Pour peu que vous y fasfiez attention, vous trouverez certainement, que Mr. WOLFF, s'étant determiné à donner des Inftitutions *démon-ftratives* et *convaincantes*, n'a pas pu eviter de fe foumettre à la loi, qui lui impofoit la necesfité de définir le fens des mots, qui l'exigeoient. Au reste, mon ami, je crois ne pouvoir mieux faire pour vous éclaircir les doutes, qui pourroient vous rester encore fur ce fujet, que de lire avec vous la préface, que l'auteur a mife à la tête de cet abregé.

En la lifant avec lui, je l'arrêtai particulièrement aux pasfages fuivans, qui, à mon avis, coupent court à toutes les cenfures faites de la méthode, que ce grand maitre en Philofophie a cru devoir préférer à toute autre.

„ Après avoir achevé l'ouvrage important du
„ Droit de la Nature et des Gens (dit il) j'ai
„ rasfemblé en un abregé, pour être utile à un
„ plus grand nombre de perfonnes, ce que j'a-
„ vois traité au long dans cet autre ouvrage et
„ je le publie aujourd'hui fous *le titre d'infli-*
„ *tutions du Droit de la Nature et des Gens.*
„ Je dois rendre compte de cette entreprife.

„ Aimant, pour ainfi dire, naturellement la
„ vérité et, comme je l'ai dit fouvent, ne m'é-
„ tant appliqué à l'etude des matématiques,
„ que pour connoitre à fonds la caufe de cette
„ grande certitude, qu'on trouve dans la géo-

mé-

„ métrie, je n'ai rien eu plus à cœur, après
„ l'avoir connue, que de mettre la vérité dans
„ un plein jour et de ne l'embrasser que par
„ une pleine conviction. C'est dans la même
„ disposition, que je me suis mis à étudier le
„ droit, et j'ai trouvé, que la source de tout
„ droit est dans la nature humaine.

„ Les anciens l'avoient dit depuis longtems et
„ les modernes l'avoient répeté aprés eux, mais
„ sans le demontrer et je m'en suis parfaite-
„ ment convaincu. Par là non seulement j'ai vu,
„ comment nous sommes obligés par la nature
„ même à faire ou à ne pas faire certaines actions,
„ mais j'ai connu aussi toute l'étendue du droit
„ Naturel, par laquelle il embrasse toutes les
„ actions humaines qu'elles qu'elles soyent; et j'ai
„ compris enfin comment les droits positifs doi-
„ vent se tirer du droit Naturel, pour qu'a l'abri
„ de toute censure de la part du tribunal de la
„ raison, ils n'ayent point à craindre qu'elle les
„ condamne.

„ Il suit naturellement delà, qu'il y a une vé-
„ rité dans tout droit positif comme dans le
„ droit naturel; qu'il est susceptible de demon-
„ stration et qu'on peut discerner surement et
„ exactement ce qui n'est pas. En effet, com-
„ me le droit naturel dirige la volonté de tous
„ les hommes dans chacune de leurs actions, il
„ doit diriger aussi la volonté du legislateur,
„ dont la liberté naturelle, non plus que celle
„ de chaque homme n'anéantit point l'obliga-
„ tion. Tout cela ne pouvoit donc être mis
„ dans un plein jour qu'en suivant les traces
„ d'Euclide, rigide observateur des loix d'une
„ saine logique, c'est-a-dire en expliquant cha-
„ que

„ que terme par une definition exacte, en dé-
„ terminant fuffifamment le fens de chaque pro-
„ pofition, et en rangeant foit les definitions de
„ façon que les précedentes fisfent pleinement
„ entendre les fuivantes, foit les propofitions
„ de façon que la verité de chacune parut par
„ celles qui les précédent.

„ Pour parvenir à ce but j'ai entrepris de de-
„ montrer le Droit de la Nature et des Gens dans
„ un grand ouvrage, que j'ai achevé depuis peu,
„ et je ne doute point, fans pretendre en tirer
„ vanité, que je n'aye repandu du jour fur toute
„ la jurisprudence, et qu'on ne comprenne enfin
„ ce qu'avoit dit élégamment CICÉRON, qu'il
„ faut puifer la fcience du droit non dans les
„ loix des douze tables et dans les édits des
„ Préteurs, mais dans la Philofophie. Car non
„ feulement il regne un parfait accord entre les
„ loix naturelles, etendues à tous les droits tant
„ privés que publics, et des gens; mais encore,
„ fi l'on mefure les loix pofitives, dans les cho-
„ fes ou elles s'écartent des loix naturelles, fur
„ la regle de celles-ci, fuivant la théorie natu-
„ relle des loix civiles, ou pofitives, partie im-
„ portante du droit Naturel, quoique negligée
„ jusqu'ici, on verra naitre un concert admira-
„ ble entre la jurisprudence naturelle, et civi-
„ le, ou tout fe correspond et s'accorde.

„ Ceux, qui étudient la jurisprudence igno-
„ rent la plupart la méthode, qui feule con-
„ duit à la fcience proprement dite, et ne voyent
„ point toute l'etendue du Droit Naturel. Ainfi
„ notre grand ouvrage ne paroit pas accommodé
„ à leur gout, beaucoup moins eft il à la portée
„ des commencans, pour qui la prolixité même

Z 3

„ eft

„ eſt un obſtacle. C'eſt pourquoi me trou-
„ vant chargé d'enſeigner le Droit de la Nature
„ et des Gens, j'ai dû travailler à conduire à
„ une ſcience ſolide et certaine du droit la jeu-
„ neſſe avide de la connoiſſance des loix, et
„ frayer aux prêtres de Themis un chemin uni
„ vers le ſanctuaire de la juſtice, pour qu'ils
„ ceſſent de trouver trop long le chemin que j'ai
„ ſuivi dans l'ouvrage de la Nature et des Gens.

„ Pour cela j'ai renfermé dans ces inſtitutions
„ toutes les définitions et les propoſitions con-
„ tenues dans mon grand ouvrage, à la réſerve
„ d'un petit nombre aiſées à entendre, au moyen
„ de celles, que j'ai retenues, et j'ai taché ainſi
„ de ne rien omettre de ce qui appartient au
„ droit privé, public, univerſel et des gens.
„ Outre cela, j'ai eu grand ſoin, ce qui étoit
„ eſſentiel, qu'on put voir les raiſons ſuffiſan-
„ tes de chaque propoſition, et de ne rien ſup-
„ poſer dans les définitions, qui put laiſſer en-
„ core quelqu'obſcurité dans l'eſprit, et empê-
„ cher, qu'on ne les comprit parfaitement. Pour
„ cela j'ai arrangé toutes choſes de façon, que
„ les ſuivantes fuſſent liées avec les précéden-
„ tes, et que celles-çi repandiſſent ſur celles
„ là un jour non interrompu.

„ Je n'ai pu, à la verité, developper les rai-
„ ſons autant que l'exige la rigueur de la de-
„ monſtration, et donner, comme je l'ai fait
„ dans mon grand ouvrage, des demonſtrations
„ complètes.

„ Le but, que je me propoſe à preſent, ne
„ me le permettoit pas. Cela n'empêche pas
„ cependant, qu'on ne trouve les vraies raiſons
„ de chaque choſe, pleinement ſuffiſantes pour

„ ceux

„ ceux dont les yeux ne pourroient pas encore
„ souffrir une vive clarté; car tout le monde ne
„ peut pas et personne ne peut d'abord con-
„ templer le soleil même avec des yeux d'aigle,
„ mais tous dans les commencemens sont éblouis
„ dans un grand jour, et s'y trouvent comme
„ dans les ténèbres.

„ Mais la lumière de l'esprit venant à s'ac-
„ croitre successivement, il arrive, par la ma-
„ nière dont les hommes sont faits, que ceux,
„ qui croient être dans la plus grande lumière,
„ en souhaitent une plus grande encore, et qu'ils
„ désirent avidement ce qui les rebutoit aupara-
„ vant, ne pouvant plus se contenter, que de dé-
„ monstrations à la manière d'Euclide. On s'as-
„ surera ainsi enfin completement, que quelque
„ volumineux que soit notre grand ouvrage sur
„ le Droit de la Nature & des Gens, nous n'y
„ avons point cherché des détours inutiles, et
„ que nous ne pouvions aller au but par un
„ chemin plus court."

Eh bien, dis-je à mon disciple, après avoir
un peu raisonné sur le contenu de cette préface, que dites-vous des motifs, qui ont engagé
Monsr. WOLFF à écrire et à enseigner comme
il l'a fait. Trouvez-vous encore, que les minu-
ties, qu'il a cru et qu'il s'est fait un devoir d'employer et de ne pas omettre dans son ouvrage, y
soyent deplacées, et y forment un hors d'oeuvre.

J'en demande pardon, me répondit mon disciple, à Monsr. WOLFF. Je conçois le mérite
de son travail, et l'ineptie de ma censure: je
m'aperçois, que je n'avois pas consideré et encore moins pénétré toutes les raisons, qui ont
pu et qui ont dû engager ce Philosophe, à don-

ner

ner à ſes méditations la forme dans laquelle il les a miſes au jour. J'ai péché par précipitation. Je le ſens.

Vous n'êtes pas le ſeul, lui dis-je, qui en commettez la faute. La plûpart des cenſeurs et des critiques ont ce défaut. Ils jugent d'une production littéraire, non pas ſur le but qu'un auteur s'est propoſé en la compoſant et en la publiant, ni ſur le contenu qu'elle renferme; mais ſur le but qu'ils ſuppoſent, que l'auteur, ſuivant leurs idées, a eu ou dû avoir, en s'y livrant; et ſur ce qu'eux jugent qu'ils devroient y trouver.

Au reste, mon ami, lui dis-je, puisque vous vous apercevez que vous avez péché par précipitation, gardez-vous de contracter ce défaut.

VINGT-ET UNIEME ENTRETIEN.

Sur la véritable origine des propriétés et des droits qui en réſultent.

Mon Elève, ayant pris des notions ſuffiſantes de ce que l'on nomme *Communauté primitive*, je cru devoir lui en faire prendre de ce que les Savans enſeignent, touchant les *propriétés*; par lesquelles on entend toutes les choſes, qui ſont pour ainſi dire ſorties de la Communauté, ne plus appartenir au genre humain en commun, mais être dévolues et n'appartènir

en

en propre qu'à des individus, exclufivement de tout autre. On voit par-là que l'origine des propriétés ne peut fe trouver, que dans la manière dont les *chofes en commun*, (fuppofé la réalité de la Communauté primitive,) ont pu devenir *chofes en propre*, et qu'en traitant de l'origine des propriétés on ne peut fe dispenfer de revenir de tems en tems à des éclaircisfemens fur ce qui a trait à la communauté primitive.

Voici comment je m'en entretins avec mon Elève.

Nous nous fommes occupés dans un de nos précédens Entretiens de l'idée d'une communauté primitive, et des droits qui en découlent, fuivant la marche que Mr. WOLFF a tenue dans le dévelopement, qu'il en fait. Vous y avez fait différentes réflexions, qui m'ont paru très fenfées, et vous m'avez paru douter, qu'une communauté telle, que ce Philofophe l'a réprefentée, ait jamais eu lieu.

J'en doute non feulement, mais je crois être fondé à la rejetter comme purement imaginaire, et admife dans l'étude du Droit Naturel fans fondement, fans utilité, et encore plus fans nécesfité. Cela me paroit non feulement ainfi, mais je fuis convaincu, que pour éviter les écarts, auxquels on ne peut manquer d'être fujet, dès qu'on fe livre aux objets, que l'imagination produit, il faut confulter ce que la nature nous préfente et offre à notre contemplation. C'eft le monde, qui dans fa compofition et les êtres, qui le remplisfent, qui peut feul nous inftruire de ce que notre état primitif et naturel exige de nous.

Si nous faifons attention à notre état, à nos défirs, et à notre pente naturelle à nous confer-

Z 5

ver,

ver, il n'y a rien de plus fimple, que l'origine de la propriété. Car nous n'avons qu'à confulter notre nature, la nécesfité de nous procurer des alimens et des vêtemens, ce que les autres befoins de la vie exigent, pour nous appercevoir tout de fuite, que chacun doit avoir quelque chofe à lui feul appartenant.

La terre ne nous fournit point des alimens fans qu'elle ait été cultivée; ce n'eft qu'aprés avoir été labourée, enfemencée, qu'elle nous permet d'en recueillir les fruits. La culture des terres demande des foins continuels, des travaux asfidus, une induftrie foutenue: et par conféquent, une continuité d'attention, de follicitude et d'occupation de la part du cultivateur. Delà il réfulte évidemment ce me femble, qu'une terre cultivée doit appartenir en propre à celui, qui le premier y a mis la main pour la cultiver, et que tous les autres doivent lui en laisfer la pleine jouisfance. S'il n'en étoit point ainfi, l'harmonie, qui doit fe trouver et fe conferver dans la masfe du genre humain, bien loin de pouvoir fe maintenir, feroit continuellement troublée. Il en eft de même de tous les autres objets, qui peuvent fervir à notre fubfiftance et à notre confervation. Nous devons avoir des habits, qui nous appartiennent exclufivement, le gibier, que la chasfe nous procure, le poisfon que nous prenons à la pêche, les beftiaux que nous élèvons dans les pâturages mêmes, doivent appartenir originairement ou primitivement à celui ou à ceux, qui les premiers y ont donné leurs foins, leurs peines et leurs travaux.

Si cet ordre étoit interverti, fi chacun des individus de l'espèce humaine pouvoit à fon gré

en.

enlever à un autre les fruits de fon labeur, de fon activité, de fa prévoyance, ce feroit à la place de l'harmonie, qui doit regner entre eux, établir précifement l'état de guerre, que l'ingénieux HOBBES lui fuppofe.

Les hommes doivent donc, même dans l'état de nature, avoir chacun des chofes qui leur appartiennent en propriété: ils y font d'autant plus néceffités, qu'ils ne les trouvent pas toujours au moment ou leurs défirs et leurs befoins les demandent: ils font également obligés et de travailler d'avance à les acquerir, à fe les procurer, et à fe donner enfuite des foins pour les conferver, afin de ne pas fe trouver au depourvû, lorfque la néceffité de pourvoir à leur fubfiftance et à leur confervation l'exigera.

Ce peu de réflexions fuffit, à ce qu'il me paroit, pour nous asfurer, que dès les premiers tems, ou la race humaine a commencé de peupler le monde, ceux, qui en ont été les premiers habitans, s'y font appropriés ce qu'ils trouvoient à leur convenance, et qu'ils fe font faits par la des *propriétés*, fur tout de certains terroirs; de manière, que la terre n'a jamais été en communauté à tous les hommes à la fois, qu'autant que les uns ou les autres ne s'étoient point mis en posfeffion de quelqu'une de fes parties. Il est clair d'ailleurs, que tout ce qui n'avoit point de posfesfeur pouvoit être pris en posfeffion par quiconque le trouvoit à fa convenance: et que celui-ci pouvant l'abandonner enfuite, ce délaisfement faifoit retomber cette portion de terre dans l'état, ou elle fe trouvoit avant qu'elle fut occupée.

Je crois, mon ami, que le point de vue fous
le-

quel je viens de vous répréfenter l'origine ou la naisfance des propriétés parmi les hommes, est fi clair, quoique très fimple, qu'il fuffit pour ne pas douter que ce ne foit le véritable. Cependant il ne fera pas inutile de confiderer cet objet de nos méditations fous les différens points de vue, fous lesquels il fe préfente, ou peut être envifagé.

Portons nos régards et nos réflexions fur la diverfité des êtres animés, dont l'exiftence excite notre admiration et dont les mouvemens particuliers font fufceptibles de profondes méditations. Vous voyez des moutons qui paisfent, des vaches qui broutent l'herbe; des oifeaux qui volent dans l'air; des poisfons, qui nagent dans l'eau; des reptiles qui fe meuvent fous terre: Voilà, mon ami, une véritable image d'une communauté primitive.

Ces différens animaux fe transportent d'un endroit à l'autre, et y cherchent leur nourriture, conduits et ftimulés par une fimple inftigation de leur nature, qui les fait aller ça et là. Vous ne direz pas que l'ufage de toute la terre leur a été asfigné en commun; attendu que le pouvoir d'en jouir ne leur a point été accordé: Il ne vous reste d'autre conclufion à tirer de ce que nous vöyons, fi ce n'est, que l'ufage de la terre n'a été donné en commun aux animaux, qu'autant que leur différente nature leur laisfe le moyen d'en jouir.

M. Ne pourroit on pas cependant attribuer aux oifeaux une communauté primitive, par raport à l'ufage de toutes les chofes, qui fe trouvent fur la terre et de l'air, qui l'entoure, parce que le pouvoir de voler les met en état de ſe transporter aux quatre coins du monde: on pourroit encore, ce me ſemble, conſiderer les animaux ſauvages comme vivant dans une pareille communauté, parce qu'ils ne ſe fixent pas régulièrement en certains endroits

L. On pourroit, mon ami, faire ces ſortes de ſuppoſitions, mais elles pécheront toutes par un défaut aſſez commun, ſavoir de juger après ce qui frappe le plus, ſans connoître et plus encore ſans combiner tout ce qui doit être ſu, connu et pris en conſidération pour ſe trouver en état de faire quelque ſuppoſition ou de paſſer à quelque concluſion.

En réfléchiſſant un peu plus murement, abandonnant toutes les ſpéculations individuelles pour nous abandonner à une contemplation générale, nous ne pourrons réſiſter à la conviction, que dans l'immenſe variété des êtres animés, qui ſe trouvent ſur la terre, l'auteur de leur exiſtence leur a donné une pente naturelle à ſe conſerver, et à s'approprier ce dont ils ont beſoin pour cette fin ; que c'est par cette raiſon, que les animaux ſont doués d'une faculté, que l'on nomme inſtinct, et qui les porte différemment à l'uſage des choſes, qui leur ſont néceſſaires ſuivant leur différente nature, et non pas uniquement pour un beſoin préſent, mais pour des futurs. La fourmi fait, vous le ſavez, proviſion dans l'été pour ne pas manquer de ſubſiſtance en hyver. Vous voyez des oiſeaux faire des nids pour y mettre leurs oeufs. Les abeilles vont faire leur recolte et rempliſſent de miel leurs ruches. Les araignées filent leurs attrapes pour y prendre des mouches ; et chaque animal juſques aux Polypes, qui ſe préſentent à nos yeux ſous la

figu-

figure d'une fleur, est muni de quelque don, qui le met en état de pouvoir se saisir de ce que sa subsistance exige.

Il est des animaux qui se font des habitations comme les éléphans; enfin, mon ami, ce spectacle de la nature est si diversifié, qu'on se perd dans l'immensité des différences, qui frappent nos sens et élèvent notre intelligence à une vive contemplation de la sagesse et de la puissance, auxquelles ces merveilles, et l'harmonie, qui s'y fait remarquer, doivent être attribuées.

Le principal objet, qui doit y attirer notre attention relativement au sujet, dont nous nous entretenons maintenant, c'est que nous nous apercevons, que parmi ces êtres animés, il en est, qui indiquent les caractères les plus expressifs d'une prévoyance et d'un desir de posséder certaines choses en propre, de n'en garder l'usage que pour soi, et d'en exclure toute communauté quelconque. Ne voit on pas des animaux entrer dans une espèce de fureur, lorsqu'ils en voyent d'autres approcher de l'endroit, qu'ils ont choisi pour leur retraite, ou pour y deposer leurs petits.

Ne voit on pas les chiens aboyer, dès que des étrangers viennent à l'endroit, auquel ils sont affectés.

Les gîtes, les nids et les retraites, que les animaux se font et se preparent ne laisent aucun doute sur cette disposition de la nature, qui incite même des animaux à se procurer des choses en propre. Cette disposition générale de la nature, qui incite même des animaux à se procurer des choses en propre, nous auhorise à en inferer, que la Providence en ayant ainsi disposé par raport

port

port aux différens animaux, fuivant leurs différens caractères, elle a egalement mis dans la
nature humaine le défir d'avoir des propriétés;
qui est d'une égale force que celui de fe conferver.

M. Mais Monfieur, fi la nature de l'homme
et les befoins qui font attachés à fa condition,
à fon exiftence et à fa confervation lui impofent
des devoirs, et lui donnent des droits, ne peut
on pas en dire tout autant des animaux, jusques aux reptiles et les plus petits êtres animés?
Il feroit abfurde de croire, que toute la terre à
été donnée en commun à tous les êtres vivans
qui la remplisfent, pour y chercher et trouver
leur fubfiftance et y conferver leur efpèce, chacun fuivant fa nature, et que les moineaux, par
exemple, ont droit de fe jetter fur les cerifes;
les hirondelles fur les grains enfemencés; les
liévres fur le potager; les loups fur les brebis
et ainfi des autres animaux, parmis lesquels on
en voit, qui manifeftent une industrie fuperieure
à celle, que nous trouvons dans les hommes les
plus intelligens. Il me femble; que c'est aux
animaux qu'on peut appliquer ce même droit à
l'ufage de toutes les chofes qui fe trouvent fur
la terre dont Mr. WOLFF fait la bafe de la communauté primitive, et qu'en l'adoptant pour le
genre humain, il faudroit auffi l'adopter pour
tous les animaux; de façon qu'il faudroit admettre une communauté primitive entre les animaux
ausfi bien qu'entre les hommes; et même une
communauté entre les hommes et les animaux,
ceux-ci ayant un droit égal à celui qu'on attribue à ceux là. Ausfi voyons nous cette communauté primitive exercée par les animaux, qui

s'ap.

s'approprient l'ufage des chofes de la terre fuivant que leur inftinct les y porte pour fe conferver et pourvoir à leurs befoins? Mais pourroit on bien dire et ne feroit il pas un peu extraordinaire de nommer cette commune participation à l'ufage des chofes de la terre une communauté, et de dire, que les animaux font à cet egard en communauté?

Je conçois, que la terre a été donnée en commun à tous les êtres vivans qui y font produits, comme une table dresfée et remplie de mets aux perfonnes auxquelles elles font deftinées; non pas à ces perfonnes en corps, mais à chacune d'elle en particulier en forte qu'elle ne fait pas un bien commun pour tous; mais un bien auquel chacun participe pour autant que fon appetit l'y incite.

Il me paroit, Monfieur, que le mot communauté n'indique pas cela, et qu'il donne l'idée de quelque lien, qui unit les perfonnes auxquelles on attribue une communauté.

Je ne fçai fi je m'explique bien: Je n'y vois pas trop clair: ayez la bonté d'y apporter une petite lumiere.

L. L'on pourroit attribuer aux oifeaux une communauté primitive de toute la terre, de l'air dont elle eft entourée, des eaux, qui y coulent, parceque le pouvoir de voler les mettent en état de fe porter aux quatre coins du monde; mais par raport aux hommes, qui naisfent dans des relations, dont ils refultent des droits à exercer et des devoirs à remplir envers ceux de leur espèce, il paroit un peu incongru de leur attribuer une communauté, dont ils ne peuvent jamais avoir une jouisfance commune,

com-

comme des beſtiaux, qui broutent un certain champ ou pré *La communauté primitive* étendue à l'uſage néceſſaire de tout ce qui eſt ſur la terre ou plutôt à l'uſage, que chacun juge lui être néceſſaire pour remplir les devoirs, qu'il ſe doit à lui même, pourroit, comme vous voyez, s'appliquer aux bêtes ſauvages, qui ſe portent par tout où la faim les fait chercher de la nourriture, ne s'arretant que là, où ils trouvent une reſiſtance, ce qui les force de changer de route. Les hommes ſauvages ont leurs propriétés et les reſpectent en d'autres. L'idée de propriété leur fait juger, que des nations, qui viennent viſiter leurs contrées n'ont pas le droit de s'y fixer, de leur enlever la poſſeſſion.

Voilà, mon ami, ce que le monde nous fait obſerver, et nous apprend. Tous ces phénomênes nous inſtruiſent du principe, auquel il faut attribuer l'origine des propriétés.

L'homme étant obligé de remplir ſes beſoins pour ſatisfaire à ſa déſtination, pour ſe conſerver, et pour joüir d'une vie agréable et étant également obligé de reconnoître les mêmes devoirs et les mêmes droits dans les autres, il en reſulte qu'il a droit à l'uſage des choſes, qui ſont ſur la terre, qui ſont à ſa convenance, et auquel un autre n'a pas acquis un uſage excluſif.

Ce n'eſt pas cependant uniquement ce déſir auquel nous devons faire attention ici. Il y a plus. Nous ne pouvons nous conſerver ni travailler à nôtre ſubſiſtance ſans avoir des propriétés.

La néceſſité de ſe conſerver, de pourvoir à ſa ſubſiſtance, et par là à tous ſes beſoins exigeant la poſſeſſion de choſes qui nous appartiennent en propre, ou en propriété, il est clair, que cette nécesfité exclut totalement *une communauté primitive entre les hommes à l'ufage de toutes les chofes qui fe trouvent fur la terre,* et que cette communauté ne peut être rapportée, qu'à l'ufage des chofes, qu'on ne peut s'approprier qu'en faifant tort à autrui. Car quoique nous rémarquions dans tous les êtres animés, que nous connoisfons, un défir de s'aproprier certaines chofes, quand ce ne feroient que les alimens qu'ils confument et que les hommes font incités par le même défir, il y a pourtant par raport à l'homme un caractère, qui le diftingue esfentiellement de tous les brutes et à caufe duquel on le nomme un être raifonable, favoir celui de pouvoir juger longtems d'avance de ce dont il pourra avoir befoin, et de ce dont la propriété lui fera nécesfaire. On le nomme un être fociable à caufe du penchant de vivre en fociété qu'on lui attribue; on pourroit plutôt lui en attribuer la capacité, car cette inclination pour la vie fociale n'est pas fi générale qu'on fe l'imagine: mais en comparant l'homme aux autres animaux on fera obligé de reconnoître, qu'il n'en est aucun ausfi propre à vivre dans une fociété Civile et à en contracter les liens. Il y a encore ici d'autres obfervations à faire. Les Abeilles ont leur Roi et fe rasfemblent dans une ruche. Ces phénomènes manifestent une certaine liaifon, qui tient de l'harmonie; mais par raport au genre humain, cette liaifon est d'une nature toute différente. L'homme contracte dès fa naisfance des relations, qui lui impofent des dévoirs dont il ne peut fe degager dans la fuite et des droits

dont

dont on ne peut le priver. Il acquiert en naiſſant le droit de ſe conſerver, et le devoir de ne
pas enfreindre celui, que les autres ont pareillement à celui de leur conſervation: d'ou ſen-
ſuit naturellement, que les hommes ont droit à
l'uſage des choſes non ſeulement qui leur ſont
néceſſaires pour les beſoins de la vie, mais auſſi de celles, qui ne leur peuvent être qu'utiles
ou agréables, pourvu que cet uſage ne faſſe
pas tort à celui auquel les autres ont un égal
droit ou un droit plus fort: c'eſt-là, ſi l'on
veut, le droit commun que tous les hommes
ont eſſentiellement dans l'état de nature, et que
l'on peut nommer *communauté primitive*, s'il
plait de nommer ainſi cette poſition originelle
de l'homme. De plus, ſi en ſuivant et en dé-
velopant les vérités, que l'idée, que je viens
de vous donner, renferme, vous faiſiez attention aux devoirs et aux droits, qui en découlent, vous les trouveriez tout à fait conformes
à ceux que Mr WOLFF a expoſés, après avoir
enſeigné, que le genre humain s'étant multiplié
il a falu s'écarter de la communauté primitive,
et cela vous prouvera encore que *la commu-*
nauté primitive, dont il eſt queſtion, eſt une
hipotèſe dans la doctrine de la Juriſprudence,
dont on peut fort bien ſe paſſer, et qu'on fairoit bien d'en exclure. Je vai vous le démontrer par quelques propoſitions, que vous vous
appercevrez aiſément découler de la ſituation primitive de l'homme dans l'état naturel, ſans ſuppoſer, qu'il y a eu une communauté entre lui et
les autres hommes, et une néceſſité de s'en être
écarté, par exemple: la faculté *de conſumer les*
choſes qui ſe conſument par l'uſage. §. 184.

A a 2

Cel-

Celles de s'en pourvoir d'avance, §. 185.

Le devoir de laisser joüir les autres de l'usage auquel on a rénoncé, ou des choses, qui peuvent servir à d'autres, §. 187.

Le devoir de se procurer des choses d'industrie et artificielles, § 188.

La faculté de séjourner, d'habiter où il nous plait, et aussi long-tems qu'il nous plait, de passer par-tout selon qu'on en a besoin, et qu'on le trouve bon, et d'y prendre les choses dont on a besoin, §. 190.

La faculté de s'approprier une chose pour son propre usage en particulier et privativement, §. 192.

Celle de s'opposer à un envahisseur et de lui faire la Guerre, §. 193.

Le droit de Domaine, et la faculté de disposer d'une chose, qui est à nous à pleine volonté, §. 195.

Le devoir de respecter les droits de domaine, qui appartient à autrui, §. 195.

La faculté de disposer à volonté du domaine, de sa substance, de la propriété, de son usage, de ses fruits, &c. §. 198.

Tous ces dévoirs et ces facultés particulieres prènent leur source dans le devoir général, et le droit qui en dérive, de se conserver, de chercher à vivre agréablement, de maintenir l'harmonie dans la société humaine; car, il est bien manifeste, par exemple: que celui, qui veut empêcher un autre d'user d'une chose, sans qu'il en ait un motif raisonnable, enfreint directement l'harmonie, qui doit régner parmi les hommes, et on n'a pas besoin de récourir à une communauté primitive pour démontrer, que cet empêche-

ment

ment est un acte illicite. Il n'est pas moins clair, que toutes les choses, dont l'usage peut être commun, et qui ne s'épuisent pas par l'usage, doivent rester en commun, conséquemment, que les choses dont l'usage est, ou peut être nécessaire, ou utile au genre humain en général, ou aux nations, qui le composent, ou à leurs individus en particulier, ne doivent pas être réduites en propriété, mais laisseés à un usage commun. Si on en agissoit autrement, l'harmonie ne pourroit subsister dans le monde: outre que les hommes n'ayant qu'un droit égal à l'usage des choses, dont ils peuvent avoir besoin, n'ont pas celui de se l'approprier entièrement et d'en exclure ceux, qui en ont également besoin, et qui peuvent en faire usage, sans leur porter aucun préjudice.

C'est dans ce sens que l'on peut dire, qu'il y a eu et qu'il y a encore une communauté primitive de l'usage de certaines choses, savoir de choses, qui par leur nature, sont d'un usage inépuisable, dont l'usage peut être d'une nécessité absolue, ou d'une utilité générale réconnue, par exemple: l'usage des rivieres, des mers, des grands chemins.

Rémarquez bien, mon ami, que la terre a été donnée aux hommes, non pas pour s'en servir avec tous les autres hommes en commun; mais pour en faire usage chacun en son particulier suivant ses besoins, et à proportion de l'utilité et de l'agrément, qu'il peut se procurer.

C'est dans ce sens que l'on peut dire, que la terre a été donnée aux hommes en commun, et comme en communauté.

A a 3

Ré-

Rémarquez bien encore, car il importe, mon ami, de ne pas négliger la méthode de WOLFF, que le mot communauté est susceptible d'une double signification; Mr. WOLFF désigne par ce mot *le même droit, que plusieurs ont sur les mêmes chofes:* or ce droit peut dériver de deux fources: il peut naître d'un acte, qui donne ce droit à tous les individus, partiellement à chacun d'eux, ou bien à tous en corps, par exemple: un maître de certaines terres ou d'une campagne peut laiffer au public la liberté de paffer fur fes terres, ou de fe promener dans fa campagne. La communauté, qui en réfulte pour les individus, provient d'une conceffion faite à tous, mais non pas confidérés en corps. La conceffion est faite individuellement à tous ceux, qui font compris fous le mot public; comme fi on difoit, je donne cette permiffion à chacun.

Le droit de chaffe peut être affecté par raport à un certain bois, ou à un certain district, ou à un certain ordre de perfonnes, par exemple: la Nobleffe: il peut être accordé individuellement à telles ou telles perfonnes. Dans les deux cas il y a un droit *commun à une même chofe,* et par conféquent une *communauté,* fuivant la définition que Mr. WOLFF donne de ce mot; mais, lorsqu'à une table d'hôte les mets y font dreffés, il en réfulte bien pour ceux qui y viennent manger, une *communauté,* mais cette communauté n'est pas de la même nature dans les deux cas. Dans le prémier, les nobles font en communauté, parce que le droit a été accordé au corps des nobles, c'est ce corps qui en a été favorifé; dans le fecond

cas,

cas, ce droit a été accordé fpécialement à des individus, qui n'ont aucune liaifon entr'eux, elle est individuelle. On ne peut pas dire de ces derniers, qu'ils ont un droit commun, et encore moins qu'ils font *en communauté*: l'idée ou la notion *de communauté*, dénote une liaifon entre des perfonnes, qui ont un droit égal aux mêmes chofes: ce n'est pas ce droit feul, qui conftitue une communauté entr'elles. L'hôte ne donne pas à tous ceux, qui viennent prendre le répas à fa table, confidérés comme formant un corps, le droit de s'y mettre, et de manger de tout ce qui s'y trouve, mais il donne ce droit à chacun d'eux individuellement. D'où s'enfuit, que chacun d'eux à un droit égal à tout ce qui fe trouve fur la table; mais non pas de manière à pouvoir s'emparer d'un plat, pour fon ufage privatif; il doit à tous égards refpecter le droit commun, que tous ont aux différens plats, et n'en prendre qu'autant que la difcrétion l'exige pour en laifer aux autres leur portion.

Les réflexions, que je viens de faire, pourront fervir à vous faire rémarquer une erreur de Mr. WOLFF. Il enfeigne, ou croit démontrer, que dans la communauté primitive, les chofes artificielles et d'induftrie font communes, ainfi que les naturelles; parce que ceux, qui employent leur induftrie et leurs travaux le font pour la communauté. Voilà, mon ami, comment une méprife fur le fens d'un mot peut égarer le plus grand génie, fans-doute dans une *communauté, établie pour que chacun travaille pour le bien commun, et non pas pour fon avantage particulier, tout ce qui fe fait, doit entrer en commun*; mais quoique cela foit vrai d'une

eſpèce de communauté, il ne l'eſt pas de toute
communauté en général: l'idée d'avoir un même droit avec d'autres ſur une même choſe
n'emporte pas le devoir de travailler en commun pour la communauté. Au contraire, elle contient celle de différentes perſonnes, qui ont un
droit égal ſur une même choſe, pour en faire
uſage à leur *avantage en particulier*, chacun
de la manière dont il l'entendra; comme il en
eſt des chemins publics, dont chacun fait uſage
ſuivant qu'il le juge à propos. Monſieur, votre père a le droit de chaſſe autour de ſa campagne, jusques à un certain diſtrict: lorsqu'il
s'en ſert, ce n'eſt pas pour ceux, qui ont le
même droit que lui, qu'il prend les lièvres,
les lapins, les perdrix, et en général le gibier,
dont-il s'empare, c'eſt pour ſon uſage privé. —
On peut de même poſſéder une pêcherie en
commun, mais il ne réſulte pas de cette communauté que chacun, qui y a part, pêche,
lorsqu'il ſe ſert de ſon droit, pour les individus en corps, qui compoſent la communauté,
au contraire, ce droit égal à pour bût, que tous
ceux qui l'ont, en profitent à leur avantage propre ſelon qu'ils en auront envie. — C'eſt ainſi
encore que pluſieurs perſonnes peuvent poſſéder
en commun une prairie ou un pré, pour y faire
paitre des beſtiaux, chacun y envoit les ſiens
pour ſon avantage particulier.

Lorsqu'une Puiſſance tient ſes ports ouverts
pour toutes les nations, et leur accorde la liberté de fréquenter ſon Etat, et d'y faire le commerce, il en réſulte pour les nations *un droit
égal à une même choſe*, ſavoir, celui de fréquenter cet Etat, et d'y faire le commerce; ſi
ce

ce droit faifoit naitre esfentiellement une communauté, dans le fens que Mr. WOLFF donne
à ce mot, il produiroit à cet égard, dans ce
cas - là, une communauté entre toutes les nations; et fi la nature de la communauté dictoit,
que les travaux de ceux qui en font membres,
doivent fe faire, ou fe font à l'avantage *commun*,
il faudroit admettre, que les nations, ou plutôt
leurs individus, ne fréquenteroient cet Etat, et
n'y fairoient le commerce, non pas pour leur
avantage particulier, mais pour celui de toutes les nations, prifes collectivement, et comme étant dans une communauté indivifible rélativement à cet objet. Cette conféquence vous
fait fans-doute apercevoir, que la doctrine de
Mr. WOLFF fur ce fujet n'est pas exacte.

M. Je le fens bien, Monfieur, mais je n'en
pénétre pas la raifon; car, s'il est vrai, qu'un
même droit de plufieurs à une même chofe, est
appellé *communauté*, et qu'il foit de la nature
ou de l'esfence d'une communauté, que ceux,
qui en font membres, mettent les fruits de leurs
travaux en *commun*, la doctrine de Mr. WOLFF
me paroit très fondée, malgré l'incongruité à
laquelle elle femble être fujette.

L. Vous dites fort bien. mon ami, s'il est
vrai *qu'il foit de la nature ou de l'esfence d'u-
ne communauté, que ceux, qui en font membres, mettent les fruits de leurs travaux en
commun:* c'est-là le point dont il est question,
et qu'il faut prendre la peine d'examiner. Autant
que je puis en juger, notre Philofophe a bron-
ché ici, en prenant pour vraie une propofition
qui ne l'est pas; mais dont l'inverfe est vraye.

M. Que dois-je entendre par inverfe?

L. La Logique nous l'apprend, la propofition *deux fois trois font fix* est vraie, mais
celle de *trois fois deux font fix*, qui en est l'inverfe, est également vraie ; l'une ne pourroit
l'être, fans que l'autre ne le fut également: *dans
un triangle dont les deux côtés font égaux, les
angles fur la baze font égaux*, eft une propofition vraie, mais la propofition : *dans un triangle, où les angles fur la baze font égaux,
les côtés le font auffi*; est également vraie, l'une
de ces propofitions est *l'inverfe* de l'autre, et
l'une ne pourroit être vraie, fans que l'autre
ne le fut également.

Or l'idée de communauté, ou d'avoir une
chofe en communauté, ne dénote pas esfentiellement, un *même droit à une même chofe*, ni
un devoir reciproque de ne s'en fervir, que pour
l'avantage de ceux qui font en communauté pris
en corps : comme un asfocié d'une communauté ou asfociation de commerce, n'y peut et n'y
doit s'y conduire que pour le bien de la fociété, qui fubfifte entre les asfociés: fes foins, fes
travaux et toutes fes opérations rélatives au commerce, pour lequel l'asfociation a été formée,
doivent être régardées comme autant d'actes, faits
pour la fociété; mais c'est-là le cas d'une communauté formée pour joüir en commun des avantages, que chacun en fon particulier y apporte
par fes travaux. Une communauté de cette nature fuppofe donc par fon esfence, un droit à une
même chofe; mais elle ne fuppofe pas un *droit
égal*, pour tous ceux, qui y ont part; une communauté de cette efpèce peut être modifiée de
différentes manières, et nous en avons tous les
jours fous nos yeux qui le font réëllement. Elle
peut

peut être réglée de façon, que tous ceux, qui
en font membres, ayent un droit égal à la gestion, elle peut-être diverfifiée de façon, que les
affociés peuvent y avoir différentes fonctions à
exercer, avoir part aux avantages, fuivant le plus
ou moins de fonds qu'ils y ont mis, des opérations dont ils font chargés. Ainfi, lorsqu'on dit
d'une communauté, qu'elle est un affemblage
de plufieurs perfonnes, ayant un *même droit* à
une même chofe, on peut bien en dériver que
chacune d'elle peut faire ufage des objets de
cette communauté, ou plutôt déduire de l'idée,
ou du caractère de communauté ainfi déterminée,
le même droit à une même chofe, pour tous
les membres d'une pareille communauté, et affirmer, que ceux, qui ont une chofe en commun, y ont le *même droit*, parceque la définition du mot l'authorife ; mais fuppofant vraie
cette propofition, *tous ceux, qui ont quelque
chofe en commun y ont le même droit*, on ne
peut pas en inférer *l'inverfe*, favoir: *tous ceux,
qui ont le même droit à une même chofe, font
en communauté*, c'est cette dernière propofition
qui n'est pas vraie, l'erreur de Mr. WOLFF
provient de ce qu'il a pris pour vraie l'inverfe
d'une propofition, qu'il croyoit avoir démontrée.

De la manière dont il traite de la communauté primitive, elle emporteroit le droit de s'emparer indistinctement de tout ce qu'on pourroit
juger avoir befoin pour fa fubfiftance, fes agrémens, et furtout pour fa fécurité, fans avoir
égard aux nécesfités, et aux befoins de ceux qui
ont le même droit. Je vous ai déjà fait obferver, que ce droit ne peut s'étendre au-delà des
bornes, que celui de fes Coëxiftans lui préfcrit.

Je

Je viens aussi de vous parler, d'une distinction
à faire entre un droit commun, qui résulte d'u-
ne concession faite à un corps d'individus, et
celle, qui a été faite aux individus individuellement.

Dans le premier cas on fait ce raisonnement-
ci: j'ai le droit à tel usage, parce que je suis
membre de ce corps: dans le second cas on rai-
sonne ainsi: J'ai un droit commun avec d'autres
à l'usage de ces choses, parce qu'il m'a été accordé. C'est dans ce dernier sens que la communauté primitive doit être prise: elle doit être
rangée dans la clasfe de celles qui donnent à
tous individuellement un droit égal à l'usage de
la même chose, tel qu'est celui de se proméner
dans une campagne: elle est de la nature de
celles, dans lesquelles on ne peut s'en servir,
qu'autant que le droit qui en resulte et que l'u-
sage qu'on peut en faire, se trouvent limités
par le droit que d'autres ont de leur côté au
même usage: en observant cette régle, on pourra juger jusques à quel degré la communauté
peut rélacher ou retrécir le droit, qui nait de la
communauté primitive.

Cependant, mon ami, de quelque manière
qu'on s'y prenne, pour, expliquer la *communauté primitive*, il en résultera toujours cette vérité, que la nécesfité de notre confervation et
des devoirs, qui en résultent, donnant au
genre humain, et à tous les individus, qui le
composent, droit à l'usage des choses, dont il
lui importe de se servir, chacun en particulier
ne peut se les approprier, et exercer ce droit
au préjudice des autres: d'où s'ensuit, qu'aucun
d'eux ne peut déposféder un autre de l'usage,

que ce dernier fait actuellement de cette chofe, ni déposféder quelqu'un d'une chofe, que
celui-ci fe feroit approprié : de pareils actes
troubleroient l'harmonie, et détruiroient l'égalité, qui doit conftamment régner dans l'univers,
ainfi qu'A R I S T O T E l'enfeigne ; le mot *d'égalité* pris, non pas pour fignifier une égalité de
conditions ; mais une *égalité de droits et de devoirs*, qui doit toujours être entretenue parmi
les hommes.

Si vous prenez la peine, mon ami, d'examiner attentivement et foigneufement ce que WOLFF,
H E I N E C C I U S et P U F F E N D O R F, (et je vous
confeille de le faire) enfeignent de la communauté primitive, dont il eft ici queftion, vous
trouverez, qu'ils la fondent, fur ces deux pro-
pofitions·ci : *tous les hommes font naturellement égaux ; Dieu leur a donné par cette raifon un droit égal à tout ce qui fe trouve fur
la terre ;* or l'expreffion *de naturellement égaux,*
est ici équivoque ; car, bien qu'il foit vrai, que
les hommes naisfent tous de la même manière,
et dans une même forme, qui caractérife leur
efpèce, et qui les rend égaux à cet égard, il
n'eft pas vrai, à parler exactement, qu'ils foyent
égaux en tous fens. Leur exiftence fuccesfive,
et la nature de cette exiftence ne le permettent
pas. Il y a des animaux, qui naisfent et qui
dès leur naisfance font en état de fe pasfer de
fécours ; d'autres en démandent pour un certain
tems, après lequel ils font entièrement abandonnés et livrés à eux·mêmes. L'homme en venant
au monde y vient foumis à la dépendance, qu'é-
xigent fes foiblesfes et fes befoins ; fa naisfance
fait naitre des devoirs à remplir par ceux, qui

la

la lui ont donnée, et une fujettion de fa part à leur volonté. Si le Père et la Mère ont d'autres enfans, fa naifance eft accompagnée de rélations, qu'il ne lui fera pas poffible de méconnoitre, et fi les parens ont des liaifons, ou des rélations avec d'autres Pères de famille, l'enfant contracte en naifant une participation à ces liaifons et ces rélations. Ainfi il eft faux, *que les hommes font naturellement tous égaux*, favoir en tout. La différence de leur tempérament, de leur génie, de leurs forces, de leurs facultés en tout genre, qu'on leur remarque dès leur naifance, produit une inégalité naturelle qu'on ne peut desavouer. Il est encore faux, que Dieu a donné aux hommes un droit égal à tout ce qui fe trouve fur la terre. Ce droit eft individuellement déterminé par les rélations et les circonftances, dans lesquelles les hommes fe trouvent, et ce font ces rélations, qui déterminent les droits que l'homme a de s'approprier les chofes, dont il a befoin pour vivre d'une manière convénable à l'harmonie.

Fin du Premier Tome.

A V I S.

Cet ouvrage ayant été imprimé par des ouvriers qui n'entendent pas le François, il s'y est glissé plus de fautes que les Editeurs ne l'auroient desiré, et malgré tous leurs soins.

Voici les principales: le lecteur voudra bien excuser celles, qui ne sont que contre l'orthographe, comme quand il se trouve *reflection* pour *réflexion*, *négotiant* pour *négotiant*, un *u* pour un *n*, des lettres doubles, où il en faut de simples, et des simples où il devroit y en avoir de doubles; d'ailleurs le nombre de ces erreurs est peu considérable.

TOME I.

E R R E U R S à C O R R I G E R.

Pag. 20 *ligne* 33 que *ôtez* que
37 —— 29 tel *lisez* tels
39 —— 3 s'il *lisez* s'ils
41 —— 13 n'es *lisez* n'est
45 —— 12 tout *lisez* tous
—— —— 13 conséquens *lisez* conséquent
47 —— 17 reconnotte, *lisez* reconnoître,
48 —— 6 fois *lisez* fois
—— —— 28 frappans *lisez* frappans
49 —— 33 aux *lisez* au
53 —— 11 veut *lisez* veux
61 —— 19 qu'est *lisez* que c'est
74 —— 19 leurs *lisez* leur
98 —— 27 jouss *lisez* jours

Pag.

Pag. 113 *ligne* 28. cet *lisez* cet

119 ——— 5 diner *lisez* diné

120 ——— 28 femble *lisez* femble

126 ——— 18 auxquelles *lisez* auquel

130 ——— 33 ture *lisez* nature

131 ——— 27 satisfairont *lisez* satisferont

130 ——— 2 si *lisez* si

143 ——— 8 devenu *lisez* devenue

156 ——— 1 au thorifer *lisez* autorifer

179 ——— 17 d'adopter *lisez* adapter

191 ——— 28 et *lisez* te

198 ——— 1 laisfé *lisez* laisfés

198 ——— 6 font *lisez* font

203 ——— 20 morale *lisez* morales

209 ——— 4 leur *lisez* leurs

211 ——— 25 le *lisez* la

218 ——— 16 veut *lisez* veux

223 ——— 10 auxquels *lisez* auquel

246 ——— 7 forment *lisez* forme

266 ——— 12 le *lisez* la

277 ——— 25 qu'ils ne doivent *lisez* qu'elles ne doivent

——— ——— — être prix *lisez* être prifes

281 ——— 18 veut *lisez* veux

316 ——— 3 de *lisez* fur

353 ——— 24 imilé *lisez* imité